"十三五"国家重点出版物出版规划项目
海洋生态文明建设丛书

本书的写作与出版得到国家重点研发计划课题"人类活动对生态安全格局影响机理（2016YFC0502103）"，广西师范学院、广西壮族自治区海洋研究院自主课题与国家自然科学基金项目"重大工程干扰对流域生态网络影响及调控对策（41571173）"的支持

广西典型滨海湿地景观
生态健康评价与旅游可持续发展

刘世梁　许贵林 ● 主编

海洋出版社

2017年·北京

图书在版编目(CIP)数据

广西典型滨海湿地景观生态健康评价与旅游可持续发展/刘世梁,许贵林主编. —北京:海洋出版社,2017.12
ISBN 978-7-5210-0021-4

Ⅰ.①广… Ⅱ.①刘…②许… Ⅲ.①海滨-沼泽化地-景观生态环境-环境生态评价-广西②滨海旅游-旅游业发展-可持续性发展-研究-广西 Ⅳ.①P942.670.78②X826③F592.767

中国版本图书馆CIP数据核字(2018)第003843号

责任编辑:赵 武 钱晓彬
责任印制:赵麟苏

海洋出版社 出版发行

http://www.oceanpress.com.cn
北京市海淀区大慧寺路8号 邮编:100081
北京朝阳印刷厂有限责任公司印刷 新华书店北京发行所经销
2017年12月第1版 2017年12月第1次印刷
开本:889 mm×1194 mm 1/16 印张:12.5
字数:320千字 定价:98.00元
发行部:62132549 邮购部:68038093 总编室:62114335

编　委　会

序　言　1

滨海湿地生态系统的健康评价是景观可持续性与生态旅游的基础，红树林与珊瑚礁作为广西滨海湿地的两大湿地资源类型，支撑着海陆生态系统过渡带的稳定性与多样性，合理的资源开发与行之有效的保护措施是协调当地生态效益与经济效益的必要手段，也是广西湿地生态系统研究的重要内容。

我国学者以往对景观生态作过大量的研究，但主要集中在对陆域或江河区域健康的评价实践，将景观生态学方法和理论应用于滨海湿地生态系统研究比较少，也是目前研究的热点。

本书利用景观连接度、生态系统健康评价等方法对滨海湿地生态系统进行了健康评价，并进一步分析了旅游潜力和旅游的可持续发展问题。特别是针对广西典型的红树林湿地及岛屿珊瑚礁资源的生态环境与社会经济现状，展开了多尺度、多要素的生态健康评价与旅游潜力评估的研究。结合研究区实际情况，讨论了景观生态系统健康与旅游潜力之间的关联，提出了相应的评价体系模型，并对比分析了旅游资源的优势和劣势，扩充了研究区滨海湿地资源现状与发展趋势的相关研究。

该书出版在即，我有幸得以先期浏览全书，深感该书内容丰富，条理清晰，作者具有开阔的理论视野，综合考虑并收集了国内外相关研究成果；全面分析了环境资源现状与开发管理对策，充分体现作者求真务实的态度。相信该书的出版，将为相关滨海湿地地区生态环境保护和旅游资源管理提供重要的科学依据和决策支持。谨向读者推荐。

中国科学院院士

2017年3月21日

序 言 2

作为海上古丝绸之路的发源地之一，广西“沿海、沿边、沿江”的特殊区位优势，奠定了广西在中南、西南对外开放和“向海经济”战略支点地位。生态环境良好的北部湾，为国家“一带一路”大发展格局提供了可持续发展的案例与经验。

广西拥有完整的红树林、珊瑚礁和海草床等典型海洋自然生态系统，具有极大的滨海旅游潜力和珍贵的生态价值。广西红树林总面积位居全国第二，占全国红树林现有总面积的38%；珊瑚礁总面积30多平方千米，平均造礁珊瑚覆盖度40. 5%，且呈逐年增加趋势；海草床也有大量分布。这些典型的海洋生态系统，形成了广西的“海洋卫士”，对促进广西海洋生态文明建设和国民经济可持续发展有着关键作用，在国家海洋生态文明专项如“生态红线”“蓝色海湾”“南红北柳”行动实施中的作用愈加突出，广西滨海生态环境“绿水青山就是金山银山”的生态经济理念将愈发深入人心。

本书利用景观生态格局的理论方法，研究广西沿海滨海湿地典型生态系统健康与旅游可持续发展对策措施。全书对广西乃至东南亚地区滨海湿地典型景观生态系统现状进行了比较分析，对滨海湿地景观生态系统健康进行了评价，对滨海湿地旅游潜力进行了系统研究，为生态恢复与资源可持续利用提供了丰富的基础数据和理论依据。研究成果对广西滨海湿地资源生态观光保护性开发利用，进一步释放“海的潜力”，促进广西滨海湿地保护与可持续开发具有重要意义。

本书在评价和潜力分析基础上，研究了滨海湿地旅游可持续发展策略、方向和开发模式。提出了整合和利用社会旅游资源策略，统筹制定滨海旅游业可持续发展规划，打造生态旅游新名片；提升生活品质，打造宜居宜游新名片。同时，提出了实施生态红线管理、优化利用模式、建立红树林功能性分区保护利用、沿海生态保护规划与滨海湿地围填海造地协调发展、推进滨海湿地保护区与其他保护区的网络化管理、滨海湿地生态监测恢复、生态旅游与生态公共意识、加强滨海湿地研究、国际合作与交流等系列政策措施体系，为培育广西滨海旅游生态经济服务集聚区以及滨海湿地生态环境承载力研究具有重要的参考价值和指导意义。

希望本书出版，促进广西“最后一片洁海”保护意识，带动当地海洋生态经济发展，构筑“山水田林湖生命共同体”，是为序。

中国工程院院士

2017年6月21日

防城港红树林人工种植与生态养殖开发

广西山口红树林生态自然保护区红树林

广西涠洲岛的珊瑚礁

广西涠洲岛珊瑚礁鱼类

广西防城港珍珠湾海草床

广西北海合浦海草床

前　言

湿地生态系统作为全球三大生态系统之一，分布于陆生生态系统和水生生态系统之间，是具有独特的水文、土壤、植被与生物特征的生态系统，是自然界最富生物多样性的生态景观和人类最重要的生存环境之一。特别是滨海湿地，作为一类重要生境，有重要的生物多样性意义和生态功能。然而滨海湿地所处的海岸带地区是经济社会快速发展的地区，对湿地生态系统造成的干扰也最大。

广西滨海湿地所涉及的研究内容，在对滨海新区的湿地生态系统进行全面详细的现状调查的基础上，从景观生态学的方法入手，对滨海湿地景观生态系统健康进行评价。同时基于生态系统调查，对滨海湿地旅游潜力进行系统的研究，其研究结果为滨海湿地的生态恢复与可持续旅游保护利用提供了丰富的基础数据和理论依据，同时对广西滨海湿地资源的“既要金山银山，又要绿水青山”的生态观光合理开发观念具有重要意义。

本书在充分认识滨海湿地景观格局分布的基础上，对重点区域的滨海湿地景观进行格局分析和生态健康评价，进而评估当地旅游发展潜力和发展方向。共分为9个章节，第1章为滨海湿地景观生态健康与旅游可持续发展研究的理论基础，在此基础上构建了景观生态健康与旅游潜力的关联性框架模型；第2章为研究区的自然地理情况和及其典型生态系统特征概况，并系统论述了研究区当前主要面临的生态健康威胁；第3章为研究区湿地的景观格局动态分析以及区域的植被动态分析；第4章为研究区湿地的景观生态系统健康评价和基于PSR模型的生态系统健康评价；第5章为研究区的旅游开发潜力现状研究，主要从旅游资源的基本情况来阐释；第6章为研究区内典型区域红树林生态旅游开发潜力评价模型，利用层次结构模型、景观格局指数以及多源数据探讨典型区的旅游开发潜力；第7章为广西涠洲岛的珊瑚礁旅游潜力评价，从珊瑚礁的基本情况和开发现状入手，利用网络等数据评价其旅游潜力；第8章为研究区湿地的生态旅游可持续发展评估，针对三种主要的区域特色生态系统构设发展策略及方向；第9章则针对以上的分析评价结果，系统地探讨了研究区湿地生态系统管理与旅游可持续发展的对策。

本书的写作与出版得到了国家重点研发计划课题“人类活动对生态安全格局影响机理”和广西师范学院、广西壮族自治区海洋研究院的支持。本书由刘世梁、许贵林总体设计并拟定了章节内容。其中第1章由刘世梁撰写，第2章、第3章由成方妍、尹艺洁和安南南撰写，

第4章由刘世梁、尹艺洁撰写，第5章由许贵林、刘昕明和杨成撰写，第6章由安南南和吴尔江撰写，第7章由刘世梁、莫志明和王鑫撰写，第8章由刘世梁和许贵林撰写，第9章由刘世梁、许贵林、吕一河、黄鹄、李焰、赵修安撰写。刘世梁、尹艺洁和成方妍最后校稿。

本书可供生物多样性保护、自然地理学、生态学、环境科学、旅游规划和湿地科学工作者以及大专院校有关专业师生参考。

编　者

2016年1月于北京

目　录

第1章　绪　　论

1.1　研究背景

滨海湿地为海岸带内陆地与海洋相互作用相互影响而形成的特殊生态系统，是生物多样性丰富、生态服务价值高的湿地生态系统之一，其在调节气候、保护野生动物栖息地和生物多样性、净化污染物、防洪减灾、减缓海水入侵等方面有着重要意义(劳燕玲，2013)。其中，红树林生长在热带、亚热带海岸潮间带中上部，受周期性潮水浸淹，以红树植物为主体的常绿灌木、乔木、藤本及草本植物组成的潮滩湿地生物群落(张乔民等，1997；段舜山等，2004)，是一类重要的湿地类型，与盐沼、珊瑚礁上升流区生态系统并称为地球上生产力水平最高的四大海洋自然生态系统(林鹏，2003；吕佳，2008)。同时，滨海湿地也为海水养殖等产业的发展提供了基础的自然资源。广西海域广阔，海岸线总长达1595 km，且曲折多港湾，湿地主要有滨海湿地、河流湿地和湖泊湿地三大类，是我国湿地面积较大的省级行政区之一，其滨海湿地类型复杂，大多分布在低纬度、低海拔的沿海地区，具有重要地位(孟祥江等，2012)。

随着经济的快速发展，由于人类对湿地作用的忽视和对湿地保护意识的缺乏，人们持续高强度的开发利用使得湿地面积急剧减少，湿地生态环境的结构和服务功能遭到严重破坏。尤其是滨海湿地，除了受自然条件和潮汐的影响因素外，由于沿海发达地区承载着大量的人口压力，工业化和城市化更为严重，滨海湿地的近海污染加剧、开垦改造、生物入侵等问题时有发生，并且常由于部门利益之争，导致土地利用方式被随意改变。因此，以滨海湿地生态系统为研究对象，在景观尺度上进行生态系统健康评价，同时在此基础上，开展旅游潜力的评价，对区域湿地可持续发展而言十分迫切且必要。

湿地生态系统健康评价是国际湿地研究领域中的前沿问题，目前在我国正处于起步阶段，利用高空间分辨率或者如NDVI等长时间序列遥感数据对湿地生态健康进行监测是今后湿地生态研究的一个重要的手段和方向(吴涛，2010)。景观生态学为湿地景观格局与各种生态过程的连接提供了理论基础与量化手段，而一系列的景观指标更是为研究者们在更大时空尺度上构建湿地生态系统健康评价体系提供了坚实的基础，将景观指标和其他的监测方法结合，能够进一步加深我们对湿地生态系统健康动态及其变化机理的理解(索安宁，2008)。景观作为生态系统的一个重要类型，其生态健康也是整个生态系统健康的重要组成部分，随着景观格局指数的完善，斑块分析和景观指数常用于湿地景观健康评价。

在广西滨海湿地研究进展方面，现有研究主要集中于湿地生态风险评价、湿地恢复和保护措施探讨、湿地空间格局变化以及生态服务价值研究等方面(陈作志等，2011；彭在清等，2012；何东艳等，2014)。目前仍然缺少对广西滨海湿地景观格局的整体认识和当地滨海湿地的景观生态健康以及相关旅游潜力的开发研究，而这些方面的研究成果可以为整个广西滨海湿地提供生态发展方向，既有利于维持当地的滨海湿地景观健康，保护湿地动植物资源，提供科学化管理依据；又有利于滨海湿地的可持续发展，促进当地社会经济发展。

生态旅游是当今世界旅游发展的潮流，也是旅游研究的热点，同样地，广西滨海湿地的生态旅游发展也将是必然趋势。在景观生态健康分析基础上，确定旅游发展潜力区域与发展方向是合理开发生态旅游资源的关键所在。

1.2 景观生态学理论与生态旅游研究

1.2.1 景观生态学理论及其在旅游资源评价中的应用

人类活动及其与自然环境的相互作用，成为现阶段中小尺度景观生态系统“异质性”与“多样性”变化的主要驱动力因素。可以说，不同的景观结构格局在一定程度上反映了不同的人类活动强度。旅游开发与管理，作为一项主要的人类活动，既受到景观格局结构的约束又反过来进一步影响景观格局－过程。因此，明确景观生态理论在生态旅游开发中所扮演的角色至关重要。近 80 年的学科发展，丰富了景观生态学理论的研究，也有许多学者做过全面具体的相关表述。在景区生态旅游开发和管理中，经过总结与归纳，涉及的理论基础主要有景观格局过程和景观生态安全格局两大方面。

景观格局是指景观单元内部或相互之间的空间关系，反映了各种复杂生态系统的类型形状、规模数量、物质能量、物种分布等信息，是景观异质性的具体表现。其基本研究要素为斑块、廊道和基质，这些要素及其比例组成的不同，将直接影响景观格局结构特征，并进一步影响物种迁徙、物质能量流等功能特征的变化(陈睿智，2006)。

斑块是空间的点状或块状结构，可分为残留斑块、干扰斑块、环境资源斑块和人为引入斑块(Forman，1981)。不同类型斑块常以“镶嵌”的形式组合在一起并呈现随机、均匀或聚集的空间形态。斑块的结构特征所体现的生态功能涉及很多方面，如边缘效应、岛屿生物地理学理论、生态系统过程等。稳定的斑块有助于景观生态系统的稳定，区域破碎化的斑块则不利于物种的生存。

廊道为线性的景观单元，常常交互形成网络，也是景观连接度的一种具体表现形式(陈立顶，1996)。廊道在景观中有 6 种作用：通道、隔离带、源、汇、栖息地、过滤(Forman et al.，1986)，对区域景观连接以及生物多样性保护起重要作用。

基质是指斑块或廊道所在的背景生态系统类型或土地利用类型，其带来的阻力效应能够影响能量流和物种流，对景观功能起到重要的作用(王晓丽等，2007)。

在生态旅游研究中，旅游区域可抽象为环境资源斑块，已有的河流、道路以及模型模拟出的景观连接度等可抽象为廊道，所属地理环境及人文社会特征则可被视为基质。这些景观要素的关于物理结构的格局分析和关于生态效应的过程分析是利用景观生态学解决生态旅游资源问题的关键基础。

景观中一些生物亚群体通过特定生态过程相互影响、作用形成有机整体（胡炜霞，2008）。景观格局结构中的廊道便可认为维持是生境斑块之间连续性的一种具体体现形式，而景观连接度则是将这种连续程度进行指标量化，其包含结构连接度和功能连接度两方面（胡海胜，2006）。前者通过景观固有空间结构特征所表现出的关联性便可加以确定，后者则以生态学过程为研究对象，更为复杂，体现了斑块之间功能上的有机联系（王安周，2008）。陈利顶和傅伯杰等（陈利顶，1996）提出连接度受景观要素及其空间分布格局、生态过程以及研究目的和对象等因素的影响，是景观要素中生态过程进行顺利程度的相对测度指标。景观生态连接度的理论以及方法有助于在有限的空间格局内，通过维护和发展景观之间的连接程度，促进区域景观功能的发挥（富伟等，2009）。景观连接度研究不仅仅局限于物种内部交流，也可以应用到景观单元之间的物质交换、能量流动研究中去，对自然景观生物多样性保护、景观生态规划确立、景观安全格局维护等具有重要的研究价值，是维护自然生态系统完整性、稳定性的重要因素。将景观生态连接度应用到生态旅游资源开发与评价中的相关实践目前还较少，景观连接度的理论及方法有助于识别有限的资源格局内的重要斑块单元及关键廊道，从而为合理开展区域资源分配、有效保护当地生态系统提供科学依据，与生态旅游开发理念相一致（泉志和等，2007）。将最小耗费距离模型、综合连接度指数、连接度概率指数等引入到旅游评价中是今后研究重点趋势。

在对景观格局过程的研究中，能够发现景观中总是存在某些关键性的局部、元素和空间位置及联系，强调了格局与过程的关系，它们对维护景观中涉及的多种过程（包括生态过程、社会文化过程、空间体验过程、城市扩张过程等）的健康和安全具有关键性的意义。这些具有战略意义的景观局部、元素、空间位置和空间联系，最终构成景观安全格局（俞孔坚，1999），这些景观中的局部关键在控制景观水平生态过程起着关键性的作用。就生态旅游而言，景区的有效开发管理实质就是要识别并维护这些潜在的生态安全格局。景观安全格局的识别工作主要步骤为：①确定目标物种的现有栖息地类型及斑块；②根据景观基质的多样性及异质性情况，综合考虑多种环境影响要素构建阻力面，用于确定物种迁徙过程中的潜在廊道与方向趋势；③空间分析以判别缓冲区、源间联接、辐射道和战略点，通过景观结构组分的叠加或组合以及阈值的划分与确定，得到一定界限尺度上的生态保护安全格局。景观安全格局理论在景观规划设计、区域生态管理、资源有效开发以及动植物保护方面有着重要的理论和实践意义（孙慧兰等，2006）。该理论研究可以应用到保护区及缓冲区建立、敏感区域土地利用管理、功能区空间发展规划、生态旅游资源开发等方面。对于景观安全格局较差的区域，不应当进行任何资源开发活动。

景观生态学理论在考虑生态学原则的同时强调了空间研究，其与生态旅游的生态研究内涵相一致（刘忠伟等，2001）。生态旅游作为一种指向自然风景区、野生生物观赏或传统文化地的小尺度旅游，在维持本地生态过程、保护文化完整性的前提下，应有利于旅游目的地的可持续发展（陈忠晓等，1999）。在旅游资源开发前期，将景观生态学中的景观格局过程和景观生态安全格局等主要理论应用到规划评价中是保证区域生态资源健康和区域社会经济可持续发展的重要前提。在旅游项目投入使用后，对旅游区的景观生态健康评价也是量化旅游影响、明确人类活动对自然生态系统影响的重要方法手段。

1.2.2 滨海湿地旅游生态景观的结构与功能

滨海湿地作为从水体到陆地的自然过渡地带，不仅具有陆生生态系统的特征，同时具备水生生态系统的特点，属于地表长期或季节性积水的景观类型。滨海湿地生态旅游是在生态学理论和可持续发展理念指导下，以自然生态环境和相关文化区域为场所开展的一种环境友好型旅游活动(卢云亭，2001)，生态旅游是当今世界旅游发展的潮流，也是旅游研究热点(卢小丽等，2006)。根据景观生态类型可将滨海湿地生态旅游划分为红树林湿地、珊瑚礁、河口湿地、浅海水域等，涉及的生态功能区有自然保护区、风景名胜区、森林公园等；显而易见，旅游景观生态系统功能可分为生态功能与旅游功能(蒋依依，2008)。由于滨海地区往往是带状分布区，应更加注重旅游带的建设，并充分发挥景观连接度分析在资源评价中的作用。生态旅游资源开发与管理，应在全面认识目标区域自然或人工景观格局－过程的基础上，充分发挥其生态服务功能效益，并维持其景观生态安全格局。

对于滨海湿地旅游资源具体的景观单元，在目标制定－土地利用分析－规划布局的总体框架下，可以根据以下步骤对景观结构与功能进行具体的识别与划分：①在明确土地利用类型的基础上，区分自然景观、半人工景观和人工景观，根据城乡计划用地、生产厂区、水产养殖区、自然保护区、已有旅游地等功能区的情况，完善对滨海湿地景观格局的整体认识；②识别并提取目标资源斑块，运用景观格局指数、空间自相关分析、元胞自动机模型、景观连接度模型等进行景观动态研究，揭示湿地景观结构功能在时间与空间上的变化过程，掌握其变化方向与趋势；③大尺度上根据“斑块－廊道－基质”的实际变化或模拟变化结果，对其景观组分及要素的异质性进行分析，整合最优资源，识别重要的景观节点或网络作为旅游资源潜力区，综合参考目标区域的社会经济状况，从而进一步细化潜力区生态支持系统和社会支持系统的分布格局与两者之间的空间关联。

综合土地现状分析、生态保护原则、文化地域特征等进行旅游区规划布局，充分认识景观的结构与功能，为滨海湿地旅游多元化发展(集观赏、度假、科研、游玩等功能于一身)提供稳定的开发基础，从而有助于提高滨海旅游整体竞争能力。与此同时，合理的生态旅游开发可以对滨海湿地景观带来一定的结构与功能优化，从而使目标旅游地维持可持续发展。

1.3 景观生态健康与旅游潜力的关联性框架模型构建

旅游资源开发潜力评价总体上是对其是否具备旅游业发展条件，是否能够获取社会经济和生态环境效益的探讨(汪侠，2007)。生态旅游资源开发潜力评价需要全面考虑其地理区位条件、经济社会状况、生态环境状况、历史文化背景等因素；但由于不确定因素的广泛存在，并且主观因素影响较为突出(体现在评价因素取舍、专家权重打分、资料获取不确定等方面)，旅游资源评价的人为影响较为严重(吕建树，2011；刘小莉等，2012；蒋哲尧，2012)。尽管如此，不同评价方法还是能够在一定程度上反映出旅游区的相对潜力状况，长时间序列的纵向对比与空间上的横向对比评价研究能够为认识旅游区资源环境状况与开发潜力条件提供依据。目前，常见的旅游资源评价方法有 SWOT 分析法[优势(strengths)、劣势(weaknesses)、外部机遇(opportunities)、威胁(threats)]、RMPP 分析法[资源(resource)、市场(market)、产品(product)、保护(protection)]、层次分析法(AHP)、压力 - 状态 - 响应模型[压力(press) - 状态(state) - 响应(response)，PSR]等。

这些方法的运用目的在于评价可以得出研究对象发展现状及优劣势分析，进而得出相应的发展策略与解决方案。但不管是哪种方法，在评价旅游资源现状及发展模式时都离不开对于景观生态的考量(图 1 - 1)。基于景观生态学的相关理论方法，对于针对旅游资源潜力开展具体的研究具有重要意义。

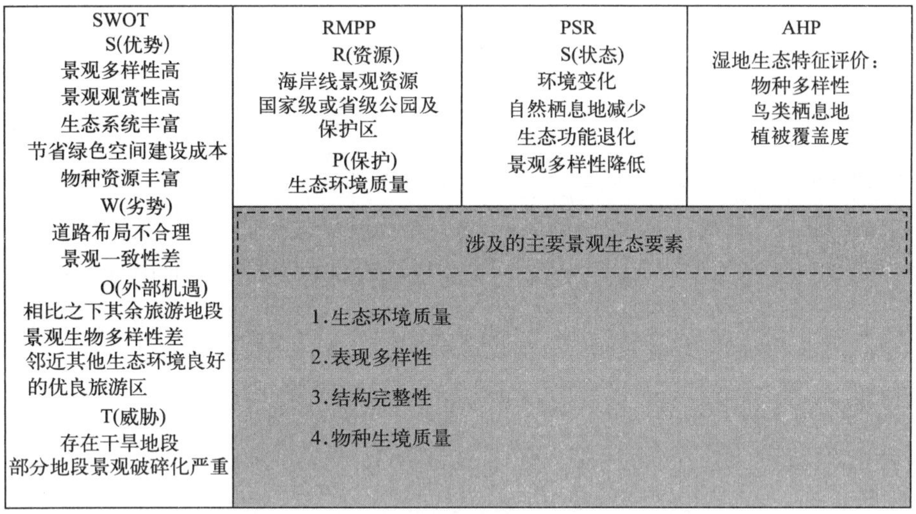

图 1 - 1 景观生态要素在旅游评价中的应用举例

景观生态评价以景观生态现状为评价对象，对景观生态要素进行综合分析，是景观规划、景观管理和景观生态保护的基本依据(丁磊等，2007)；景观生态系统健康评估则为湿地保护及合理开发提供科学依据，成为旅游资源潜力评估的一个重要基础(图 1 - 2)。实践证明良好的自然环境条件也能促进当地旅游业的稳定发展。生态环境条件、旅游资源条件、旅游发展潜力等方面的综合考虑，是建立科学的生态旅游资源潜力评估指标体系的基础，而区域生态旅游开发的重要依据是生态旅游资源评价(安瑛，2013)。因此，景观生态健康评估对于当地的旅游合理开发及管理具有重要意义。

从景观健康的要旨与旅游地人地关系可持续发展诉求的层面，可以将旅游开发中涉及的景观生态健康概念阐述为：相较于现状水平和开发管理行为而言，健康的旅游景观既能满足旅游需求又能维持景观自身稳定结构及正常功能；且随着时间的流逝，因旅游行为引起的或以旅游开发为目的的景观演变与发展不会对邻近的景观甚至是外部社会经济系统的有序、健康及持续发展造成明显的不可逆影响(刘佳雪，2012)。在此基础上发展起来的湿地生态旅游一方面强调以旅游资源为支撑的湿地资源，带给游客独特的体验，让旅游者对湿地有深刻印象；另一方面强调对湿地的保护，其生态旅游开发的宗旨是让游客不仅能在其中娱乐放松，还能认识和体会到湿地的天然功能作用，从而提高对湿地生态环境的保护意识；以生态环境的整体优化为目标，以资源的可持续发展为主旨，最终发展成为一种绿色旅游(张春丽等，2007)(图1－3)。由此可见，只有健康的景观生态环境才会有稳定且持久的旅游产业，才能使其相互促进，共同发展，景观生态健康是旅游资源开发的基础。

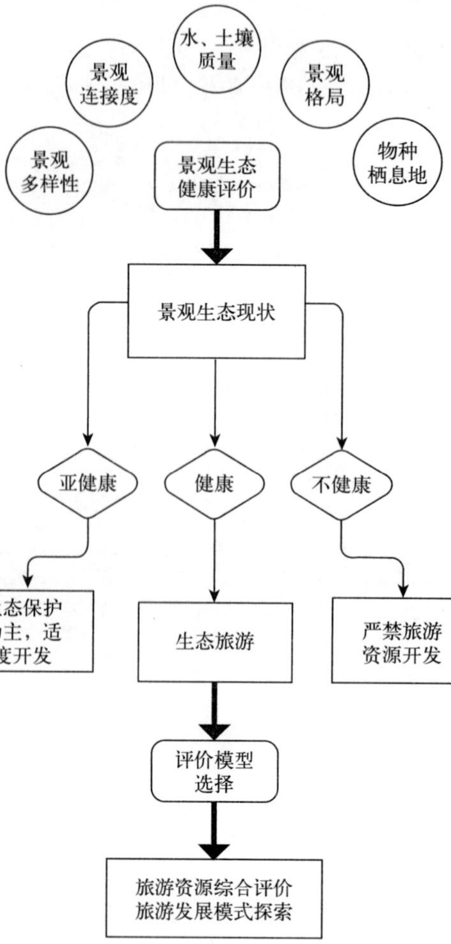

图1－2　滨海湿地景观生态健康与生态旅游关系模式

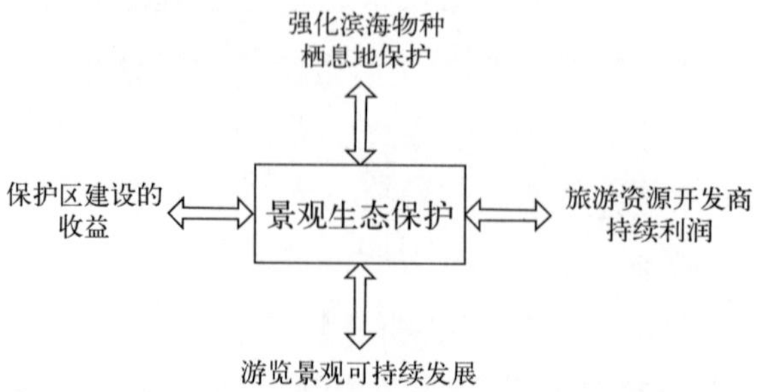

图1－3　景观生态保护下的生态旅游发展

1.4 研究区域与技术框架

在充分认识滨海湿地景观格局分布的基础上，对广西的重点区域(丹兜海、茅尾海以及珍珠湾地区)的滨海湿地景观(主要是红树林、珊瑚礁)进行景观格局分析和景观生态健康评价(图1－4)，进而评估其当地旅游发展潜力以及发展方向。通过总结概括三处重点研究区的评估成果，为整个广西滨海湿地的景观健康维持及滨海旅游资源发展提出政策建议。

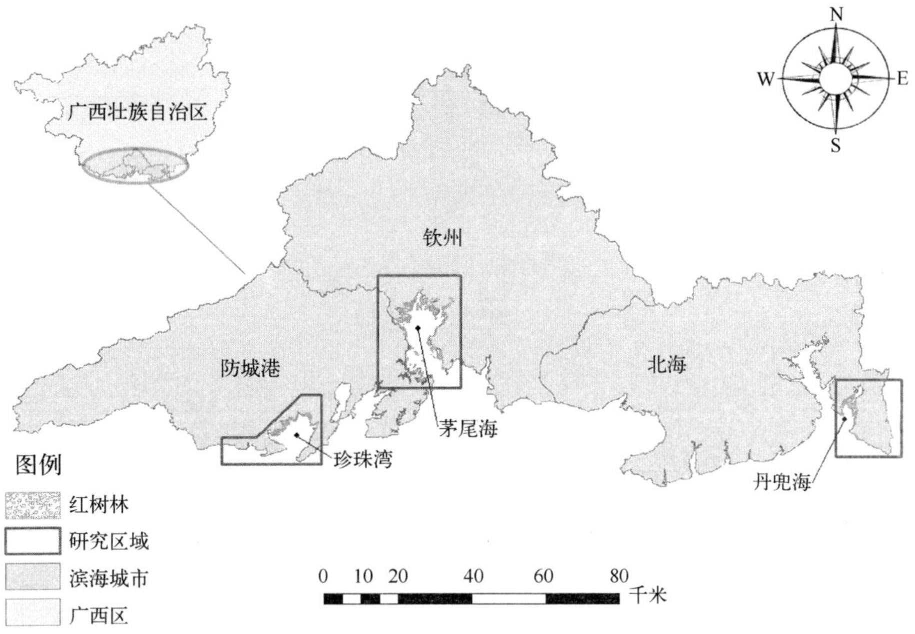

图1－4 典型研究区地理位置图

基于框架模型，提出该研究的技术路线，将“3S”技术——卫星遥感技术(Remote Sensing, RS)、地理信息系统(Geographic Information System, GIS)、全球卫星定位系统(Global Positioning System, GPS)与实际调研工作相结合，对广西滨海湿地类型和面积、地理位置、景观格局、生物多样性、环境质量和社会经济的变化状况等进行调查研究，进一步构建景观生态健康评价体系以及滨海湿地旅游开发潜力评估。主要研究内容分以下几个部分。

(1)地面景观信息的提取。运用TM、MODIS遥感影像数据对研究区域的景观类型及格局、土地利用、植被覆盖情况有形象直观和定量的认识，为后续研究开展准备基础数据资料；结合遥感影像，配合现场调查获得《广西北部湾经济区发展规划》实施以来广西滨海湿地面积、景观格局、生物多样性、环境质量和社会经济的变化状况数据。

(2)综合广西滨海湿地数据筛选评价指标，构建其生态健康评估体系，评价广西滨海湿地景观生态健康现状及生态健康变化情况。在全面认识湿地健康的基础上，从活力、组织力、恢复力三方面入手，选取指标要素，并利用综合评价模型对景观生态健康进行评价。

(3)通过分析找出影响广西滨海湿地景观生态健康的主要驱动因素，为广西滨海湿地管理提供决策依据。

(4)湿地旅游开发潜力评估。利用层次分析法和专家打分法，从4个综合方面对旅游潜力进行描述并选取相应的指标体系，同时考虑到湿地景观健康水平对其旅游潜力的影响。具体研究技术路线如图1－5所示。

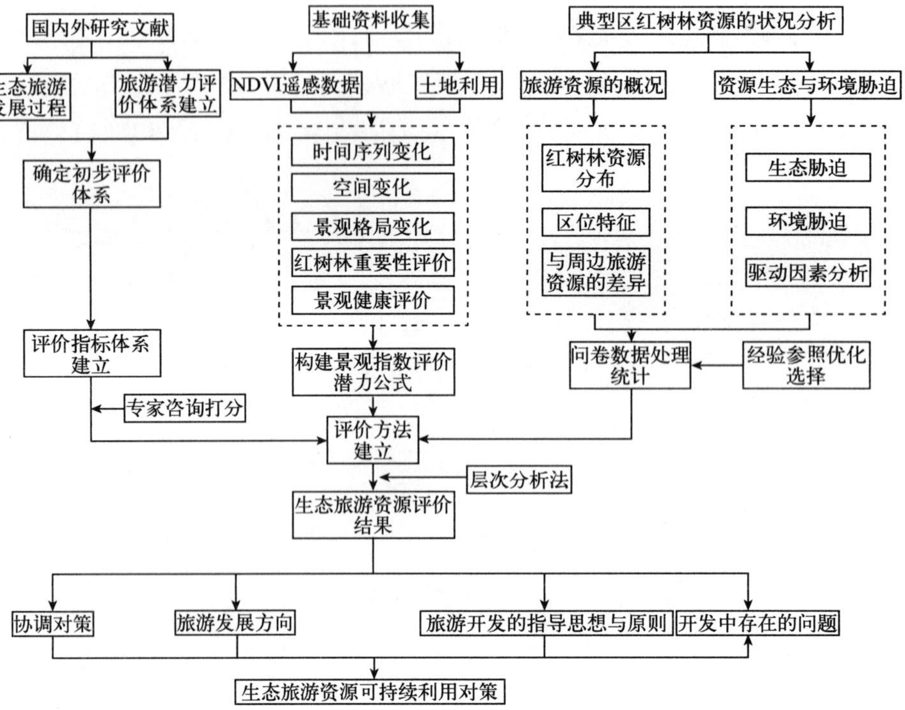

图1－5　研究技术总体框架

参考文献

安瑛. 2013. 论生态旅游评价及开发[J]. 旅游纵览月刊.

陈利顶，傅伯杰. 1996. 景观连接度的生态学意义及其应用[J]. 生态学报，4：37－42.

陈睿智. 2006. 基于LE理论下的峨眉山生态旅游开发与管理研究[D]. 四川师范大学.

陈忠晓，王仰麟. 1999. 生态旅游刍议[J]. 地理与地理信息科学，4：55－59.

陈作志，蔡文贵，徐姗楠，等. 2011. 广西北部湾近岸生态系统风险评价[J]. 应用生态学报，22(11)：2977－2986.

丁磊，徐天蜀. 2007. 九溪河小流域景观生态评价[J]. 湖北工程学院学报，27(6)：11－14.

段舜山，徐景亮. 2004. 红树林湿地在海岸生态系统维护中的功能[J]. 生态科学，23(4)：351－355.

富伟，刘世梁，崔保山，等. 2009. 景观生态学中生态连接度研究进展[J]. 生态学报，29(11)：6174－6182.

何东艳，卢远，黎宁. 2014. 近20年广西北部湾滨海湿地时空格局变化研究[J]. 湿地科学与管理，10(1)：37－41.

胡海胜. 2006. 山地景区生物多样性保护的景观生态途径[J]. 江西科学，24(5)：332－336.

胡炜霞. 2008. 景区周边环境研究——界定、评价、协调[D]. 陕西师范大学.

蒋依依，张小飞，王仰麟，等. 2008. 旅游景观生态系统功能优化研究初探[J]. 27(3)：127－133.

蒋哲尧. 2012. 琼北传统民居形制研究[D]. 华中科技大学.

劳燕玲. 2013. 滨海湿地生态安全评价研究[D]. 中国地质大学.

林鹏. 2003. 中国红树林湿地与生态工程的几个问题[J]. 中国工程科学, 5(6): 33-38.

刘小莉, 魏伟, 李中强. 2012. 返湾湖国家湿地公园生态旅游资源开发研究[J]. 湖北大学学报: 自然科学版, 34(2): 124-129.

刘佳雪. 2012. 旅游景观健康概念与诊断方法研究[J]. 旅游论坛, 5(5): 34-37.

刘忠伟, 王仰麟, 陈忠晓. 2001. 景观生态学与生态旅游规划管理[J]. 地理研究, 20(2): 206-212.

卢云亭, 王建军. 2001. 生态旅游学[M]. 北京: 旅游教育出版社, 27.

卢小丽, 武春友, Holly, 等. 2006. 生态旅游概念识别及其比较研究——对中外40个生态旅游概念的定量分析[J]. 旅游学刊, 21(2): 56-61.

吕佳. 2008. 中国红树林分布及其经营对策研究[D]. 北京林业大学.

吕建树, 刘洋, 张祖陆, 等. 2011. 鲁北滨海湿地生态旅游资源开发潜力评价及开发策略[J]. 资源科学, 33(9): 1788-1798.

孟祥江, 朱小龙, 彭在清, 等. 2012. 广西滨海湿地生态系统服务价值评价与分析[J]. 福建林学院学报, 32(2): 156-162.

彭在清, 孟祥江, 吴良忠, 等. 2012. 广西北海市滨海湿地生态系统服务价值评价[J]. 安徽农业科学, 40(9): 5507-5511.

泉志和, 尹永健. 2007. 谈自然保护区生态旅游规划[J]. 林业勘查设计, 2: 22-24.

孙慧兰, 楚新正, 肖娟. 2006. 试论景观生态规划理论的发展过程及在现代城市规划中的应用[J]. 新疆师范大学学报: 自然科学版, 25(3): 190-192.

索安宁, 赵冬至, 张丰收, 等. 2008. 景观指标与滨海湿地生态系统健康评价[J]. 海洋环境科学, 27(2): 137-143.

王安周. 2008. 郑州市景观格局变化及其生态优化研究[D]. 河南大学.

汪侠, 顾朝林, 刘晋媛, 等. 2007. 旅游资源开发潜力评价的多层次灰色方法——以老子山风景区为例[J]. 地理研究, 26(3): 625-635.

王晓丽, 师庆东. 2007. 景观生态学在生态旅游景区开发中的应用探讨——以喀纳斯为例[J]. 内蒙古林业调查设计, 30(1): 3-6.

吴涛. 2010. 基于遥感技术的河口三角洲湿地景观生态健康评价[D]. 上海师范大学.

俞孔坚. 1999. 生物保护的景观生态安全格局[J]. 生态学报, 19(1): 8-15.

张春丽, 刘继斌, 佟连军. 2007. 湿地生态旅游发展模式研究——以三江平原湿地为例[J]. 安徽农业科学, 35(24): 7579-7581.

张乔民, 于红兵, 陈欣树. 1997. 红树林生长带与潮汐水位的研究[J]. 生态学报, 17(3): 258-265.

Forman R T T, Godron M. 1986. Landscape Ecology[M]. New York: John Wiley& Sons, 10-14.

Forman R T T, Godron M. 1981. Patches and structural components for a landscape ecology. Bioscience, 31: 733-740.

第 2 章　广西典型滨海湿地研究区概况

2.1　广西滨海湿地自然地理概况

2.1.1　地理位置

广西滨海濒临北部湾，位于20°54′—22°28′N，107°29′—109°46′E，海岸线东起合浦英罗港，西至东兴市北仑河，岸线总长1 595 km。广西滨海沿岸的滨海湿地(包括人工湿地)总面积约为2 827.3 km^2，滨海湿地有潮间淤泥海滩、红树林沼泽、基石性海岸、河口水域、浅海水域、珊瑚礁、潟湖等多种类型(张乔民等，1997；吴黎黎等，2010)。在该区域拥有的众多天然海湾中，不同区域的红树林面临的压力不同，其生态系统健康具有较大的差异。对于钦州湾、防城港等区域，滨海城市化程度较高，故选取较为自然典型且相关研究较少的珍珠湾、茅尾海和丹兜海区域的红树林生态系统为研究典型区(图1－4)。其中，珍珠湾位于北仑河口国家级保护区东侧，相比于其他海湾港口，其具有相对较高的红树林生态承载力(胡霞等，2013)。茅尾海是茅岭江、钦江、大风江河流汇入海洋的必经之处，在河流与海水的共同作用下，于入海口处形成泥沙质平滩和潮沟岛屿景观(刘永泉等，2009)。在潮间带与内陆之间广泛分布沿海渔业养殖区，加之周边城区的生活工业废水汇入于茅尾海，使得当地红树林健康受到威胁。丹兜海处于山口红树林保护区的西部，海湾面积较小，植被生长状况与水质状况处于优良状态。三个海湾均为典型的溺谷湾，湾内潮滩面积广，淤泥深厚，是广西红树林的主要分布区，植被类型以白骨壤、桐花树、红海榄、秋茄和木榄为主(梁文等，2002；耿俊杰等，2015)。三个研究区域(珍珠港、茅尾海和丹兜海)由于属于海湾或河流汇合口处，其潮汐较为缓和，风力较弱，并且有大量泥沙和碎屑等沉积物，这些均为红树林生长发育提供了良好的自然条件，红树林分布较为集中(黎遗业等，2008；李春干，2004；李桂荣，2008)。

2.1.2　气候

广西北部湾沿海地区属于南亚热带海洋性季风气候区，冬暖夏凉，干湿分明，且灾害性天气较多(梁维平等，2003)。其中主要的灾害性天气有暴雨、台风、低温、阴雨等，给农业、工业、海洋开发与安全带来很大危害。其年均降雨量为2 000 mm、蒸发量为1 000～1 400 mm、年均气温为22～23℃、相对湿度是80%、年均日照时数为1 564～2 253 h，≥10℃

年积温为7 708～8 161℃，年无霜期在350 d以上。

2.1.3 海洋水文

广西沿岸波浪的季节性变化异常明显，夏季以南向浪和南南西向浪为主，而冬季以北东浪和北北东浪为主。且其海岸潮差较大，海洋水文特征明显(黄鹄等，2007)。其西部沿海最大潮差为5.52 m(龙门港)，平均潮差为2.48 m；东部沿海最大潮差为6.25 m（铁山港），平均潮差为2.42 m(曹庆先，2010)。沿岸涨潮流向东北，落潮流向西南，潮流为往复类型，而表层、中层和底层潮流的方向基本一致。

2.1.4 陆地水系

注入广西沿岸浅海中的中小河流有120余条，其中常年性的主要河流有6条，为钦江、南流江、大风江、北仑河、茅岭江、防城江，其余95%的为间歇性的季节性小河流。

2.1.5 地形地貌

广西海岸带陆域自海岸线向陆延伸5 km范围内的地形海拔均小于200 m，大体上以中部大风江为界，地势西北高而东南低，东西两部呈现不同的地形地貌特征。其中西部的主要地貌类型为多级基岩侵蚀剥蚀台地；其次是钦江－茅岭江复合河口三角洲平原；第三是江平一带的海积平原，地势起伏不平。东部主要地貌类型是古洪积冲积平原，它是由第四系湛江组及北海组构成的，且在该平原上有零星侵蚀剥蚀后残留的台地点缀其间(叶维强等，1989)，地势平坦，微向南面海岸倾斜，铁山港湾北部沿岸分布有基岩侵蚀剥蚀台地；其次是南流江河口三角洲平原；第三为海积平原，地势平缓。另外，广西沿岸地区人工地貌突出，海积平原以及河口三角平原已大面积开辟为海水养殖场。

2.1.6 资源

广西沿海地区面积为20 299 km^2，占广西国土总面积的8.5%，且海岸线较长，岛屿众多，岛屿面积达66.90 km^2，其中面积在500 m^{2}以上的岛屿就有651个。海产动物和藻类方面，浅海生物种类繁多，主要鱼类有500多种，底栖生物有832种，浮游动物有104种。此外，可开发的滩涂资源非常丰富(吴黎黎等，2010)。广西沿海地区的红树林资源十分丰富，红树林面积占广西北部湾红树林现有各地类总面积的46.5%，主要包括有海漆(*Excoecaria agallocha*)、红海榄(*Rhizophora stylosa*)、木榄(*Bruguiera gymnorrhiza*)、角果木(*Ceriops tagal*)、尖瓣海莲(*Bruguiera sexangula* var. *rhynchopetala*)、秋茄(*Kandelia candel*)、桐花树(*Aegiceras corniculatum*)、老鼠簕(*Acanthus lilcifolius*)等。广西滨海区域拥有唯一的古火山岛珊瑚礁，还有广阔的海草床，是发展港口工业、海水养殖、制盐化工等产业的重要潜力区域(吴黎黎等，2010)。

2.2 广西滨海湿地生态系统类型特征

2.2.1 红树林生态系统环境特征

2.2.1.1 红树林生态系统的地貌特征

广西的红树林海岸基本地貌单元可以分为红树林潮滩、林外裸滩和潮沟系 3 种类型。在生态区中面积最大的红树林，如山口国家级红树林生态自然保护区、北仑河口自然保护区、廉州湾南流江口红树林分布区、钦州湾茅尾海红树林分布区等，体现出上述红树林地貌单元的组成格局。

红树林海岸基本地貌单元各具有不同的形态、沉积、功能和演替特点，一般红树林潮滩和林外裸滩的分界大致位于当地的平均海面，成为一条十分重要的红树林生物地貌界线(梁文等，2002；周锐，2014)。红树林潮滩多集中分布于受降水影响较大的岸段和河口湾区域，如有江平河和黄竹江注入的珍珠港湾、南流江注入的廉州湾顶部的南流江口、钦江注入的钦州湾茅尾海、白沙河注入的铁山港山口国家级红树林生态自然保护区中丹兜海等港湾顶部。近年来，红树林有上溯迹象，红树林除沿海岸从高潮滩向低潮滩方向正常分布外，还可沿注入港湾的河道两岸漫滩分布，可上溯数百米至几千米不等，大致与盐水影响范围相当，如廉州湾南流江口(梁文等，2002)。红树林潮滩通常为平均海面以上的高滩，而裸滩则是平均海面以下的低滩。无论是发育天然幼苗或人工种植幼苗，均以滩面高程已淤涨至平均海面或以上为前提，因而红树林一般不能随意地向裸滩生长和发展(梁文等，2002)。

红树林潮沟系的发育与红树林宽度有关。当红树林宽度大于 200 m 时，沿滩坡一般发育有潮沟系，加速疏通潮汐水流在红树林区的漫溢和排泄(伍淑婕，2006)。

红树林可以生长在各种地质的海岸潮滩中，以淤泥质潮滩最普遍，生长最好(张乔民等，2001)。广西红树林主要分布于溺谷湾和河口三角洲海岸上的潮间带上部，多生长、发育于粉砂质黏土，也有少数岸段的红树林，如广西北海大冠沙，有部分白骨壤稀疏灌丛生长于砂质潮滩上，其砂和砂砾含量通常在 80% 以上，这种海岸沙滩红树林通常是由暴风浪形成的海滩砂脊向海岸移动而形成的(伍淑婕，2006)。

2.2.1.2 红树林生态系统的化学特征

1) 水温

广西受亚热带季风气候的影响，其红树林生态系统的水温有冬暖夏凉特征，但在不同季节、不同区域的水温变化较大，各季度月变化范围为 16.49 ~ 35.00℃，各季度月平均值为 26.54℃，呈春季、夏季高，秋季次之，冬季较低的变化特征(表 2 - 1)。

表2-1 广西红树林生态区各季度月水温的变化范围及平均值

单位:℃

海区	变化范围及平均值	春季	夏季	秋季	冬季
珍珠湾海区	变化范围	20.64~28.6	26.89~28.28	25.59~28.15	22.91~23.49
	平均值	25.77	27.73	26.68	23.18
钦州湾海区	变化范围	28.94~32.17	30.27~32.1	25.00~27.55	16.49~23.33
	平均值	30.51	31.18	25.93	20.92
全海区	变化范围	20.64~35.00	26.70~33.10	19.95~28.15	16.49~23.49
	平均值	29.42	29.89	25.50	21.36

资料来源：范航清等，2015。

2)透明度

红树林分布海区，位于近岸，受沿岸水和潮汐等水体混合作用影响较大，透明度以秋季、冬季较高，春季次之，夏季最低。透明度不高，为0.1~2.1 m，年平均值为0.9 m；在区域上随季节与海岸的变化差异明显(表2-2)。

表2-2 广西红树林生态区各季度月透明度的变化范围及平均值

单位：m

海区	变化范围及平均值	春季	夏季	秋季	冬季
珍珠湾海区	变化范围	1.1~1.9	0.4~1.1	0.9~2.1	1.0~1.9
	平均值	1.6	0.9	1.5	1.5
钦州湾海区	变化范围	0.4~1.0	0.2~0.5	0.6~1.0	0.5~1.8
	平均值	0.7	0.4	0.9	1.1
全海区	变化范围	0.2~1.9	0.1~1.2	0.1~2.1	0.4~2.0
	平均值	0.8	0.5	1.0	1.1

资料来源：范航清等，2015。

3)盐度

广西红树林生态区盐度的变化范围为0.15~32.24，变化较大，年平均值为17.95。不同季节其区域性变化也很大，呈冬季高，春季、秋季适中，夏季最低的变化特征(表2-3)。

表2-3 广西红树林生态区各季度月盐度的变化范围及平均值

海区	变化范围及平均值	春季	夏季	秋季	冬季
珍珠湾海区	变化范围	12.21~32.24	0.15~17.87	5.65~23.67	24.54~30.35
	平均值	26.13	8.03	19.96	27.79
钦州湾海区	变化范围	15.50~29.33	0.55~8.88	8.62~21.02	19.46~28.14
	平均值	22.66	3.68	14.23	23.38
全海区	变化范围	1.19~32.24	0.15~19.98	1.77~26.32	19.46~30.50
	平均值	19.41	7.46	18.43	26.50

资料来源：范航清等，2015。

4) pH

本红树林海区由于位于沿岸水影响较大的近岸海域，pH 不高，其值变化范围为 6.40 ~ 8.09，年平均值为 7.75；季节性变化显示出冬季高，春季、秋季适中，夏季较低的变化特征，但也不十分明显；且在不同季节，其区域性变化较为明显(表 2 -4)。

表 2 -4　广西红树林生态区各季度月 pH 的变化范围及平均值

海区	变化范围及平均值	春季	夏季	秋季	冬季
珍珠湾海区	变化范围	7.39 ~ 8.05	6.40 ~ 7.78	7.40 ~ 8.05	7.75 ~ 7.91
	平均值	7.81	7.28	7.75	7.82
钦州湾海区	变化范围	7.54 ~ 7.97	7.49 ~ 7.66	7.66 ~ 7.93	7.71 ~ 8.01
	平均值	7.75	7.59	7.77	7.85
全海区	变化范围	7.37 ~ 8.09	6.40 ~ 7.95	7.40 ~ 8.05	7.71 ~ 8.05
	平均值	7.80	7.52	7.77	7.89

资料来源：范航清等，2015。

5) 有机碳

红树林海区沉积物中的有机碳含量为 0.01×10^{-2} ~ 1.85×10^{-2} g/kg，平均值为 1.21×10^{-2} g/kg，区域性变化特征见表 2 -5。

表 2 -5　广西红树林生态区有机碳的变化范围及平均值　　单位：10^{-2}g/kg

海区	变化范围及平均值	有机碳
珍珠湾海区	变化范围	0.70 ~ 1.74
	平均值	1.31
钦州湾海区	变化范围	0.98 ~ 1.55
	平均值	1.34
全海区	变化范围	0.01 ~ 1.85
	平均值	1.21

资料来源：范航清等，2015。

2.2.2　珊瑚礁生态系统环境特征

2.2.2.1　珊瑚礁生态系统的地貌特征

广西沿岸珊瑚礁生态区包括涠洲岛、斜阳岛、白龙尾 3 个区域。其中仅涠洲岛沿岸珊瑚种类丰富，形成有珊瑚暗礁，而白龙尾和斜阳岛的沿岸珊瑚分布稀疏且种数少，没有形成珊瑚暗礁。

礁坪地貌主要见于涠洲岛东部、北部、西南部沿岸。北部沿岸珊瑚暗礁发育最好，东部和西南部沿岸次之。涠洲岛的珊瑚暗礁，由于分布不均匀，各向暗礁发育程度极不相同，西部和南湾沿岸则不成礁(王欣，2009)。该岛北部后背塘 - 北港 - 苏牛角坑一带沿岸广泛接受沉积，滨外珊瑚礁发育良好，是珊瑚礁体较宽的岸段，暗礁后沙堤海滩、水下沙坝发育齐全、宽阔，礁坪宽达 1 025 m，块状珊瑚占优势，优势种为橙黄珊瑚、交替扁脑珊瑚、秘密角蜂巢珊瑚；局部有枝状珊瑚密集生长，主要属种有匍匐鹿角珊瑚、美丽鹿角珊瑚。珊瑚生长带宽 660 m，为堆积岸段。珊瑚礁海岸沉积带分为潮上带、潮间带、潮下带（梁文等，2002；亓发庆等，2003；范航清等，2015）。

2.2.2.2 珊瑚礁生态系统的化学特征

1）水温

广西珊瑚礁生态系统的水温变化由于受亚热带季风气候的影响，呈现冬暖夏凉的特征，年变化范围为 17.67～28.39℃；呈夏季高、秋季次之、冬春季较低的变化特征；但在不同季节，不同区域的水温变化较大（表 2－6）。

表 2－6 广西珊瑚礁生态区各季度月水温的变化范围及平均值　　单位：℃

海区	变化范围及平均值	春季	夏季	秋季	冬季
涠洲岛	变化范围	17.67～18.96	27.51～28.29	27.60～27.93	22.37～22.92
海区	平均值	18.23	27.85	27.72	22.64
斜阳岛	变化范围	18.41～19.02	27.91～28.32	27.14～27.30	22.90～23.14
海区	平均值	18.23	28.15	27.24	23.01
白龙尾	变化范围	17.84～18.20	27.90～28.39	26.71～26.97	22.91～23.11
海区	平均值	18.04	28.25	26.81	23.00

资料来源：范航清等，2015。

2）透明度

珊瑚礁海区由于受沿岸水和潮汐等水体混合作用影响较大，在区域上，随季节与海况的变化差异明显（表 2－7）。

表 2－7 广西珊瑚礁生态区各季度月透明度的变化范围及平均值　　单位：m

海区	变化范围及平均值	春季	夏季	秋季	冬季
涠洲岛	变化范围	3.8～5.8	2.5～4.9	2.5～4.8	3.0～5.2
海区	平均值	4.7	3.9	3.4	4.0
斜阳岛	变化范围	2.5～4.5	3.4～5.5	2.1～3.0	3.5～4.8
海区	平均值	3.2	4.3	2.6	3.9
白龙尾	变化范围	1.5～2.1	2.8～4.5	2.4～5.0	3.0～6.0
海区	平均值	1.8	4.0	3.8	4.4

资料来源：范航清等，2015。

3）盐度

广西珊瑚礁生态区盐度的变化比较小，不同季节其区域性变化存在明显差异（表 2－8）。

表 2－8 广西珊瑚礁生态区各季度月盐度的变化范围及平均值

海区	变化范围及平均值	春季	夏季	秋季	冬季
涠洲岛	变化范围	31.55～32.45	31.95～32.80	29.79～31.70	32.41～32.51
海区	平均值	32.17	32.31	31.14	32.46

续表

海区	变化范围及平均值	春季	夏季	秋季	冬季
斜阳岛海区	变化范围	32.37~33.03	32.16~32.55	31.19~31.60	32.24~32.51
	平均值	32.63	32.31	31.43	32.35
白龙尾海区	变化范围	31.76~32.10	31.26~31.55	28.36~28.78	30.99~31.10
	平均值	31.86	31.44	28.62	31.05

资料来源：范航清等，2015。

4) pH

白龙尾珊瑚礁海区的年平均 pH 值相对较低，涠洲岛、斜阳岛珊瑚礁海区水体 pH 年平均值较接近。季节变化不明显，平面分布变化比较小(表 2-9)。

表 2-9　广西珊瑚礁生态区各季度月 pH 的变化范围及平均值

海区	变化范围及平均值	春季	夏季	秋季	冬季
涠洲岛海区	变化范围	8.22~8.25	8.11~8.16	8.10~8.14	8.16~8.20
	平均值	8.24	8.14	8.12	8.19
斜阳岛海区	变化范围	8.17~8.24	8.06~8.12	8.09~8.13	8.18~8.22
	平均值	8.20	8.10	8.12	8.21
白龙尾海区	变化范围	8.15~8.21	8.00~8.10	8.06~8.12	8.09~8.11
	平均值	8.19	8.06	8.10	8.10

资料来源：范航清等，2015。

2.3　广西滨海湿地群落分布特征

2.3.1　红树林群落分布特征

广西红树林群落类型大致可分为 11 个群系，每个群系又可分为若干群丛，具体的类型和面积(表 2-10)。

表 2-10　广西红树林群落类型

群系	群丛	面积(hm^2)	比例(%)
白骨壤群系	白骨壤群丛	2 276.1	26.11
	白骨壤+桐花树群丛	889.8	10.21
桐花树群丛	桐花树群丛	2 806.7	32.20
	桐花树+白骨壤群丛	46.8	0.54
秋茄群系	秋茄群系	362.2	4.15
	秋茄、白骨壤、桐花树群丛	367.7	4.31
	秋茄、桐花树群丛	981.8	11.26
红海榄群系	红海榄群丛	335.4	3.85

续表

群系	群丛	面积(hm^2)	比例(%)
木榄群系	木榄群丛	8.1	0.09
	木榄+秋茄+桐花树群丛	375	4.30
无瓣海桑群系	无瓣海桑群丛	182.2	2.09
银叶树群系	银叶树群丛	5.0	0.06
海漆群系	海漆群丛	12.4	0.14
海芒果群系	海芒果群丛	0.3	0.00
黄瑾群系	黄瑾群丛	1.9	0.02

资料来源：范航清等，2015。

2.3.1.1 白骨壤群丛分布特征

白骨壤群丛生境盐度偏高，极少有来自海岸的淡水补充，多数生长于沉积海岸的沙质或泥沙质潮滩上；白骨壤群丛基本上由单一树种组成，但在不同海湾以及不同潮滩上的高度、基径、盖度、群落密度等群落特征值差异很大(李丽凤等，2013)。滩面水盐度31~38，密度15~68株/100 m^2，叶面积指数(LAI)1.6~3.4；平均冠幅35~269 cm，群落盖度50%~100%；群落林冠平均高80~254 cm，最高为80~370 cm；平均基径4.5~11.9 cm，最大基径7.0~28.7 cm。更新层以一年生白骨壤幼苗为主，经2008年春季寒害后仍有9个调查样方存在白骨壤幼苗，平均苗高18.4 cm，最大苗高27 cm，平均密度为8株/m^2，最大达到14株/m^2(李丽凤等，2013)。

2.3.1.2 桐花树群丛分布特征

桐花树群丛为丛生状灌木矮林，多生长于咸淡水区的淤泥上，只有桐花树一个建群种，偶见秋茄混生其中；各调查样方的群落密度、高度、基径等指标变异很大，说明样方之间的群落林龄差异较大；各调查样方的更新层都以较耐寒的桐花树幼苗为主(李丽凤等，2013)。叶面积指数(LAI)2.0~5.4，滩面水盐度12~36，样方密度43~443丛/100 m^2。群落灌丛平均高65~315 cm，最大高100~380 cm；平均基径1.6~11.3 cm，最大基径3.2~23.9 cm；平均冠幅23~240 cm，群落盖度45%~100%。1~2年幼苗平均密度为2~243株/m^2，平均苗高8.7~51.7 cm。

2.3.1.3 秋茄群系分布特征

秋茄是明显的河口型红树植物，在广西海岸基本上分布于有淡水汇入的河口区。叶面积指数(LAI)2.8~4.6，滩面水盐度29~34，样方密度15~50株/100 m^2。群落冠层平均高152~170 cm，最大高190~240 cm；平均基径6.1~15.7 cm，最大基径12.7~35.0 cm；平均冠幅154~259 cm；覆盖度50%~95%。更新层有1~2年的秋茄幼苗，密度为6~16株/m^2，苗高21.3~35.3 cm；1年桐花树幼苗3株/m^2，幼苗高10.0 cm。

2.3.2 珊瑚礁群落分布特征

涠洲岛沿岸的海底地形较为平缓，但南湾内西侧沿岸及西部大岭脚悬崖直逼水边线，属陡崖型海蚀海岸，珊瑚呈现稀疏分布状况。现代活石珊瑚主要分布于水深沿岸 0.5 ~ 6 m 的珊瑚礁坪生长带上。

涠洲岛的西南面海岸属海蚀－堆积交替海岸，珊瑚分布自岸向海，分为 3 个生物地貌带：块状珊瑚生长繁盛带、块状珊瑚生长稀疏带、柳珊瑚生长繁盛带等。其中块状珊瑚生长稀疏带宽 270 ~ 290 m，水深 1.8 ~ 4 m；块状珊瑚生长稀疏带宽 120 ~ 180 m，水深 0.3 ~ 1.8 m 或 3 ~ 6 m；柳珊瑚生长繁盛带宽 130 ~ 230 m，水深 4 ~ 12.5 m(梁文等，2011)。

涠洲岛的东南部、东北面海岸珊瑚分布自岸向海分为 4 个生物地貌带：块状珊瑚混合带、块状珊瑚生长繁盛带、块状珊瑚匍匐混合带、柳珊瑚生长繁盛带。其中块状珊瑚生长繁盛带宽 160 ~ 200 m，水深 2.2 ~ 2.8 m 或 2.2 ~ 4 m；块状珊瑚匍匐混合带宽度 160 ~ 200 m，水深 2.2 ~ 2.8 或 2.2 ~ 4 m；块状珊瑚混合带宽 90 ~ 220 m，水深 0.8 ~ 2.2 m；柳珊瑚生长繁盛带宽 110 ~ 150 m，水深 4 ~ 6.3 m。

斜阳岛由于沿岸常年受到拍岸浪冲击，属于陡崖型海蚀海岸，石珊瑚的分布仅见于沿岸 100 ~ 150 m；白龙尾零星分布于基岩海岸，石珊瑚分布范围 230 ~ 540 m(范航清等，2015)。

2.4 广西滨海湿地面临的问题

2.4.1 滨海湿地过度开垦和改造

广西沿海经济较为活跃，由于处在房地产、养殖业、工业以及旅游业的压力之下，其环境破坏较为严重，主要表现在改造和盲目、无节制的开垦。除此之外，沿海的部分工程，由于在开发和设计上存在的一些破坏性或不合理性以及频繁的工程活动，在一定程度上也改变着海洋如潮流和波浪的活动，并进一步通过增大岸滩侵蚀范围加剧滨海湿地生态系统的恶化(吴黎黎等，2010)。

这些年，广西的沿海基础设施大会战促进了工业的快速发展，同时也加速了围垦滩涂的开发。对比来看，广西沿海在 1955—1977 年的 22 年间围垦滩涂湿地 100 km^2，平均每年开发 4.5 km^2；1989—1998 年，10 年间开发滩涂17 km^2，平均每年围垦 1.7 km^2，主要是用于海水养殖；而 2005—2006 年上半年沿海三市围垦用海面积达 199 km^2；2008 年，仅钦州保税区填海就达3 km^2(陈群英等，2008)。

20 世纪 90 年代以来，在经济急速增长的大环境下，广西沿海地区的经济开发建设也逐渐步入了高潮阶段，城市建设、工业建设以及港口开发等活动剧烈而频繁，但是由于在开发建设过程中过于盲目和缺少周密规划，缺乏长远眼光，最终导致目前广西海岸滩涂的严重破坏(吴黎黎等，2010)。由于广西北部湾沿海地区每在 7—9 月的夏秋台风季容易出现海堤险情，需对海堤进行加高加固整修，然而由于工程石料大多需通过海上运输从远处运来，为了方便运石船靠近海堤，于是砍伐了堤前 5 ~ 30 m 范围内的处于演替后期的红树林；同时，直接在堤前 10 ~ 50 m 内挖取为加固加高和修复海堤用的大量土石，使得滩涂的高程下降 15 ~ 30 m。这样，周期性的人为干扰致使红树林难以自然演替恢复(范航清等，1997)，滨海湿地生态系统严重退化(范航清等，1997；兰竹虹等，2007)。

2.4.2　近海污染加剧

滨海城市发展从多方面影响着滨海湿地生态系统，城市化和工业化过程中废弃物不合理的处理，农业生产过程中农药和化肥的使用，这一系统的干扰活动都不同程度地影响着滨海生态系统的物质和能量循环。各种人类活动产生的污染物质通过食物链等又返回到人们生产生活的物资中，加剧对人类健康的危害(吴黎黎等, 2010)。

尽管滨海区域有着众多的排污处理设施如钦州港港口排污区、北海市红坎污水处理厂排污区、侨港港口区等，但是这些污染防治设施多伴有陈旧老化的问题，其污染物处理能力远不及经济的发展，这加速了滨海的污染程度，对沿海湿地生态系统健康造成了极大的危害，对区域重点发展的生态系统，如合浦海草床、涠洲岛珊瑚礁、北海山口红树林以及北仑河口红树林生态系统等极其不利。

2008 年广西海洋环境质量公报显示，广西滨海海洋污染区域主要分布在钦州湾、防城港、廉州湾以及茅尾海近岸局部海域，海域近岸的无机氮、无机磷含量分别比 2007 年度升高 6%、4%，近海无机氮和无机磷含量升高 18% 和 15%。当前的污染水平已经严重影响了原有的生态环境，且改变了滨海海水的化学性质，直接造成溶解氧减少，水体污染严重，导致鱼类死亡，甚至滨海特有物种的灭绝(吴黎黎等, 2010)。

海水养殖自身生态系统结构和养殖方式的缺陷，使得大部分养殖业存在养殖营养物的外排和化学药物的使用等环境问题，加剧了海水有机污染和富营养化，诱发有害藻类和病原微生物的大量繁殖(刘家明，2006)。2002—2004 年间，北海市附近的海域发生赤潮高达 4 次(王宗太, 2008)；2008 年 4 月，涠洲岛与钦州三娘湾附近海域均发生小规模赤潮，且均由夜光藻引起(吴黎黎等, 2010)。此外，广西滨海区域的对虾养殖也已经严重影响了沿岸的生态环境，成为广西浅海的重要污染源。总之，滨海养殖业饵料、养殖池柴油机滴漏、养殖户滥用药物等对近海区域造成了极其严重的不良后果，严重威胁着湿地生态系统(李凤华等，2007；舒延飞等，2002；广西自治区政协人口资源环境委员会和民盟广西区委会，2006)。

2.4.3　生物资源的过度利用

生物资源的过度利用主要体现在过度捕捞、采摘和挖掘方面。

过度捕捞，尤其是高强度的违法捕捞手段(电、炸、毒等)，导致海中鱼虾贝类的自我补充速度降低，当其低于捕捞速度时，不仅会对生态系统中重要的天然经济鱼类资源产生巨大影响，还会威胁其他的水生生物，最终引起珊瑚礁、红树林、海草床等严重退化，从而对区域沿岸的湿地生态平衡造成破坏(兰竹虹等，2007；吴黎黎等, 2010)。滨海湿地的红树林区、珊瑚礁和海草床是很多海洋生物觅食和生长的场所，然而捕捞这些经济性动、植物海产品是滨海居民的主要经济来源之一，为了追求经济利益，滨海居民往往过度捕捞，从而造成区域生物资源日益减少、生态系统失衡(邓超冰，2002)。如：为挖掘可口革囊星虫(*Phascolosom aesculenta*)、裸体方格星虫(*Sipunculus nudus*)、曲畸心蛤(*Anomalocordia flexuosa*)和文蛤(*Meretrix meretrix*)等经济海产，约 30% 的红树林区域每年遭到 20 次以上的挖掘，红树林区内，过访的小鱼和鱼苗也遭到了捕捞，甚至林区的小螺也被作为对虾的补充饲料而被大量收购(Gunn et al.，1993；Priskin，2001)。

采摘和挖掘对象主要是红树林和珊瑚礁块。7—8月是红树林植物白骨壤果实成熟的季节，滨海大批的居民涌入红树林区内采摘其果实。大规模地、频繁地挖掘、踩踏活动不仅直接影响红树林植物的生长，还会破坏底栖动物的生活和生境，导致了近海经济动物、渔业资源的下降。由于珊瑚礁块可用于制作观赏工艺品及建筑材料或烧制石灰，因此也遭到大量挖掘，促使珊瑚礁资源急剧减少(Sheryl et al.，1999)。

2.4.4 生物入侵

对于引入的外来物种，根据它们对当地的影响，可将其分为有益外来物种、有害外来物种、入侵物种。随着全球经济一体化的趋势越来越强，人们的经济活动与国际交往也愈发频繁，范围愈发大，从而给一些物种到另外一个新的环境中生存提供了更多可能。这些生物通过人为或其他作用的影响，从原生存地移到新的栖息地或生存环境中，繁殖并稳定建立种群的即外来物种(任源浩等，2013)。若外来物种在新的生存环境中过度繁殖失去控制，危害当地原有物种的生存，使新的栖息地生态系统遭到改变或破坏，则被称为入侵物种。

广西海洋入侵物种主要有：①海洋养殖物种入侵。养殖过程中由于各种方式导致养殖对象进入自然海域，比如沿海地区大规模养殖的南美白对虾、罗非鱼、海洋扇贝，不仅与当地土著生物争夺生存空间、食物、争夺生态位并且传播疾病，而且与土著生物杂交，导致遗传污染，降低土著生物的生存能力，最终使土著生物自然群体降低，甚至濒于灭绝。②滨海湿地生态系统入侵。比如为了护岸而引入的护花米草和无瓣海桑，由于繁殖过快失去控制，并蔓延扩散，使原来的乡土红树林生存空间受到影响，破坏了海洋生物栖息环境，危害该地区滨海湿地生态系统(赵淑江等，2005)。

互花米草为禾本科的多年生高秆型草本植物，原产于北美洲大西洋海岸，并广泛分布于墨西哥湾沿岸的沼泽地，在北起纽芬兰南至佛罗里达中部的区域也有大量分布。广西引种互花米草共有2次。第一次为1979年，合浦县科委与南京大学合作在山西镇山角海滩和党江镇沙涌船厂海滩引种互花米草，山西镇山角海滩和党江镇沙涌船厂海滩分别引种了0.67 hm^2和0.27 hm^2的互花米草；另一次是1994年，广西红树林研究中心在山口镇北界村盐场海滩移植了0.34 hm^2互花米草(莫竹承等，2010)。但互花米草现在已广泛分布，对滨海湿地生态系统造成不良影响。

互花米草从最初为了保滩护岸、改良土壤、绿化海滩和改善海滩生态环境而引入，到后来的2003年，国家环保总局和中国科学院将其列入《中国第一批外来入侵物种名单》(陈圆等，2012)，互花米草造成的影响不容小觑。2008年秋季调查结果表明，广西潮间带互花米草现存面积为389.2 hm^2，主要分布于铁山港湾内的丹兜海；此外，山口镇北界村海滩和营盘镇青山头海滩分别有12.6 hm^2和7.2 hm^2；同样为促于成滩和消浪护岸作用，许多国家也将其引入，近百年来互花米草分布区域已经从北美、南美的大西洋沿岸扩展到欧洲、北美西海岸、新西兰及中国沿海地，已成为全球性的海滩外来入侵植物(莫竹承等，2010)。

互花米草引入后的结果存在地区差异，比如因海滩上放养鸭群逐食，党江镇沙涌村的互花米草已经全部消失了；而引种到山口镇山角村的互花米草，定植后迅速扩散为丹兜海潮间带广布的植物种群(莫竹承等，2010)。据资料统计：2003 年，山口镇海滩互花米草的面积超过了 167 hm^2；2008 年，丹兜海和北界村海滩互花米草的面积合计 381.6 hm^2。1979—2003 年互花米草引种的 24 年间，年均扩散速度为 26%；而 2003—2008 年年均扩散速率仅为 18%，扩散速率呈明显下降趋势。以上可以看出，在最初的引入阶段，环境影响或是人类的干扰都会影响到互花米草的定植，此时的互花米草较为脆弱与不稳定。但当其生长稳定之后，便能无节制繁殖并扩张蔓延。现在的互花米草在丹兜海的发展受到了海湾地貌的限制，但山口北界村和营盘青头山将会是互花米草未来泛滥灾区。

另一种入侵物种为无瓣海桑，它属于红树林中的速丰生产乔木树种。1985 年从孟加拉国引进到海南东寨港，近年来广泛用作华南沿海潮滩的绿化造林。自 2002 年起，广西开展了大规模的引种造林活动，其中以钦州市的面积最大。目前已经建成无瓣海桑人工林占 182.2 hm^2，以无瓣海桑为主的人工混交林占 282.4 hm^2，主要分布于合浦南流江口、钦州茅尾海和北海西村港等海滩。无瓣海桑在雷州半岛的引种造林试验表明，其在河口泥质海滩生长速度最快。大规模引入无瓣海桑引起了人们对生物入侵的担心，由于生物入侵对海草及红树林的生存环境会造成一定的危害，因此生物入侵也是滨海湿地面临的主要问题之一(李玫等，2008)。

参考文献

亓发庆，黎广钊，孙永福，等. 2003. 北部湾涠洲岛地貌的基本特征[J]. 海洋科学进展，21(1)：41－50.

曹庆先. 2010. 北部湾沿海红树林生物量和碳贮量的遥感估算[D]. 中国林业科学研究院.

陈群英，李凤华. 2008. 广西沿海地区海洋生态环境保护状况及对策建议[J]. 环境科学与管理，33(9)：146－149，185.

陈圆，张新德，韦江玲. 2012. 广西近岸海域互花米草侵害与防控方法分析[J]. 南方国土资源，8：20－22，25.

范航清，黎广钊. 1997. 海堤对广西沿海红树林的数量、群落特征和恢复的影响[J]. 应用生态学报，8(3)：240－244.

范航清，黎广钊，周浩郎，等. 2015. 广西北部湾典型海洋生态系统：现状与挑战[M]. 北京：科学出版社.

耿俊杰，黄亮亮，吴志强，等. 2015. 茅尾海红树林表层沉积物重金属含量分布特征及评价[J]. 生态科学，34(1)：38－43.

广西自治区政协人口资源环境委员会，民盟广西区委会. 2006. 警惕对虾养殖对广西滨海湿地的危害[J]. 南方国土资源，4：30－33.

胡霞，莫创荣，周云新，等. 2013. 广西北部湾红树林生态承载力评价[J]. 生态科学. 32(4)：480－486.

黄鹄，陈锦辉，胡自宁. 2007. 近 50 年来广西海岸滩涂变化特征分析[J]. 海洋科学，31(1)：37－42.

兰竹虹，陈桂珠. 2007. 南中国海地区红树林的利用和保护[J]. 海洋环境科学，26(4)：355－359.

黎遗业，黄新颖，陈冬梅. 2008. 广西红树林湿地生态保护与生态旅游开发研究[J]. 广西热带农业，2：34－37.

梁文，张春华，叶祖超，等. 2011. 广西涠洲岛造礁珊瑚种群结构的空间分布[J]. 生态学报，31(1)：39－46.

梁文，黎广钊. 2002. 广西红树林海岸现代沉积初探[J]. 18(3)：131－134.

梁维平，黄志平. 2003. 广西红树林资源现状及保护发展对策[J]. 林业调查规划，28(4)：59－62.

李春干. 2004. 广西红树林的数量分布[J]. 北京林业大学学报, 26(1): 47－52.

李凤华, 赖春苗. 2007. 广西海域赤潮调查及对策建议[J]. 环境科学与管理, 32(9): 76－77.

李桂荣. 2008. 广西湿地生态学研究[D]. 广西师范大学.

李丽凤, 刘文爱, 莫竹承, 等. 2013. 广西钦州湾红树林群落特征及其物种多样性[J]. 林业工程学报: 林业科技开发, 27(6): 21－25.

李玫, 廖宝文. 2008. 无瓣海桑的引种及生态影响[J]. 防护林科技, 3: 100－102.

刘家明. 2006. 从规划实践看旅游资源开发评价[J]. 旅游学刊, 21(1): 9－11.

刘永泉, 凌博闻, 徐鹏飞. 2009. 谈广西钦州茅尾海红树林保护区的湿地生态保护[J]. 河北农业科学, 13(4): 97－99.

林鹏. 中国红树林湿地与生态工程的几个问题[J]. 中国工程科学, 2003, 5(6): 33－38.

莫竹承, 范航清, 刘亮. 2010. 广西海岸潮间带互花米草调查研究[J]. 广西科学, 17(2): 170－174.

彭在清, 孟祥江, 吴良忠, 等. 广西北海市滨海湿地生态系统服务价值评价[J]. 安徽农业科学, 2012, 40(9): 5507－5511.

任源浩, 李朝晖, 蔡垚, 等. 2013. 外来物种琵琶鼠鱼与土著物种黄颡鱼混养的利弊研究[J]. 广东农业科学, 40(15): 139－141.

舒延飞, 罗琳, 温瑛茂. 2002. 海水养殖对近岸生态环境的影响[J]. 海洋环境科学, 21(2): 74－80.

汪侠, 顾朝林, 刘晋媛, 等. 2007. 旅游资源开发潜力评价的多层次灰色方法[J]. 地理研究, 26(3): 625－635.

王欣. 2009. 北部湾涠洲岛珊瑚礁区悬浮物沉降与珊瑚生长关系的研究[D]. 广西大学.

王宗太. 2008. 更新理念完善旅游资源评价[J]. 开发研究, 1: 121－124.

吴黎黎, 李树华. 2010. 广西滨海湿地生态系统的恢复与保护措施[J]. 广西科学院学报, 26(1): 62－66.

伍淑婕. 2006. 广西红树林生态系统服务功能及其价值评估[D]. 广西师范大学.

叶维强, 黎广剑. 1989. 广西海湾沉积物分布特征[J]. 热带地理, 9(4): 322－328.

张乔民, 隋淑珍, 张叶春, 等. 2001. 红树林宜林海洋环境指标研究[J]. 生态学报, 21(9): 1427－1437.

张乔民, 于红兵, 陈欣树. 1997. 红树林生长带与潮汐水位的研究[J]. 生态学报, 17(3): 258－265.

赵淑江, 朱爱意, 张晓举. 2005. 我国的海洋外来物种及其管理[J]. 海洋开发与管理, 22(3): 58－66.

周锐. 2014. 广西英罗湾近百年来红树林海岸带变迁及红树林群落演替[D]. 华东师范大学.

Gunn C A, Larsen T R. 1993. Illinois Zones of tourism potential[R]. For A. T. Kearney, Inc. and Illinois Bureau of Tourism College Station, TX: Self published.

Priskin J. 2001. Assessment of natural resources for nature based tourism: The case of the Central Coast Region of Western Australia[J]. Tourism Management, 22(6): 637－646.

Sheryl R, Geoffrey W. 1999. Evaluating ecotourism: The case of North Sulawesi, Indonesia[J]. Tourism Management, 20: 673－682.

第3章 广西滨海湿地景观格局及植被动态分析

3.1 广西滨海湿地景观格局动态分析

3.1.1 国内外滨海湿地景观分析的研究进展

由于独特的地理位置，滨海湿地呈现出丰富的生物多样性，拥有独特的生态学地位，并产生了巨大的经济、社会、生态环境效益，给人类和其他生物提供了重要的物质资源以及生活环境或栖息地(劳燕玲，2013)。但正是由于处在海陆交错区，滨海湿地的生态敏感性非常脆弱，容易受到外界影响，并能直接影响到我国沿海经济的发展和社会的进步。因此，滨海湿地的发展变化以及生态安全状况显得尤为重要。其中，对人类活动在港湾生态系统造成的影响的分析、如何合理利用港湾资源、从区域的角度研究港湾海岸带景观空间格局变化以及对区域景观变化过程的把握和趋势的预测都对此具有非常重要的意义。

空间格局、空间结构以及地理现象在时间和空间上的动态演变一直是地理学和景观生态学研究的核心问题(尹泽生等，1995；郭程轩等，2007)。对湿地进行景观生态学研究，重点研究的是景观尺度上湿地类别的格局特征、功能的改变、湿地中的物质流和能量流以及各湿地类别的动态变化等(吴珊珊，2009)。20 世纪 70 年代以来，随着全球环境变化和土地利用/土地覆盖变化的日益加剧，产生了全球、区域、局地等不同尺度的景观生态响应，其中以湿地景观的变化与响应最为独特(郭程轩等，2007)。近十几年来，各国研究者们都对湿地景观的变化给予了较多的关注，湿地景观格局研究已成了景观生态学和全球变化研究领域中的热点问题(吴珊珊，2009)。

景观格局主要是指构成景观生态系统或土地利用/覆被类型的形状、比例和空间配置(郭泺等，2005；张秋菊等，2003)。现阶段，对景观格局的研究主要集中在以下两方面：①景观空间异质性问题(蒋文伟等，2003；叶功富等，2005)，这是景观其他方面研究的基础，即区域景观沿着空间水平和垂直两个方向上不同景观要素组成的不同结构；②景观格局动态问题，是指随时间推移区域景观发生的生态过程以及镶嵌斑块发生的结构和功能的变化(冯异星等，2010；王倩，2013；张玉红等，2015)。

通常区域景观动态研究多采用景观指数分析景观格局特征以及空间异质性。景观格局指数不仅可以定量化研究景观格局，而且直观明了地反映景观格局的结构组成和空间配置，因此在景观生态研究中得到广泛应用。

目前国内外学者利用景观指数和移动窗口法相结合的方法对内陆景观空间梯度格局（刘昕等，2003）、干旱河谷（张玲玲等，2014）和梯级水电站（刘琦等，2012a）进行景观格局研究，而对于滨海湿地研究较少。然而，海岸带湿地具有景观时间和空间异质性强的特点，表现出的格局变化和生态过程明显，因此，在社会发展和生态环境之间的矛盾愈加凸显的背景下，海岸带湿地景观变化及其保护对策研究成为湿地研究的新热点（张明祥等，2002）。近年来，国内已经开展了很多有关海岸带湿地景观格局方面的研究，多集中于防城港、钦州等海岸带湿地（丁晶晶等，2009；王永丽等，2012），有关广西滨海海岸带湿地景观变化的研究还较少。广西北部湾是个半封闭的海湾，是红树林、海草床和珊瑚礁三个重要的海洋生态系统（黎遗业等，2008）。这里自然资源丰富，生境独特，景观类型多样，主要以滨海湿地、河流和河漫滩为主（王永丽等，2012）。但是，近二三十年来，不合理的海洋资源和海岸带开发、围填海工程、过度捕捞等人类活动使海岸带湿地面积缩减、城镇面积扩张、土壤退化加快等环境问题，对海洋生态系统造成巨大影响和严重破坏（雷富，2013），对广西滨海湿地生态系统稳定形成巨大威胁。广西北部湾沿海区域属于半封闭海湾，自然资源丰富，生境独特，景观类型多样，主要以滨海湿地、河流和河漫滩为主，因此本研究选择广西滨海湿地这一具有代表性的湿地作为研究对象。

本研究以广西滨海湿地为研究对象，在遥感解译的基础上，利用移动窗口法分析了广西滨海湿地景观类型的空间分布格局特征，探讨了景观格局特征的空间变异规律及其时间变化规律，以期为广西滨海湿地经济开发过程中土地资源的合理利用、生物多样性保护和关键生态区域的保育等提供科学依据。

3.1.2 滨海湿地景观格局分析研究内容

采用多时相 Landsat 遥感数据分类获得所需要的景观类型信息，根据 2000 年、2005 年和 2014 年 3 个时段的 TM 影像，影像分辨率均为 30 m，进行人工目视判读与监督分类，并结合 2014 年实地调研验证获取 3 个时期研究区景观类型图，其影像的分类精度分别达 85%、81% 和 89%。参照 IGBP 土地利用/土地覆被分类标准（张景华等，2011），将该区景观类型划分为常绿针叶林、常绿阔叶林、人工林、城市绿地、草地、耕地、建筑用地和未利用地。在此基础上，利用景观格局指数的相关研究方法对广西滨海湿地景观有一个整体的动态认识与了解。

景观指数（landscape index）在景观生态学中的广泛应用始于 20 世纪 80 年代中后期，是指能够高度概括景观格局信息，反映其结构组成和空间配置某些方面特征的简单定量指标，已成为定量研究景观格局和动态变化的主要方法之一。景观指数可用来描述和表征景观类型之间的分布状况、空间配置关系和优势度，也可用来描述和监测景观结构特征随时间的变化，识别景观中生态学特征的空间梯度。从分析的角度可将这些指数分为斑块水平指数（patch - level index）、斑块类型水平指数（class - level index）以及景观水平指数（landscape - level index）三种类型。

在 Fragstats 软件中选取景观水平的相关景观指数，通过对窗口内选中的景观特征进行计算并输出对应所选景观指数的栅格图层。选取移动窗口的大小会直接影响到景观指数的平滑效果，不同的移动窗口计算出来的景观指数所表述的景观成分的丰富度和成分也会不同。为了更好地研究景观格局梯度上的变化，确定最佳的移动窗口大小，基于研究数据的分辨率，对100 m、300 m、500 m、1 000 m 和 1 500 m 的移动窗口进行了对比分析。通过曲线的平滑度和丰富度选出最佳的移动窗口的大小。移动窗口为 100 m 和300 m的景观格局指数平滑度不够，规律性不强，曲线变化波动较大，移动窗口为 500 m 的景观指数曲线平滑度和丰富度效果最好，计算出来的景观指数的变化特征能真实地反映研究区景观空间格局的变化。故选择边长为 500 m 矩形窗口进行计算，每次移动 1 个栅格，计算窗口内的景观指标值，并将该值赋给该窗口的中心栅格，最后形成景观指标栅格图。将生成的连续栅格图像导入 ArcMap 中，叠加景观类型图层，通过 Zonal Statistics 实现对不同景观类型的景观指数的提取统计。

滨海湿地的地面景观变化情况同样可以通过遥感影像反映出来，基于 Landsat TM 遥感数据进行解译，识别土地利用类型，进而研究其景观格局现状及变化情况。湿地景观空间格局可用多种景观格局指数来表征，不同的指标所要表达的特征侧重点不同。基于后续生态健康评价和旅游资源潜力评估，研究选取以下生态学意义较明显的指数作为分析区域内湿地景观空间格局的主要指标。尽管目前国内外学者已用大量的景观格局指数来描述不同尺度、不同方面的景观格局变化特征，说明大部分指数间有着广泛而复杂的联系，所表达的数理意义呈现出极大的重复和冗余，证明了同时使用众多指数描述景观格局时仍具有不科学性。在参考前人的研究经验（布仁仓等，2005），全面了解每个指标的生态学含义及其所反映的景观结构侧重点的基础上，根据研究的目标、数据来源以及精度限制，主要从类型和景观两个水平上对广西滨海湿地海域的景观格局变化进行定量化分析。在类型水平上，主要选取斑块数量（NP）、斑块所占面积（PLAND）、斑块密度（PD）和边界密度（ED）4 个指标，分别从各个类型斑块的数量、大小、形状及其内部的关联性几个方面对景观类型变化特征进行分析；在景观水平上，除了选取类型水平上的几个指标外，还选取了蔓延度指数（CONTAG）、香农多样性指数（SHDI）、香农均匀性指数（SHEI）及散布与并列指数（IJI）4 个指标，对广西滨海湿地海岸带 2000—2014 年的景观格局变化特征进行定量分析。以上所有指标的计算均借助景观指数计算软件 Fragstats 4.2 来完成。指标的生态学意义如下（游丽平等，2008）。

$$\mathrm{ED} = \frac{\sum_{k=1}^{m} e_{ik}}{A} \tag{3-1}$$

式中，斑块密度（ED）表示单位面积的斑块边界数量，反映景观中异质性斑块之间物质、能量和物种交换的潜力及相互影响强度，可直接表征景观整体的复杂程度；e_{ik} 为斑块边界数；A 为景观面积；m 为斑块类型的数目；k 为当前斑块类型。

$$\mathrm{IJI} = 100 \sum_{k=1}^{m} \left[\left(\frac{e_{ik}}{\sum_{k=1}^{m} e_{ik}} \right) \ln \left(\frac{e_{ik}}{\sum_{k=1}^{m} e_{ik}} \right) \right] \Big| \ln (m-1) \tag{3-2}$$

式中，$0 < \mathrm{IJI} \leq 100$，代表各个斑块类型间的总体散布与并列状况，能够量度斑块间的连接性和分布格局。IJI 在景观级别上计算各个拼块类型间的总体散布与并列状况。IJI 取值接近 0 时，表明拼块类型 i 仅与少数几种其他类型相邻接；IJI = 100 表明各拼块间比邻的边长是均等

的，即各拼块间的比邻概率是均等的。

Shannon's 多样性指数能反映景观异质性，特别对景观中各斑块类型非均衡分布状况较为敏感，即强调稀有斑块类型对信息的贡献，这也是与其他多样性指数不同之处。在比较和分析不同景观或同一景观不同时期的多样性与异质性变化时，SHDI 也是一个敏感指标。计算公式如下：

$$\mathrm{SHDI} = -\sum_{i=1}^{m}(P_i \ln P) \tag{3-3}$$

式中，P_i 为 i 类型斑块所占面积百分比；m 为景观中斑块类型的总数(不包含景观边缘的斑块)。该值范围：SHDI≥0。当景观中只有一个斑块时，其多样性指数为0，随着景观类型的增加或者随着不同类型的景观类型分布的更加均衡，多样性指数也会随之上升，若各类斑块所占的景观比例差异增大，则景观多样性指数降低。

3.1.3 滨海湿地景观格局分析研究结果

3.1.3.1 广西滨海湿地空间景观格局的时间变化特征

在研究期内的14年间，广西滨海湿地景观水平的格局指数发生了较大的变化。斑块总数不断减少，由2000年的28 293个减少到2014年的28 157个，减少了近0.5%，其中旱地类型的斑块数量减少幅度最大；与此同时，斑块平均面积增加幅度较小，从2000年的12.93 km^2增加到2014年的13.00 km^2。由此说明，近14年来，广西滨海湿地的景观破碎化程度变化不大。近14年内景观的多样性指数——香农多样性指数和均匀度指数分别由1.96和0.68减少到1.90和0.67，可以看出，景观的多样性减小，且均匀度减少。

景观边界密度能直观地反映景观或景观类型边界被割裂的程度，同时反映景观的破碎化程度。2000—2014年，研究区内各景观类型的边界密度变化趋势各不相同(图3-1)。其中，边界密度增加最多的是常绿阔叶灌木林，分别增加了20 km/km^2，边界密度减少最多的是工业用地，减少幅度为28 km/km^2，由此表明，城乡建设用地及农村居民点在整改过程中还是缺少必要的规划，使得其形状趋于不规则化，由此增加了斑块的周长。其次，居住地的边界密度也有小幅度的增加，这主要是农村居民点在整改过程中还是缺少必要的规划，使得其形状趋于不规则化，由此增加了斑块的周长。此外，海域和滩涂的边界密度有所下降，这主要是由于人类活动对海岸地区的自然岸线加以干涉，不少岸段被截弯取直后使得岸线曲折度下降。而湿地和耕地的边界密度增加相对不大。

从2000—2014年，散布与并列指数在不同景观类型的变化较小(图3-2)。其中，河流和乔木园地呈缓慢增加趋势，反映了广西滨海湿地不同景观类型之间相邻接的概率增大，且相邻接的景观类型也越来越大。

多样性指数是土地利用类型的多样性和复杂性的度量，多样性指数的高低反映了土地利用类型的多少以及各类型所占比例的大小(图3-3)。从类型水平上来说，近14年内不同景观类型的多样性指数变化较小。

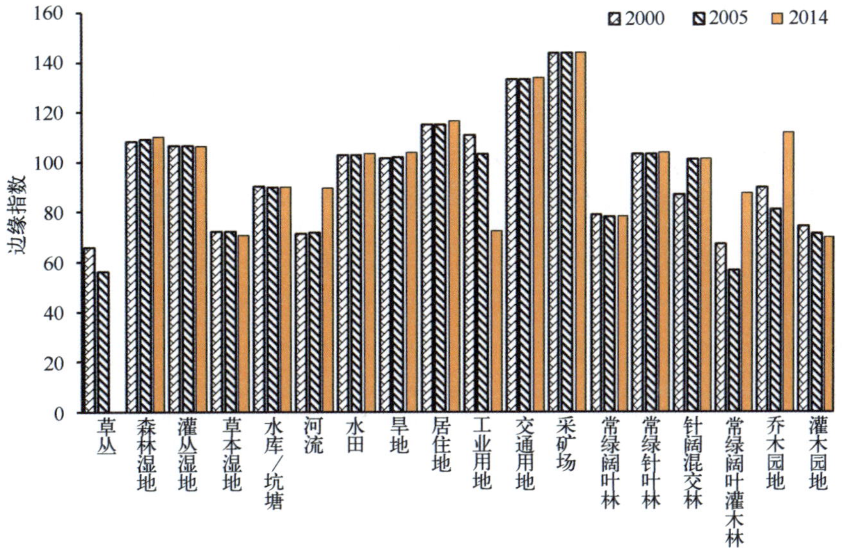

图3-1 2000—2014年广西滨海湿地海岸带边缘指数(ED)变化

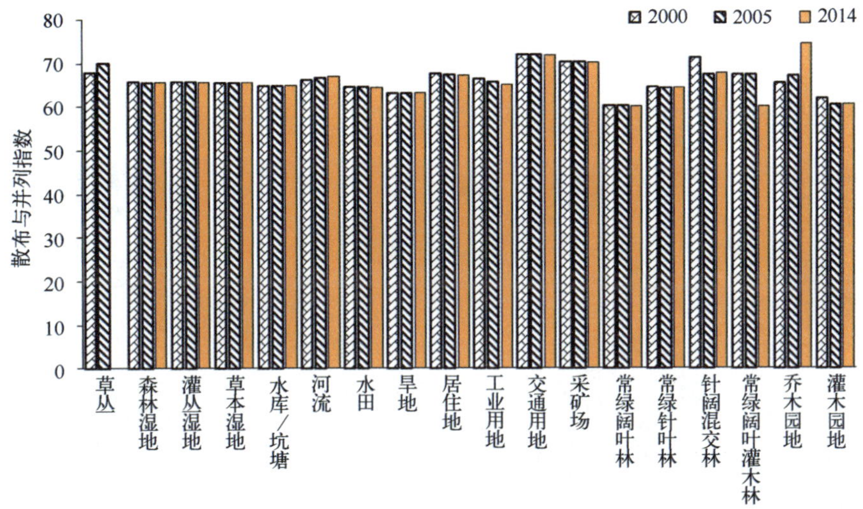

图3-2 2000—2014年广西滨海湿地海岸带散布与并列指数(IJI)变化

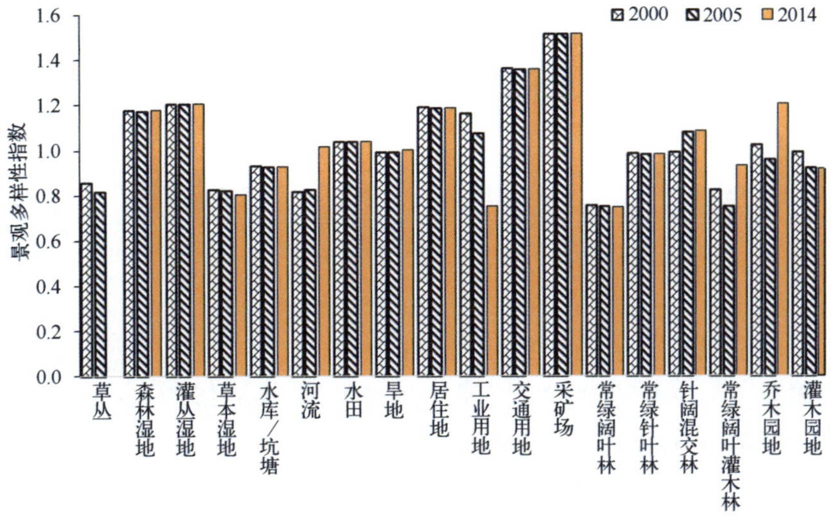

图3-3 2000—2014年广西滨海湿地海岸带景观多样性指数(SHDI)变化

3.1.3.2　基于移动窗口法的广西滨海湿地景观格局特征的空间分布

景观生态格局变化主要是指景观结构单元的组成成分、多样性、形状和空间格局随时间的变化。景观斑块的类型、形状、大小、数量和空间组合及景观功能质量的差异、各种干扰因素相互作用的结果，又影响着整个区域的生态过程和边界效应。研究借助移动窗口法对广西滨海湿地生态格局进行定量分析。

2000—2014 年，研究区内的边界密度较大的区域多分布于茅尾海、珍珠湾和海岸带的中东部地区，景观类型多为水库、常绿阔叶林和旱地，说明该地区的景观类型的形状趋于不规则化，由此增加了斑块的周长(图 3－4)。耕地的边界密度较大的原因，主要是由于耕地集中分布的地区往往也是乡镇居民点较为密集的地区，城镇建设以及乡镇基础设施的完善使得耕地被不断切断，变得更为破碎化。林地边界密度较大的原因多是由于该地区的阔叶林斑块较多，破碎化严重，而水库受到人类活动干扰较大，对水域地区的自然岸线加以干涉，不少流域被截弯取直后使得岸线曲折度下降。边缘密度较小的区域多分布在珍珠湾的北部和丹兜海及其西部，该地区的景观类型多为成片的常绿阔叶林、水田和灌木园地。在 14 年间，滨海湿地海岸带的边缘密度在时间尺度上基本没有变化。

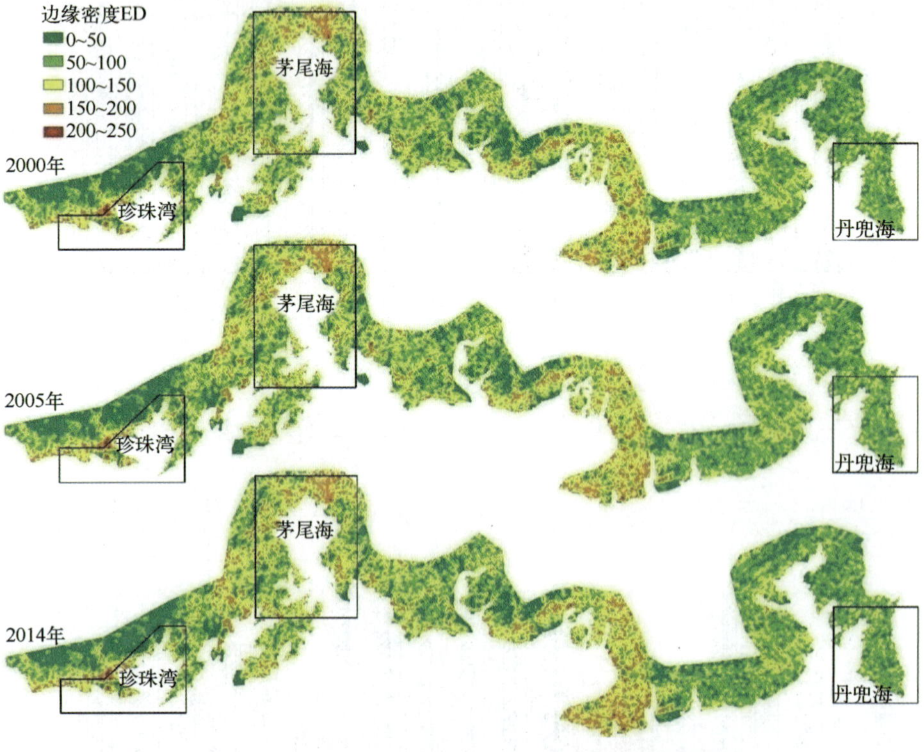

图 3－4　研究区域景观指数——边缘密度(ED)空间分布

整体上看来，研究区的散布与并列指数多集中于 60 以上，反映了该区域不同景观类型之间相邻接的概率减增大，且相邻接的景观类型也越来越多(图 3－5)。该指数变化较大的区域集中于研究区的东北部。珍珠港、茅尾海和丹兜海的散布与并列指数在 14 年间变化较小。

多样性指数是景观类型的多样性和复杂性的度量，珍珠湾和茅尾海和研究区的中东部的多样性指数较大，多在 1.2 以上，说明景观异质性在增大，景观类型有向多元化方向发展的

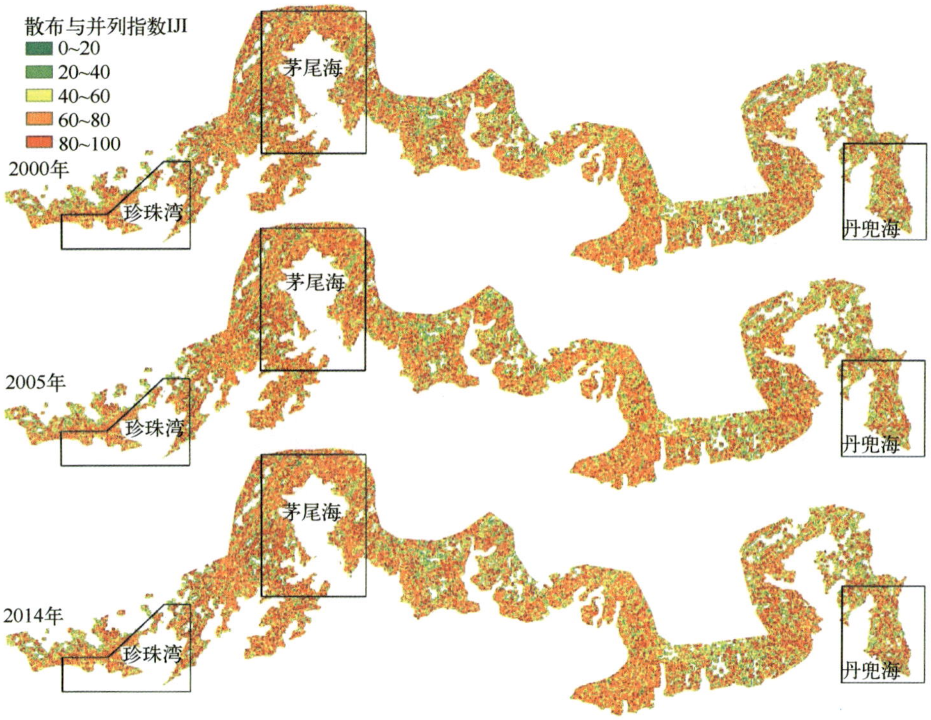

图 3－5　研究区域景观指数——散布与并列指数(IJI)空间分布

趋势，主要是因为这些地区的景观类型丰富(图 3－6)。在时间尺度上，该指数变化较大的区域多集中于研究区的西部，总体上呈现增大的趋势。

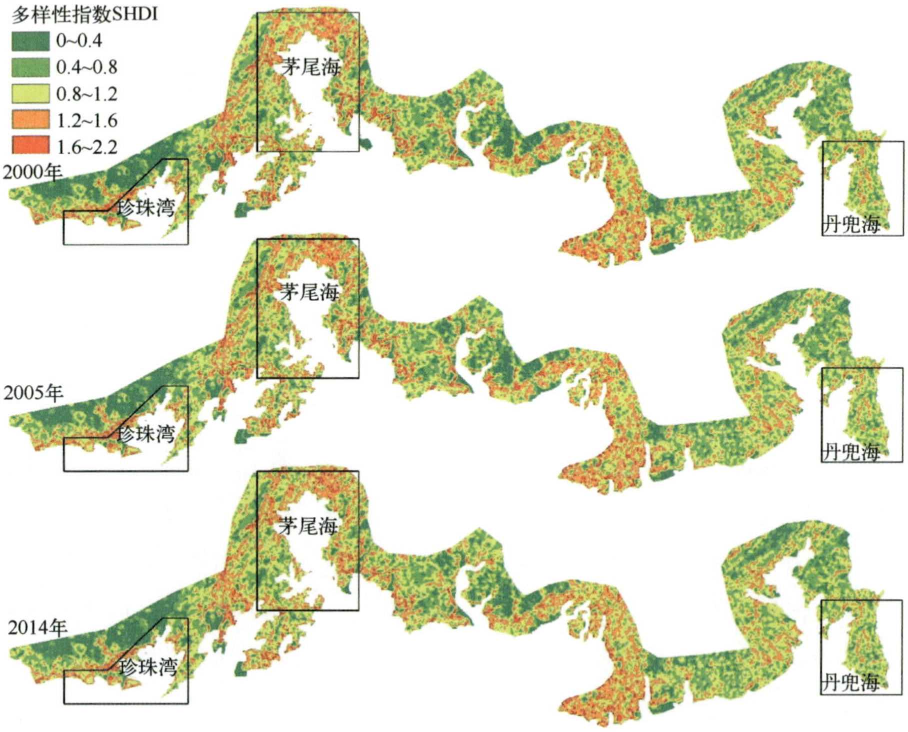

图 3－6　研究区域景观指数——景观多样性指数(SHDI)空间分布

3.1.3.3　三个典型区的景观格局指数变化

1)典型区湿地类型的空间变化特征

为了研究广西滨海湿地三个典型区景观格局的空间分布特征，基于 GIS 缓冲区分析，针对海岸线，生成半径为 500 m、1 000 m 的缓冲区，即为 0 ~ 500 m，500 ~ 1 000 m，1 000 ~ 1 500 m，1 500 ~ 2 000 m，2 000 ~ 3 000 m，3 000 ~ 4 000 m，4 000 ~ 5 000 m，共 7 条缓冲带，生成的缓冲带用来切割土地利用图。

从空间尺度上看，三个典型区中，随着海岸线缓冲区距离的增加，湿地面积比例呈减少趋势，丹兜海、茅尾海和珍珠湾研究区湿地面积比例分别从 0 ~ 500 m 内的 37.70%、45.46% 和 42.63% 下降到 4 000 ~ 5 000 m 的 0.66%、10.05% 和 20.88%，尤其是在 0 ~ 1 000 m 内下降幅度很大。这一现象说明湿地类景观多集中于距离海岸线 1 000 m 内的区域。湿地斑块数量随着海岸线缓冲区距离的增加不断减少，其变化趋势和湿地面积比例基本相同，在 0 ~ 1 000 m 内斑块数量下降幅度是最大的(图 3 - 7)。

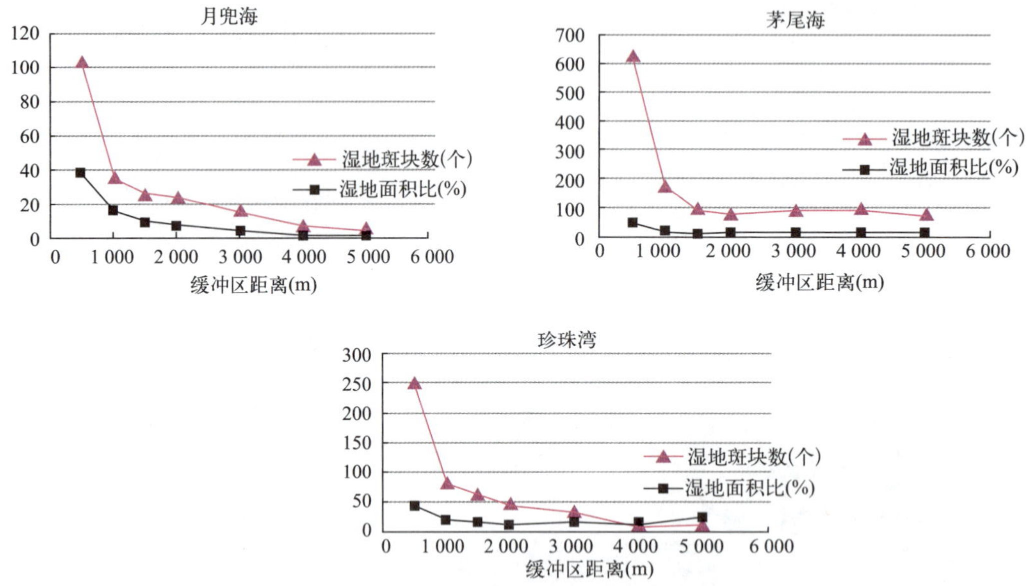

图 3 - 7　典型区湿地面积及斑块数随缓冲区距离变化图

2)典型区景观格局的空间变化特征

本研究选取 Simpson's 多样性指数和均匀度指数指标及其它们的修正公式来度量景观镶嵌图的特点(图 3 - 8)。丹兜海和珍珠湾区域，在 0 ~ 3 000 m 宽度内，多样性指数和均匀度指数在下降，多样性指数分别从 1.96 和 2.05 下降到 1.25 和 1.54，均匀度指数分别从 0.80 和 0.83 下降到 0.57 和 0.64。在 3 000 m 缓冲区处，多样性指数和均匀度指数均出现最低值，而在 3 000 ~ 5 000 m 区域内，多样性和均匀度指数呈上升趋势，说明其他类型的景观的面积占一定优势，湿地景观类型所占比例相对较小，分配程度越来越均匀，比例结构差异减小。

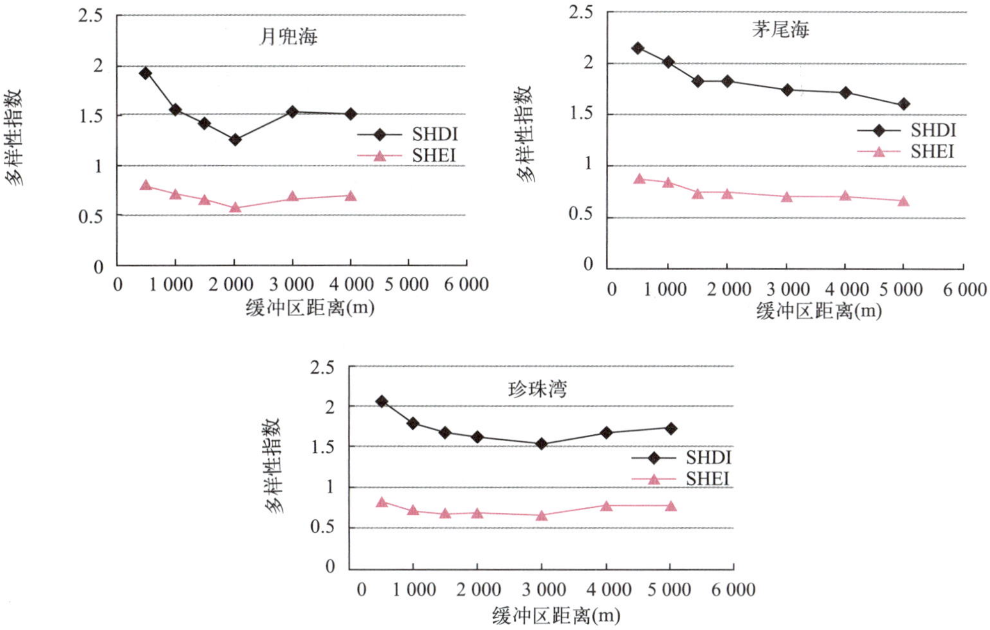

图 3－8　典型区多样性和均匀度指数随缓冲距离的变化图

3）典型区景观格局指数的空间变化特征

由于珍珠湾地区的湿地类型及面积变化很小，在此计算时忽略不计。

在丹兜海和茅尾海滨海湿地中，2000—2014 年间，区域内斑块数量均呈现减少趋势，但是变化较小（表 3－1），这种变化主要与人为活动密切相关，越来越多的苇草地和灌草地被人类开发成农田、河库沟渠及盐田养殖池。但是，在珍珠湾区域，14 年期间，土地利用没有发生变化。

表 3－1　典型区各景观指数随时间变化特征

	丹兜海			茅尾海		
	2000	2005	2014	2000	2005	2014
湿地斑块数	110	108	102	800	796	787
湿地面积比	11. 34	11. 43	12. 08	19. 33	18. 96	17. 89
CONTAG	57. 35	58. 33	56. 24	50. 32	51. 01	48. 40
IJI	51. 96	50. 88	54. 11	64. 76	63. 50	67. 34
SHDI	1. 75	1. 71	1. 69	2. 07	2. 03	1. 96
SHEI	0. 66	0. 65	0. 68	0. 75	0. 73	0. 77
AI	88. 64	88. 74	88. 76	84. 49	84. 49	84. 23

珍珠湾、丹兜海和茅尾海滨海湿地土地利用示意图如图 3－9 至图 3－11 所示。

在丹兜海区域，14 年内景观的多样性指数分别由 1. 75 降低到 1. 69，而均匀度指数从 0. 66 增加到 0. 68，两者变化幅度均很小。研究区多样性指数降低的同时，研究区的湿地类型并没有发生变化，表明各种湿地类型所占的比例差异减少。茅尾海区域的多样性指数和均匀度指数变化情况和丹兜海区域基本一致。

丹兜海和茅尾海的蔓延度指数值都小于 60，且变化非常小，说明研究区内的景观均比较

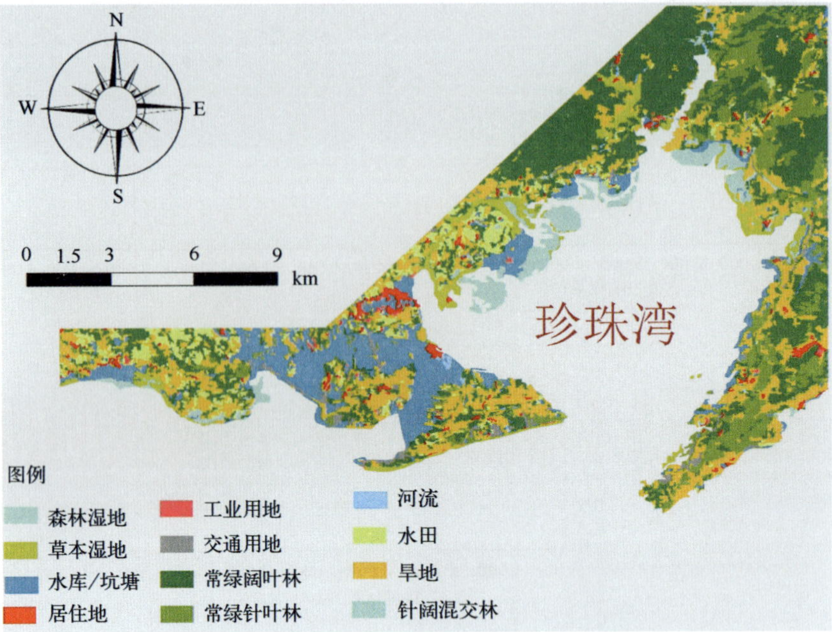

图 3－9　珍珠湾滨海湿地土地利用示意图

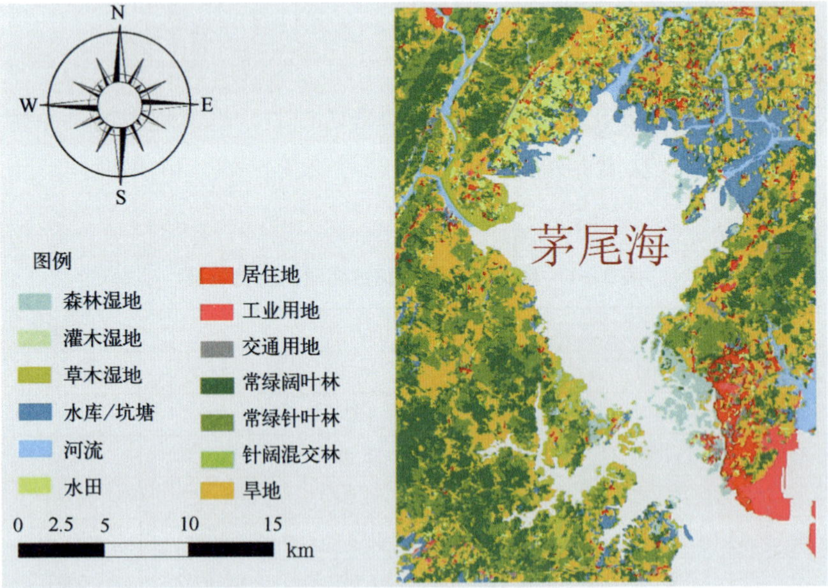

图 3－10　茅尾海滨海湿地土地利用示意图

破碎，小斑块较多，且主要受到少数几种大的景观类型（主要有农田、灌木湿地和草本湿地等）控制。在丹兜海和茅尾海区域，14 年来的整体景观蔓延度指数分别从 57.35 和 50.32 降低至 56.24 和 48.40，直接表现是斑块数目的增加和斑块平均面积的减少，从而反映出该区域滨海湿地的大规模开发与利用程度。分别从景观组分水平格局以及整体景观格局进行分析，发现 2000—2014 年，典型区滨海湿地的斑块数量减少，湿地占总体面积比不断减少，破碎化程度不断降低。但这并不意味着典型区滨海湿地的生态环境处于转好的趋势，相反的，近 14 年来人类的一系列的开垦活动比如农田开垦、滩涂的开发与围垦、油田开发、人工建筑等都对

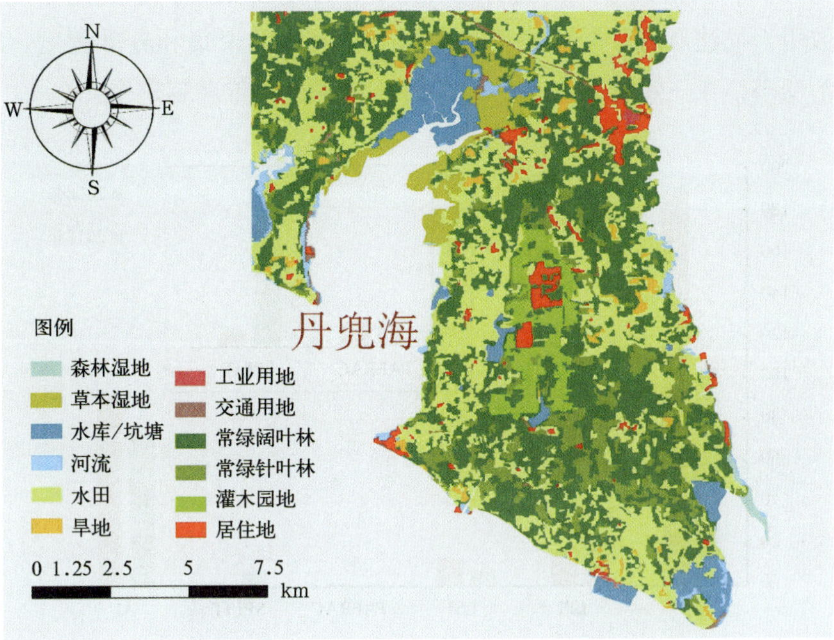

图 3－11 丹兜海滨海湿地土地利用示意图

环境造成了严重的破坏。由于点状的油井以及线状的水渠堤坝并未加以考虑，且其仅占总面积的小部分，因此整体景观的破碎化程度偏低是由滩涂、农田、灌草地、养殖池以及盐渍化湿地等占据大部分面积的景观类型决定的。14 年来多样性指数、均匀度指数和蔓延度一直在增加，表明广西滨海湿地红树林景观类型并未有大的改变，但是斑块类型呈多样化，湿地景观中占明显优势的类型 14 年来相互转化率较高且各斑块类型在景观中均匀分布。

典型区各景观指数随时间变化特征见表 3－1。

3.1.3.4 典型区红树林斑块变化特征

红树林具有保岸护堤、防风消浪、促淤造陆、净化水体、为鸟类和鱼类提供赖以生存的栖息地环境等重要生态服务功能。景观格局分析是研究红树林湿地景观功能和景观动态变化的基础。通过分析红树林湿地景观斑块的形状、大小、数量和空间组合及其变化，可明确红树林湿地景观变化过程，有助于了解红树林湿地生态环境状况，探索自然因素与人类活动对红树林湿地景观格局及动态过程的影响，揭示红树林湿地景观变化的原因，也可为红树林湿地的可持续利用提供依据，并对红树林湿地保护与恢复提供帮助。

2008 年，珍珠湾红树林斑块数量为 105 个(图 3－12)；2013 年，斑块数量增加为 189 个。2008—2013 年，湿地红树林面积由 10.75 km^2减少为 10.25 km^2，说明珍珠湾滨海湿地红树林趋于破碎化。最大斑块指数在研究期间呈下降趋势，说明红树林斑块各个斑块面积趋于增加。采用斑块平均分维数来分析广西滨海湿地各景观类型的形状特征，可以看出，2008—2013 年间平均分维数呈减少趋势，变化较大，这说明了人类干扰程度的增加使得红树林斑块的自我相似性增强，几何形状趋于简单化。形状指数呈增加趋势，说明斑块形状随着时间变化越来越不规则。聚合指数(AI)用来描述斑块之间的聚合程度，是度量景观类型空间连接度的指数。2008—2013 年间，该指数增加，说明斑块类型分布变得聚集，景观的空间连通性程度更高。分离度指数用于描述所属于同一景观类型的个体斑块的聚集和分散程度。2008—2013 年间，该指数逐渐变小，在一定程度上指示着红树林景观分布越来越集中。

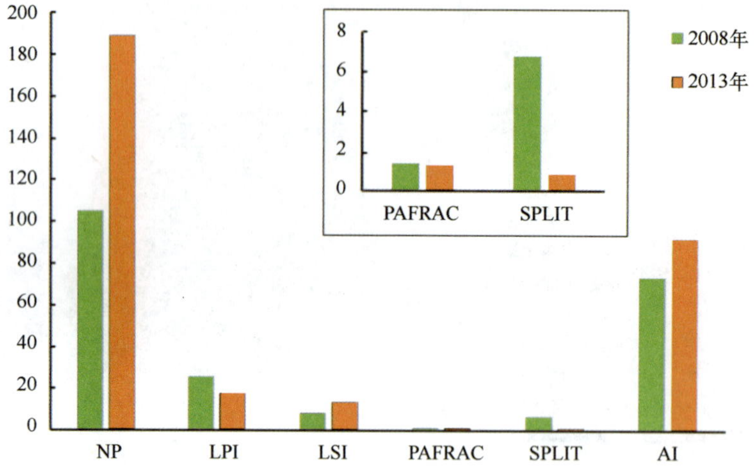

图 3-12　珍珠湾红树林景观格局指数变化

2008 年，茅尾海红树林斑块数量为 187 个(图 3-13)；2013 年，斑块数量增加为 703 个。2008—2013 年，湿地红树林面积由 24.55 km^2减少为 14.20 km^2，说明珍珠湾滨海湿地红树林趋于破碎化。最大斑块指数在研究期间呈下降趋势，说明红树林斑块各个斑块面积趋于增加。可以看出，2008—2013 年间，形状指数、分离度指数和聚合指数都有变大的趋势，从某种程度上看，该区域的红树林景观的斑块在形状上的变化较小，斑块与斑块之间的联系越来越小，分布较为离散。平均分维数变化较小，说明了茅尾海区域的红树林斑块几何形状变化不明显，基本和 2008 年一致。

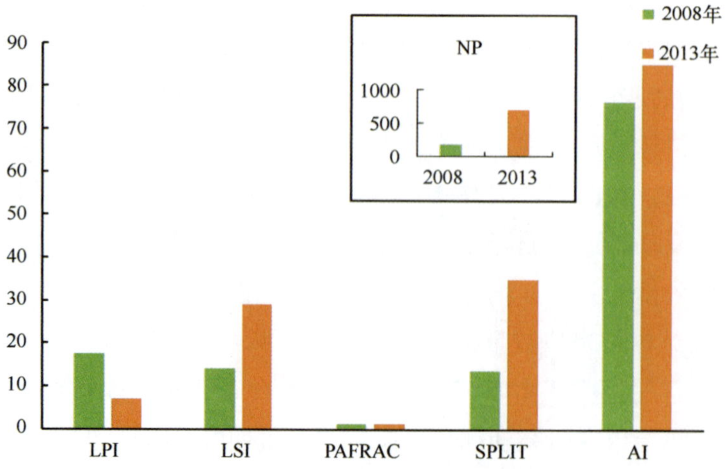

图 3-13　茅尾海红树林景观格局指数变化

2008 年，丹兜海红树林斑块数量为 43 个(图 3-14)；2013 年，斑块数量增加为 101 个。2008—2013 年，湿地红树林面积由 6.67 km^2减少为 5.87 km^2，说明丹兜海滨海湿地红树林面积逐年减少。最大斑块指数在研究期间呈下降趋势，表明红树林景观类型在该区域的优势度增大，支配程度增高。2008—2013 年间，形状指数、分离度指数和聚合指数都有变大的趋势，在某种程度上看，该区域的红树林景观的斑块在形状上变化较小，斑块与斑块之间的联系越来越小，分布较为离散。平均分维数变化较小，说明茅尾海区域的红树林斑块几何形状变化不明显，基本和 2008 年一致。

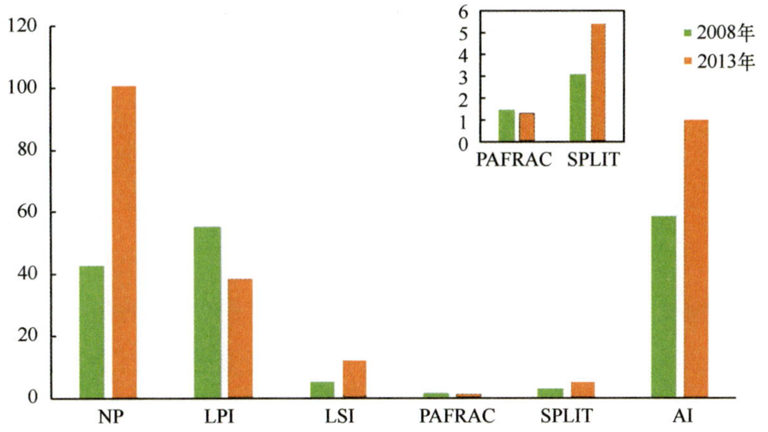

图 3－14　丹兜海红树林景观指数变化特征

3.1.4　湿地景观变化驱动因素分析

海岸带处在地表“四圈”交会处，其景观格局变化过程非常复杂，干扰因素、干扰方式、干扰强度以及干扰区域的差异都会产生不同的效果。总的来说，较大的时间尺度更能反映景观格局变化的主要干扰因素，这是因为在长时间尺度下自然环境干扰对景观格局变化的影响更加明显。而在短时间尺度上，反映出影响不明显(王倩，2013)。当研究的时间尺度相对略长，总体上，地形、土壤、潮汐和降雨等对区域海岸带的影响较为显著；而短时间尺度上，反映海岸带景观变化主要的驱动力来源于人类的各种形式和不同强度的活动(王倩，2013)。

3.1.4.1　自然因素

影响区域海岸带景观格局变化的自然因素主要包括气温、地形、土壤、潮汐、降雨、生物资源以及自然灾害等。除了自然灾害，其他的自然因素都能在短时期内保持相对稳定，对景观的格局变化没有形成直接的影响，但是这些自然因素却是景观格局变化趋向的基础。自然灾害能在短时期内对景观结构造成明显的破坏，大型的灾害甚至能产生长远的影响，比如说严重虫害和火灾会造成大面积荒地出现，而小强度的洪水和台风波及的景观范围小并且景观能在短时期内得以恢复(王倩，2013)。

3.1.4.2　人为因素

宏观角度上，人类活动对景观格局变化的影响因子主要有人口、科技、政策、经济、文化等方面，这些因子相互影响，相互作用。这里主要探讨人口因素和经济发展的影响。

1)人口因素

例如，2006年，北海市人口数达152万，钦州市人口数达348.56万，防城港市人口数达82.21万，3个临海地级市的人口总计572.77万人，约占广西人口的11.75%，比2000年的11.51%增加了0.24个百分点。近年来，广西城镇化水平大幅度提高，从2000年的29.14%提高到2006年的33.62%。但城镇化水平仍远落后于全国水平，与42.99%的全国水平相差9.37个百分点。2006年广西沿海城市的城镇化平均水平为34.36%，略高于全区水平，但比2000年的35.49%降低了约1个百分点。城镇化进程在广西沿海地区出现了迟滞现象。

2)经济的发展

经济层面的影响，主要表现在人地矛盾、污染和资源开采方面。

人口的迅速增长和城市的飞速发展势必会大幅度增加经济建设用地和居民用地面积，建筑面积增加导致滨海河口景观格局急剧变化。另一方面，广西滨海湿地的不断淤涨也为围垦创造了条件，在当前经济发展和人口增长与土地资源缺乏的矛盾日益突出的情况下，围垦非常有必要，然而必须遵守自然规律(翟万林等，2010)。同时，滨海沿岸城市群排放的废水、废物在海湾和港口处沉淀，严重影响湿地的生态环境，并间接影响滨海湿地演化。

目前，广西沿岸滩涂的开发利用方式多以海水养殖为主，沿海三市海水养殖面积约6×10^4 hm^2，占滩涂总面积的一半以上；其他方式，如盐业、临海工业、围垦和城镇建设等使用滩涂约1×10^4 hm^2，约占滩涂总面积的10%。广西滩涂湿地面积在1955年至1998年的40余年里减少了11.4%；其中递减速率最快的是砂砾质滩涂和泥质滩涂。

3.2 基于LCM的滨海湿地景观变化模型构建与模拟

对于区域景观动态变化来说，建立模型是一种最有效的手段。通过对景观变化规律及其耦合机制的模型模拟，可以实现对未来土地利用/覆被状况的预测。构建景观变化的时空分析模型，是深入了解景观变化的成因、过程，预测未来发展变化趋势及环境影响的重要途径，也是土地利用/覆盖变化(LUCC)时空过程研究的主要方法。LUCC模型的发展历经了从描述性模型到机理性模型的发展历程，主要有以下三种：①时间动态模拟与空间格局分析和地理信息系统相结合；②遥感数据的广泛使用；③自然要素和社会、经济以及人文要素的综合。如：土地利用动态度模型、土地利用程度变化与区域分异模型、土地资源生态背景质量变化模型、土地利用类型相对变化率模型、土地利用类型重心迁移模型和土地利用开发度与耗减度模型等。近年来，国内外利用IDRISI强大的功能进行土地利用研究的文章也呈增长趋势，如Rashmi等利用IDRISI中的GEOMOD预测印度Kanakapura地区的森林覆盖变化(Rashmi et al.，2010)；熊利亚等以河西走廊地区为例证明了IDRISI中的CA－Markov模块在进行土地利用变化预测时具有较高的可靠性(熊利亚等，2005)。

本研究针对滨海湿地景观动态特征，利用 IDRISI 的 LCM 模块对滨海湿地景观的动态进行分析。

3.2.1 LCM 模型研究方法与内容

研究选用滨海湿地 2000 年、2010 年的景观数据作为数据源。数据的前期处理包括遥感影像几何校正、遥感影像拼接和裁剪、遥感影像计算机监督分类和精度验证、矢量数据的处理等工作。对两期基础数据进行处理，并根据土地利用变化情况，对土地利用进行了重分类，最终得到景观分类标准为：阔叶林、旱地、森林灌丛湿地、草地、草本湿地、工业用地、针阔混交林、水稻田、居民点、湖泊坑塘、河流水系、阔叶灌丛林、园地、交通用地（表 3－2）。数据的后期处理工作包括数据格式转换、重分类、生成转移矩阵和状态转移图集、模拟预测等工作。在 ArcGIS 中将数据格式转换为 IDRISI 可识别的数据格式，转换后在 IDRISI 中生成 .rst 栅格格式文件，并对栅格文件进行重分类。利用 ArcGIS 软件将三期土地利用解译图、DEM 图、交通图等资料图的投影坐标都归化为 WGS－84，将所有数据转换成 IDRISI 和 ArcGIS 都适用的栅格数据；根据研究区域的大小、影像的分辨率及 LCM 的运行速度，将栅格大小设置为 30 m×30 m；最终将三期数据转换为 IDRISI 支持的 rst 栅格格式。

表 3－2 用于土地利用预测模型的土地利用类型

土地利用类型	英文名	缩写
阔叶林	Broad－leaved forest	BF
旱地	Dry land	DL
森林灌丛湿地	Forest shrub wetland	FW
草地	Grassland	GL
草本湿地	Herbaceous wetland	HW
工业用地	Industrial land	IL
针阔混交林	mixed broadleaf－conifer forest	MF
水稻田	Paddy field	PF
居民点	Residential land	RL
湖泊坑塘	Reservior－pond	RP
河流水系	River system	RS
阔叶灌丛林	Broad－leaved shrub forest	SF
园地	Tree garden	TG
交通用地	Traffic land	TL

以研究区的 2000 年、2010 年景观图为预测基础数据，利用 IDRISI 的 LCM 模块分析研究区 2000—2010 年的土地利用变化状况后筛选出主要的土地转变类型，建立转变子模型，之后运用神经网络法根据已有驱动因子图集训练模型并输出转变潜力图，最终运用 Markov 链模型预测 2020 年的景观变化。

LCM 模块（Land Change Modeler，LCM）是 IDRISI 专门为土地利用演变研究而开发的第一个纵向扩展模块，其主要研究关于土地利用快速演变的紧迫性问题和生态多样性的转化问题。

LCM 的应用主要包括以下几个方面：①土地利用变化分析；②土地演变可能性分析；③土地利用预测分析。在此基础上，还可以进行生物多样性预测分析与生态可持续发展评价分析。

LCM 综合了 MLP、Markov Chain 及硬预测等模型，它对土地利用变化的预测主要包括两个阶段：土地利用变化驱动变量的确定和转化潜力子模型的建立。

MLP 模型是一个自组织、自学习、自适应的过程，适合处理非线性关系，可以同时对多个子模型或全部子模型进行处理。它由输入层、一个或多个隐含层和输出层组成，每层含有多个神经元。其信息逐层前向传播，下层各单元与上层各单元相连。各层之间以权值耦合，且连接权可通过学习规则进行调整，即输入量与输出量采用 Sigmoid 激励函数来建立关系。Sigmoid 激励函数表示如下：

$$v_i = 1/(1 + \exp(-u_i)) \tag{3-4}$$

式中，u_i是第 i 个神经元的输入信号；v_i是第 i 个神经元的输出信号。本研究中 MLP 模型通过在土地利用结构与影响因子之间建立非线性映射关系，实现对土地利用结构的预测。

研究主要利用 Markov 模型：马尔可夫预测方法是由俄国数学家马尔可夫(A. A. Markov)创造并以自己名字命名的一种预测方法，它应用概率论中的 Markov 链理论和方法研究分析随机事件变化规律，并借此预测未来变化趋势。Markov 链模型是利用变量的现在状态去预测该变量未来的状态及其动向的一种分析手段(Priskin J，2001)。它的研究对象是具有无后效性的离散型随机运动过程，即第 $n+1$ 步状态 $X(n+1)$ 的条件概率与 $X(0$、$X(1)\cdots$、$X(n)$ 等第 n 步以前的状态无关，仅与第 n 步状态有关。

运用 Markov 模型进行土地利用预测的关键在于确定它在 t 时刻的转移概率 P_{ij}，其表达式为：

$$P = \begin{bmatrix} P_{11} & P_{12} & \cdots & P_{1n} \\ P_{21} & P_{22} & \cdots & P_{2n} \\ \vdots & \vdots & \vdots & \vdots \\ P_{n1} & P_{n2} & \cdots & P_{nn} \end{bmatrix} \tag{3-5}$$

其中，条件概率 P_{ij}必须满足两个条件：

$$P_{ij} \geqslant 0;\ \sum_{1}^{n} P_{ij} = 1$$

若一步转移概率矩阵为 P，则 k 步转移概率矩阵 $P^{(k)}$ 为：

$$P^{(k)} = P^{(k-1)} \times P = P \times P \times \cdots \times P \tag{3-6}$$

利用此概率建立土地利用的 Markov 模型预测模型为

$$S^{(k+1)} = S^{(k)}P = S^{(0)}P^{(k+1)} \tag{3-7}$$

式中，$S^{(k+1)}$表示预测地类在 $t=k+1$ 时的状态向量，即预测结果；$S^{(0)}$为初始状态量，即预测初期各土地利用类型的面积；$S^{(k)}$表示预测地类在 $t=k$ 时刻的状态向量；P_{ij}为研究时段内土地利用类型 i 转换为土地利用类型 j 的转移概率。

分析转移矩阵是利用 Kappa 系数评价分类图像的精度问题，在遥感里主要应用在精确性评价和图像的一致性判断。如果两幅图像差异很大，则其 Kappa 系数小。Kappa 系数仅适用于行数和列数相等的方表，由 Cohen 在 1960 年提出。技术路线如图 3－15 所示，利用

IDRISI 软件，对子模型进行评估。利用 2000—2005 年的景观变化转移矩阵，建立转变子模型（表 3 - 3）。转变子模型规定了预测模型中土地转变的类型和方向，应着重考虑主要土地转变类型，利用转移矩阵分析，筛选 LCM 模块的子模型。

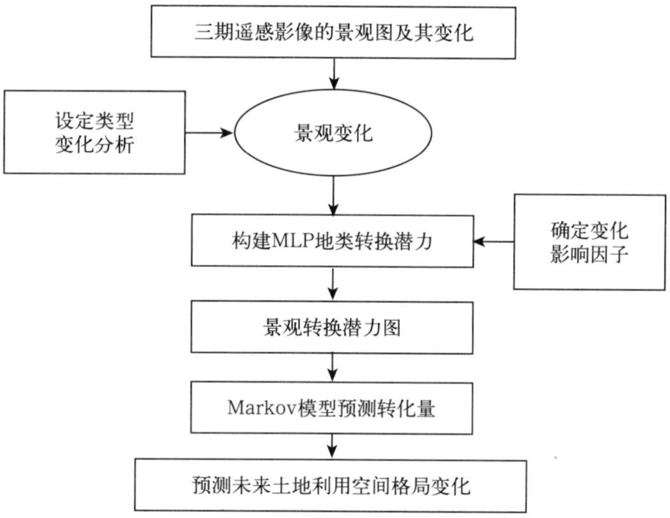

图 3 - 15 土地利用预测技术路线

表 3 - 3 景观变化的子模型选择

转移面积（km^2）	景观类型						
	BF	DL	IL	MF	PF	RL	RP
BF		6.86					
DL	17.47		3.76		5.10	4.34	
FW							
GL	20.79	4.01		6.77			
HW							3.35
MF	8.52	3.26					
PF							
RP							
RS			38.70				
SF	21.17	7.92	3.16	4.04		3.93	
TG		6.49				3.13	

驱动因子图集的确定是整个模型建立的关键点，其结果将直接影响最终预测的效果及精度。利用体现人类干扰与活动强度的道路、村落等距离作为变量，并考虑 DEM，与海岸线距离，与河流距离等因素，经过多次试验验证，选取最佳的驱动因子图组成图集，不同图集通过相关系数检验后都有较高值，同时考虑到驱动因子图集所反映的因素都随着时间动态变化，故将其均设置为动态参数。LCM 模块的训练模型有 MLP 神经网络法和逻辑回归法两种算法可供选择，在模转变过程中，离此类区域较近的区域发生转变的可能性将较大，因此可以作为模型驱动因子。以训练后所输出的潜力图为已知数据，运用 Markov 链模型进行预测，确定预

测时间点为2020年。从而运行模块最终得到2020年的预测结果。

3.2.2 基于LCM模块的景观动态趋势预测

将2000年和2005年景观类型数据作为基础数据，在IDRISI软件的Markov模块中生成转移面积矩阵、转移概率矩阵和状态转移图集。然后以2010年土地利用进行对比，结果发现，以2000年为起始年预测的2010年预测数据与实际数据具有高度的一致性。在此基础上，利用2010年为起始年，利用IDRISI的LCM模块对研究区2020的土地利用/覆被进行预测。可以看出，不同景观类型的增减情况变化很大，其中落叶阔叶林增加显著，工业用地增加显著，灌丛林、草地减少显著，旱地有增加也有减少的区域，而草本与灌丛湿地皆有所减少(图3-16)。

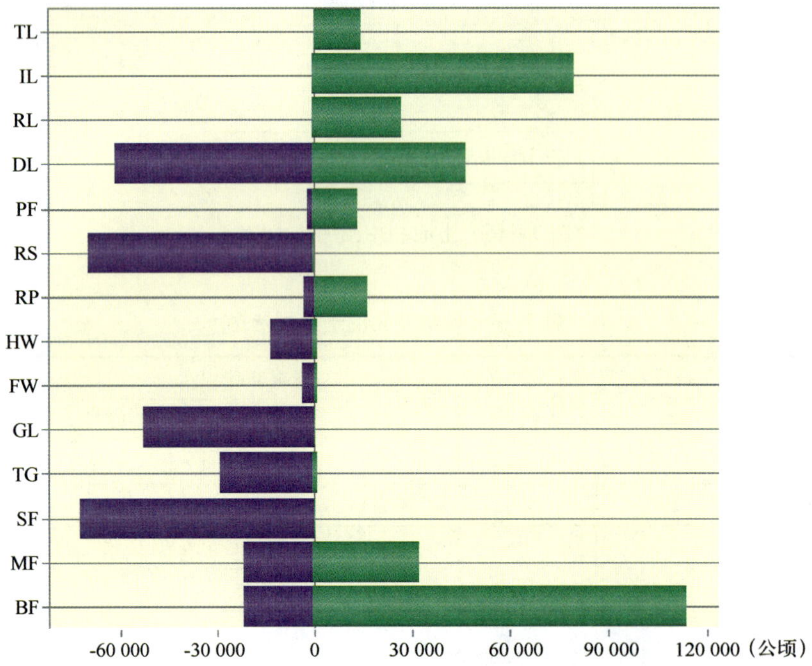

图3-16　2000—2010年间不同景观类型的增减面积情况

3.2.3 LCM子模型结果

利用表3-3子模型的选择以及典型驱动变量，分别使用distance-road，distance-village，distance-river，distance-coastline等变量拟合不同土地利用的变化的结果。利用MLP神经网络的分析，得到不同子模型的结果。

将上述几类的转化模型与不同种影响因素之间构成一个神经网络，通过一组权重值相互连接(初始权值为一组随机量)构成MLP。

由预测结果可以看出，迭代次数一般在5 000内，准确率水平为70%~90%(图3-17)。转化潜力MLP模型预测结果，精确度总体上满足本研究的要求。进一步利用子模型的神经网络分析，并产生景观转换潜力图。图3-18为典型景观类型转变的潜力图。

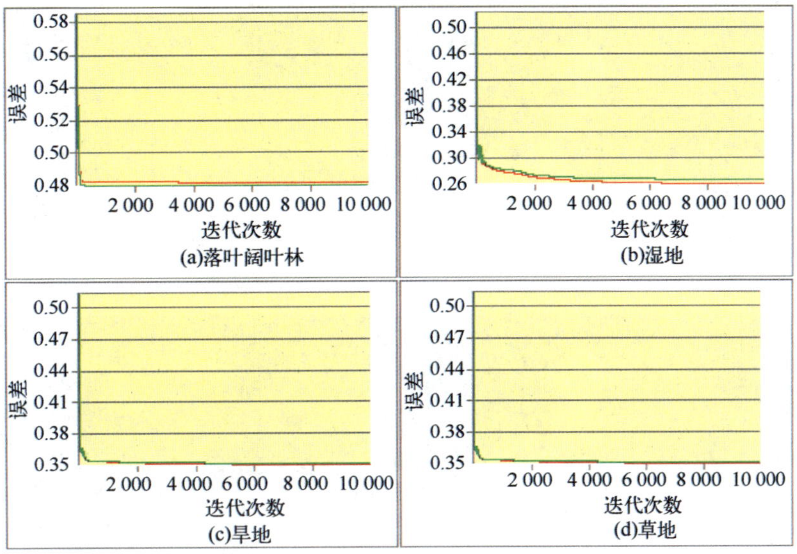

图 3 - 17　代表性子模型的误差与迭代次数

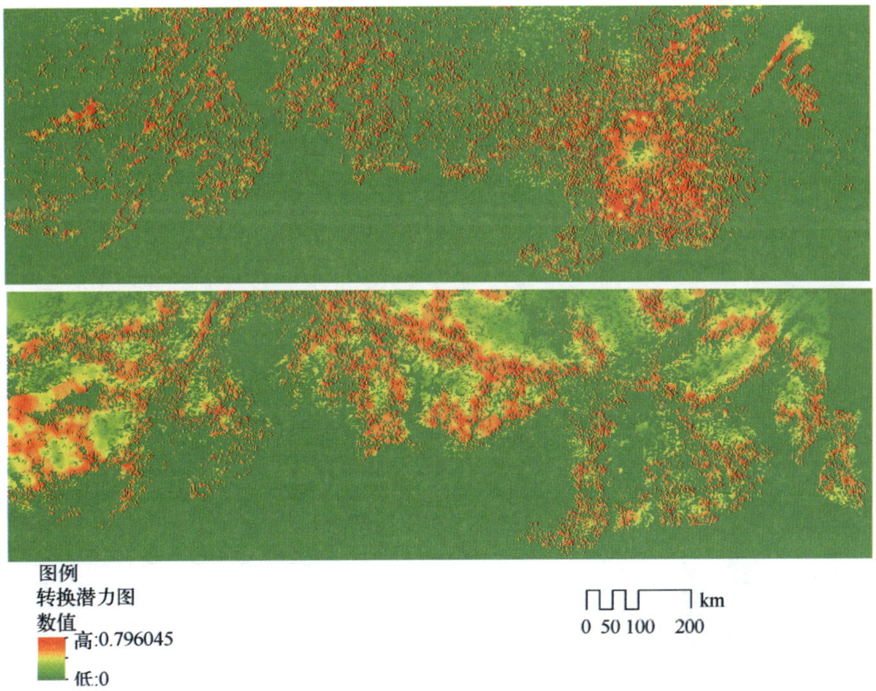

图 3 - 18　典型景观转换潜力图（旱地转换为建设用地，落叶阔叶林转换为旱地）

3.2.4　研究区总体景观变化的预测模型结果

利用 IDRISI 的 LCM 的 Change prediction，输入 submodel 子模型的结果，将预测期设定为 2020 年，同时设定 end - point 参数，输入变化分配变量，进行景观预测。结果如图 3 - 19 所示。

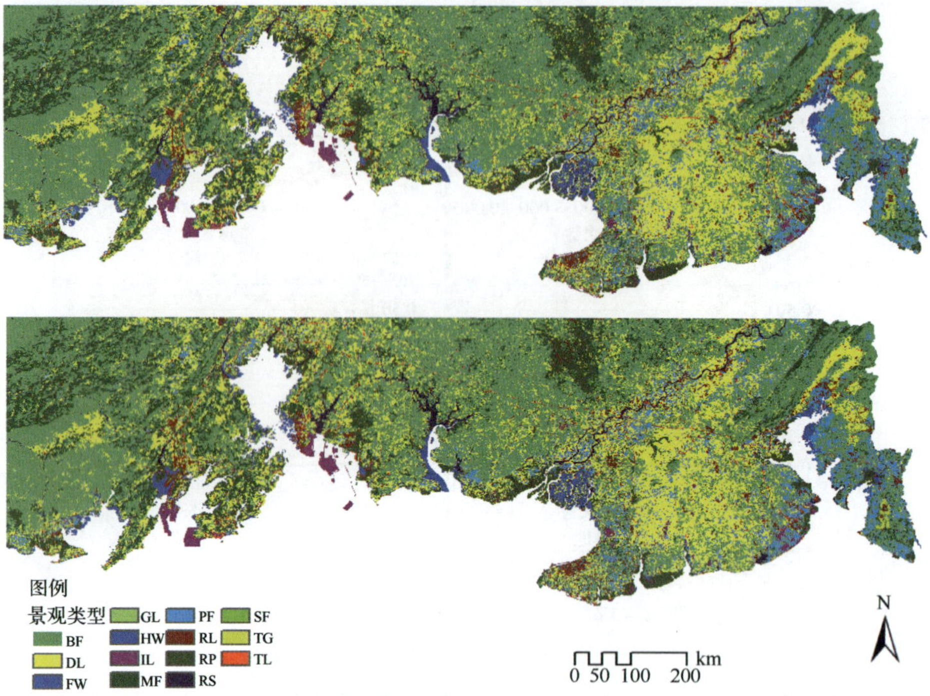

图 3-19 土地利用变化预测(2010—2020 年)

总体来看，土地利用变化主要集中在滨海公路与村落附近，斑块变化比较分散。从斑块的类型空间来看，工业用地和居民点增加比率较大，分别为 3.78% 与 3.30%，而森林灌丛湿地降低 2.44%，草本湿地降低 5.36%。旱地面积有所减少，落叶阔叶林面积有所增加，乔木园地、交通用地、河流水系、草地等景观类型，总体的变化较小(图 3-20)。

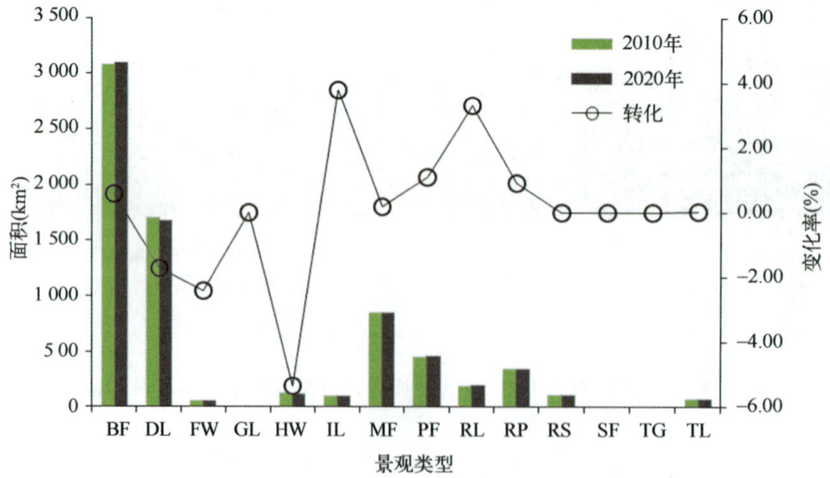

图 3-20 研究区景观类型变化图

结果表明，基于目前的景观类型草本湿地与森林灌丛湿地的面积减少较多，分别从 52.9 km^2 和 121.7 km^2 降低到 51.6 km^2 和 115.2 km^2。从景观转移图来看，主要是围海造田，工业用地侵占等所致。表 3-4 为景观类型的转移矩阵。

表 3－4　研究区景观转移矩阵

景观类型	BF	DL	FW	GL	HW	IL	MF	PF	RL	RP	RS	SF	TG	TL	总计
BF	3072.33	3072.33				0.06	0.02	0.10	0.03					0.01	3073.17
DL	17.68	17.68	0.01		0.01	3.34	0.30	5.10	4.33	0.08	0.02			0.09	1700.03
FW	0.24	0.24	51.62		0.01		1.04								52.94
GL				0.64											0.64
HW	0.38	0.38	0.01		115.18	0.01	0.53		1.94	3.12					121.74
IL	0.01	0.01				91.40									91.43
MF	0.09	0.09			0.01	0.02	840.99	0.02	0.01						841.27
PF	0.14	0.14				0.03		449.50							449.85
RL	0.06	0.06				0.01		0.01	186.53						186.69
RP	0.02	0.02							0.01	342.58					342.65
RS	0.01	0.01									104.48				104.51
SF												1.71			1.71
TG													6.85		6.85
TL	0.03	0.03				0.01		0.01						67.14	67.22

3.2.5　典型区景观未来变化分析

利用 IDRISI 的 LCM 模块分析 2020 年土地利用变化情况，进一步通过空间分析，分析典型区珍珠湾、茅尾海、丹兜海的景观变化情况。结果如图 3－21 所示，并利用综合土地利用动态度，分析各研究区的景观变化速率。从图 3－21 中可以看出，总体上，工业用地的变化皆为正值，说明工业用地在不同区域皆有所增加，而总体丹兜海区域的景观转换类型较少，大部分维持现状，变化较小。而对于珍珠湾来说，湿地的面积减少较大，总体上，森林灌丛湿地降低 0.86%，而草本湿地降低 2.22%，工业用地增加较多，为 16.96%，另外，水田面积有所增加，旱地面积有所减少。对于茅尾海来说，同样的，森林灌丛湿地面积减少较多，分别减少 1.67% 和 2.69%，工业用地增加 2.39%。对于丹兜海来说，草本湿地变化维持不变，而森林灌丛湿地也有略微降低，降低率为 0.06%，工业用地增加 1.39%，旱地减少 1.81%。其他景观类型变化很小。

利用景观动态度可定量描述不同研究区的景观空间变化程度，分为单一景观动态度和综合景观动态度。综合景观动态度则表征区域景观综合空间变化程度。其表达式如下：

$$R_{ts} = \frac{\sum_{i=1}^{n}(\Delta U_{in-i} + \Delta U_{out-i})}{2\sum_{i=1}^{n} U_{ai}} \times \frac{1}{T} \times 100\% \qquad (3-8)$$

式中，R_{ts}表示区域所有景观类型变化的综合空间动态度；ΔU_{in-i}为研究时段 T 内其他类型转变为类型 i 的面积之和；ΔU_{out-i}为类型 i 转变为其他类型的面积之和；U_{ai}为研究初期类型 i 的面积。

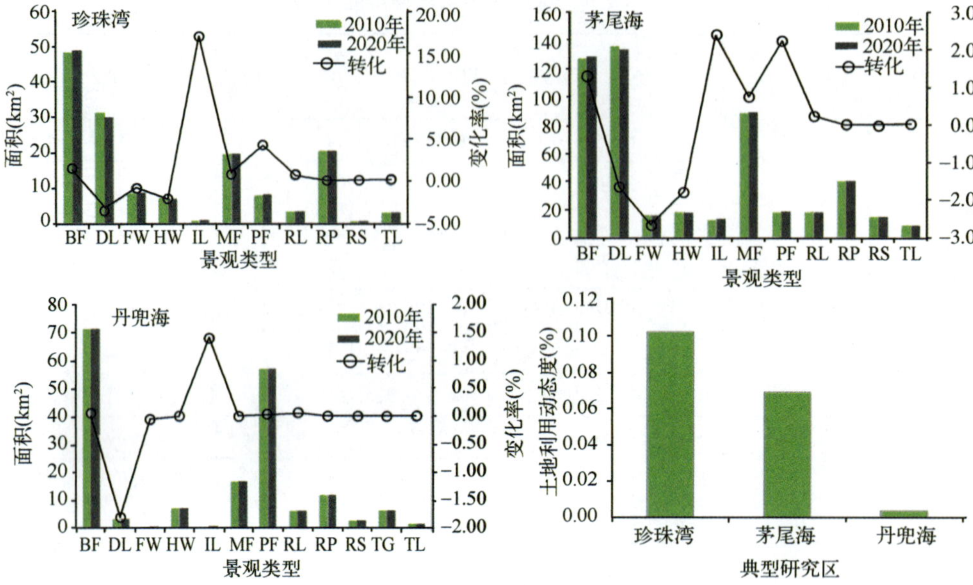

图 3－21　典型区景观类型面积变化率与动态度

计算结果表明，珍珠湾未来土地利用变化率较高，说明未来面临较大的土地利用转变。而丹兜海的土地利用变化较小，茅尾海居中。总体上，与广西滨海其他区域土地利用变化相比，这三个区域的土地利用未来变化相对较小。

从土地利用的变化可知，滨海湿地景观的变化是区域变化的一个重要因素，因此，如何协调好经济建设与生态保护之间的关系，使有限的滨海湿地资源得到合理有效的利用，是未来发展和建设的关键。

3.3　基于 MODIS NDVI 的植被动态及其驱动力评价

植被动态受气候条件、地形地貌以及人类活动的影响，是反映区域生态环境状况的重要指标（Lamchin et al.，2015；刘亚龙等，2010；孙红雨等，1998）。归一化植被指数（NDVI）削弱了大气层和地形阴影的影响，对地表植被的覆盖程度非常敏感，是检测和指示植被覆盖状况和动态的常用指标之一（Fensholt et al.，2004；Pettorelli et al.，2005）。NDVI 时序数据在植被监测、物候预测和灾难预测等方面均得到了广泛的应用（Pettorelli et al.，2005）。

NDVI 数值的大小直接反映了地表植被的覆盖程度，其年内波动可用于表征地表植被的物候期。李加林（2006）和耿利宁（2013）研究发现，NDVI 年内波动与互花米草和水稻的主要物候期一致；将 NDVI 与其他指数结合分析，则可用于评价干旱、水土流失、雪灾等对区域的影响（Lu et al.，2015；白云，2013；吴健生等，2013）。NDVI 数值的大小受到自然因素和人为因素的共同影响（Lamchin et al.，2015；Park et al.，2015；马宗文等，2011），但 NDVI 动态的主导因素却又受到纬度、植被类型等因素的影响。Park 等（2015）发现，高纬度寒冷区域比低纬度地区对气象因子的响应更强烈；陈云浩等（2001）则发现干旱区域的 NDVI 值受到降水量的影响更大。然而，目前对热带湿润沿海区域 NDVI 动态主导因素的研究较少。此外，基于 MODIS 传感器的 NDVI 数据覆盖范围广、时间和空间分辨率高而且可免费下载，这些特点使其在 AVHRR、SPOT/VET、Landsat 等众多传感器中独树一帜，成为长时间序列植被覆盖变化研究的重要数据来源(Kawamura K et al.，2005)，但由于其时间序列始于 2000 年，所以目前应用相对较少。

广西滨海的湿地面积广阔，资源丰富，具有很高的综合价值。然而随着广西沿海经济的快速发展，大量的滨海湿地资源转变为咸水养殖场等。由于滨海过渡带是海陆相互作用的中心区域，生态环境敏感而脆弱，人为活动最为密集，因此，过度的开发利用，特别是滨海不断扩大的咸水养殖业，已严重破坏滨海湿地生态环境(曹庆先等，2016)。本章节选取 2000—2014 年广西沿海区域生长季盛期的 MOD13Q1 影像，沿海岸线向内陆方向设定 10 km 的缓冲区作为研究区域，利用最大值合成法分析 NDVI 时间序列的时空分布动态，采用一元线性回归方程斜率 k 和 Hurst 指数研究不同类型植被 NDVI 的动态趋势特征以及持续性，最后探讨了 NDVI 时间序列波动的驱动因子，以期为沿海区域植被的利用和保护提供基础数据和理论依据。

3.3.1 评价方法内容

该章节中 NDVI 数据来源于美国航空航天局(NASA)的 MODIS 植被指数产品数据 MOD13Q1，空间分辨率为 250 m，时间范围为 2000—2014 年的 7—9 月(研究区年内植被覆盖程度最高的月份)。MOD13A3 提供全球陆地植被每旬的植被指数，包括 NDVI。MOD13A3 产品的有效值范围是 -2000 ~ 10 000，即为 NDVI × 10000 所得的数值。MOD13 原始数据是双曲线投影(sinusoidal)、HDF(hierarchical data format，分层数据格式)格式数据，将其转换成常用的地理坐标投影[geographic(Lat/Lon)]，利用 ERDAS(美国 ERDAS 公司开发的专业遥感图像处理软件)中的 AOI(area of interest，感兴趣的区域)工具，生成感兴趣区域。在进行程序运行时为了有利于数据的读入，在程序设计前要对数据进行处理，即利用 ERDAS 将图像的 NDVI 值导出，存为 dat 格式的数据，并按时间顺序命名，形成数据块，程序在导入数据时会自动根据名称将数据依次读入。

研究区域是以广西海岸线为起点，向陆延伸 10 km 的带状区域(见图 3-22)。土地覆盖数据产品(MCD12Q1)，是综合 MODIS TERRA 和 MODIS AQUA 土地覆盖数据产品产生，简化后包括 6 类植被类型：林地、旱地、水田、居住地、湿地和其他(荒地、交通、未利用地等)。

探讨沿海区域植被覆盖的年际变化规律，利用最大值合成法获取每年生长季盛期(7—9月)NDVI 影像的最大值，代表当年的植被覆盖状况(韩贵锋，2007)。分析研究区域 NDVI 空间分布特征时，则取 15 年 NDVI 的平均值，以此代表研究区多年的平均植被覆盖情况。采用趋势线分析法模拟植被覆盖的年际变化趋势(范娜等，2012)，利用 Hurst 指数指示变化趋势的生态持续性(江田汉等，2004)，并在此基础上分析植被覆盖变化的驱动因子。同时，利用 ANOVA 单因素方差分析不同类型植被覆盖程度差异的显著性水平。

基于 MODIS 遥感数据(2000 年至今)，采用连续 15 年的 NDVI 时间序列数据，生成 10 天最大化合成的 NDVI 数据。通过每个栅格的变化趋势来分析植被的变化，常用的方法是

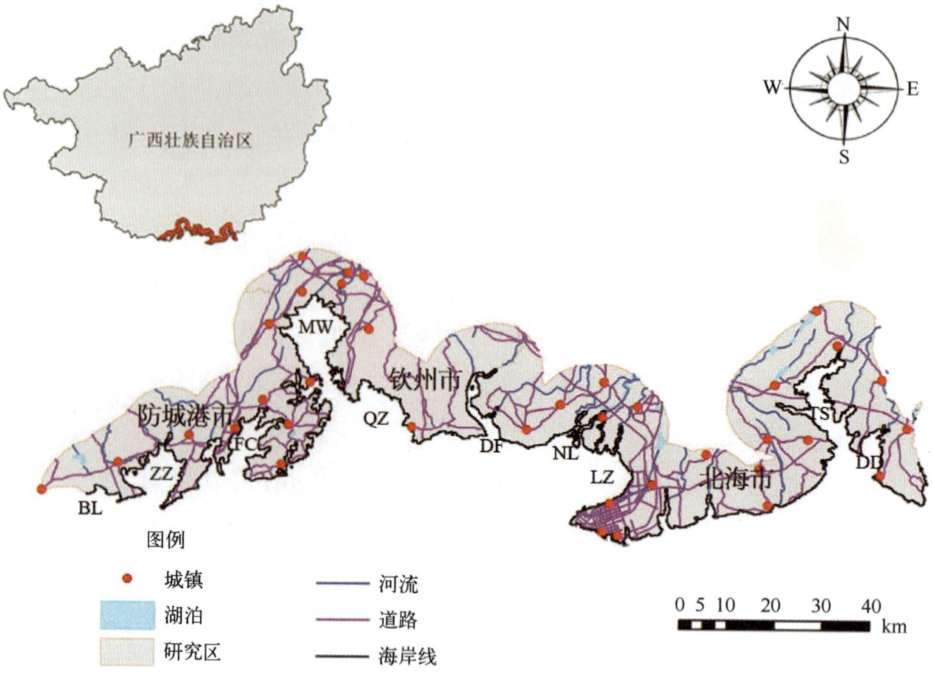

图 3－22　研究区域位置示意图

ZZ—珍珠湾；FC—防城港湾；MW—茅尾海；QZ—钦州湾；DF—大风江口；NL—南流江；LZ—廉州湾；TS—铁山港湾；DD—丹兜海

利用一元线性回归分析，获得年际变化的最小次方线性回归方程的斜率。已有很多学者使用该方法来模拟植被的绿度变化率(greenness rate of change，GRC)(刘世梁等，2014)，其计算公式为：

$$k = \frac{n\sum_{i=1}^{n} i \times M_{\mathrm{NDVI}i} - \sum_{i=1}^{n} i \sum_{i=1}^{n} M_{\mathrm{NDVI}i}}{n \times \sum_{i=1}^{n} i^2 - (\sum_{i=1}^{n} i)^2} \tag{3-9}$$

式中，变量 i 为 1～15 的年序号；$M_{\mathrm{NDVI}i}$ 表示第 i 年的最大 NDVI 值。变化趋势图则反映了 15 年的时间序列中该地区的 NDVI 变化趋势。某象元的趋势线是这个像元 15 年的平均 NDVI 值用一元线性回归模拟出来的一个总的变化趋势。Slope 即这条趋势线的斜率，这个趋势线并不是简单的最后一年与第一年的连线，其中，Slope >0 则说明 NDVI 在 15 年间的变化趋势是增加的，反之则是减少。一般情况下，将植被覆盖变化划分为 5 个等级，分别为退化(Slope < －0.002)、轻度退化(－0.002≤Slope < －0.001)、稳定不变(－0.001≤Slope <0.001)、轻度改善(0.001≤Slope <0.002)和改善(Slope≥0.002)。

Hurst 指数(H)是定量描述时间序列长程依赖性的主要方法之一。当 $0 < H < 0.5$ 时，时间序列具有长程依赖性，表现为持续性，即未来变化与过去的变化趋势一致，过去为增加趋势的区域在将来也将继续增加，反之亦然，且 H 越接近 1，持续性越强(袁丽华等，2013)。当 $H = 0.5$ 时，则说明 NDVI 时间序列为随机序列，不存在长期相关性；当 $0.5 < H < 1$ 时，则表明时间序列具有反持续性，即未来的变化趋势与过去的变化趋势相反。具体计算步骤如下，

对于时间序列 NDVIi，$i=1$，2，…，n：

$$\overline{NDVI_\tau} = \frac{1}{\tau}\sum_{i=1}^{\tau} NDVI_\tau, \tau = 1,2,\cdots,n \tag{3-10}$$

$$S_\tau = \left[\frac{1}{\tau}\sum_{i=1}^{\tau}(NDVI_i - NDVI_\tau)^2\right]^{\frac{1}{2}}, \tau = 1,2,\cdots,n \tag{3-11}$$

$$X_{(i,\tau)} = \sum_{i=1}^{i}(NDVI_i - \overline{NDVI_\tau}), 1 \leqslant i \leqslant \tau \tag{3-12}$$

$$R_\tau = \max_{1\leqslant i\leqslant\tau} X_{(i,\tau)} - \min_{1\leqslant i\leqslant\tau} X_{(i,\tau)}, \tau = 1,2,\cdots,n \tag{3-13}$$

对于比值 $R_\tau / S_\tau \triangleq R/S$，若 $R/S \propto \tau^H$，则说明该时间序列存在 Hurst 现象。H 值由 $\lg(R/S)_n = a + H \times \lg(n)$ 利用最小二乘法拟合得到。由于 τ 值小时散点稀疏，而 τ 值大时散点则相对过于密集，这样在利用最小二乘法线性拟合时斜率会受到权重的影响，研究取 $\tau \geqslant 4$（江田汉等，2004）。

对于植被 NDVI 变化的驱动因子，主要考虑到光、热、水是影响植物生长的主要气象因子，选取月气温、降水和日照数据（东兴市、防城港市、钦州市和北海市 4 个气象站点平均），分析研究区内 NDVI 值与气象因子的相关性。由于气象因子之间可能存在的相关性（孙红雨等，1998），探讨 NDVI 与不同气象因子的相关关系时采用偏相关分析。该研究的 NDVI 影像取自 7—9 月，考虑到气象因子对植被的影响可能具有“时滞效应”，因此从 6—9 月的气象数据中，分别提取单月、双月及 3 个月平均值进行相关性分析。

为进一步分析研究区植被变化与地形地貌、道路建设等因素的影响，本研究选取指标如下：基于 DEM 数据，利用 ArcGIS10.2 的空间分析模块与 Geomorphometry 软件得到的复合地形指数 CTI（表征空间位置的综合水热条件（刘琦等，2012b），坡度（%），坡向（按顺时针方向从正北的 0°～360°），高程，距河流（DR）、交通路线（DT）、城镇（DV）和海岸线（DC）的距离。由上述指标分别分析区域内各栅格多年平均 NDVI 和 k 值与以上影响因子的相关性，探讨 NDVI 年际波动的驱动因子。由于坡向是一环形变量，分别对其求正弦、余弦值进行变换，生成两个新的亚变量，进行相关分析，正弦值表示朝东的程度，余弦值表示朝北的程度（连纲等，2006）。

3.3.2　植被空间分布特征分析

2000—2014 年间，沿海区域 NDVI 在 0.68～0.76 之间波动，NDVI 的多年平均值为 0.71，年际间差异较小，SD 为 0.02（图 3－23）。其中，2007—2011 年间，区域 NDVI 值偏高，波动在 0.71～0.76 之间。整体上，广西沿海区域的 NDVI 值较高，而且年际波动较小，这与杨绍锷等（2012）和田义超等（2014）的研究结果相似。其研究区域为南亚热带海洋性季风气候，常年高温多雨，植被覆盖率高且多为常绿植物，因此在非极端天气影响下，NDVI 的年际波动程度较低。

广西沿海区域 NDVI 的空间分布呈现出陆地高、滨海和河流下游低的分布特征（图 3－24），陆地植被多为林地和旱地，而滨海和河流下游区域上居住区和其他类型植被广泛分布。NDVI 小于 0.1 的区域主要分布在防城港湾、钦州湾、大风江口、南流江口和铁山港湾沿

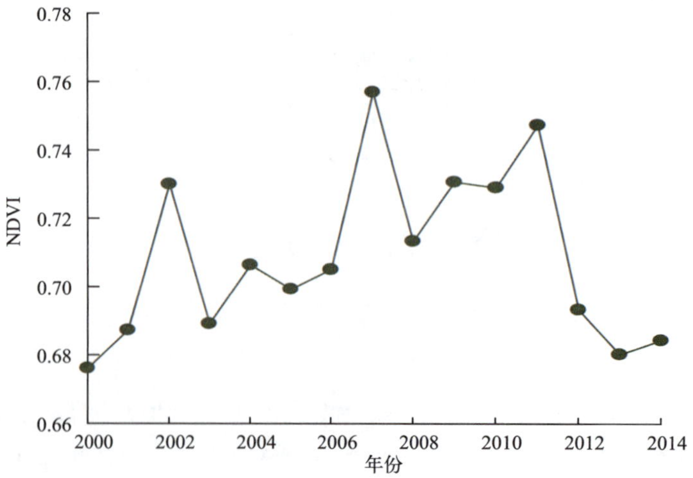

图 3－23　2000—2014 年广西沿海区域 NDVI 的年际变化

岸，多为其他类型植被(图 3－24、图 3－25)。整体上，NDVI 大于 0.7 的高植被覆盖区域占区域总面积的 70%，NDVI 在 0.3～0.7 之间的植被覆盖区域占 26%，0.1～0.3 的植被覆盖区域占 3%，NDVI 小于 0.1 的区域占 1%，这导致区域整体的 NDVI 值偏高。

3 个红树林湿地典型区的 NDVI 值相差不大，其中以丹兜海区域最高，为 0.70；珍珠湾其次，为 0.69；茅尾海略低，为 0.68。3 个典型区的 NDVI 梯度与沿岸植被类型分布相符，茅尾海沿岸其他植被类型及居住区面积明显高于其他两个典型区(图 3－25)。

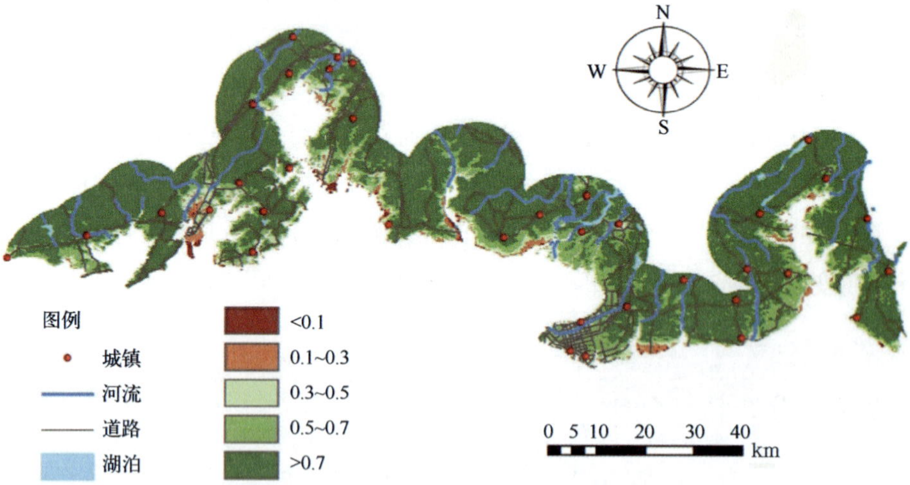

图 3－24　2000—2014 年广西沿海区域 NDVI 年均值空间分布

研究区域内，不同类型植被的 NDVI 差异极显著($F_{8,134}=257$，$P<0.001$)，但 NDVI 年际波动差异并不显著($P>0.05$)，因此以 15 年的平均 NDVI 代表不同类型土地的植被覆盖状况。不同类型的植被，以林地的 NDVI 平均值最高，旱地和水田其次，居住区居中，湿地和其他类型植被最低(表 3－5)。不同类型植被中，林地、旱地和水田 NDVI 主要分配在大于 0.7 的范围内，而居住地、湿地和其他类型植被 NDVI 则多分布在 0.5 附近。

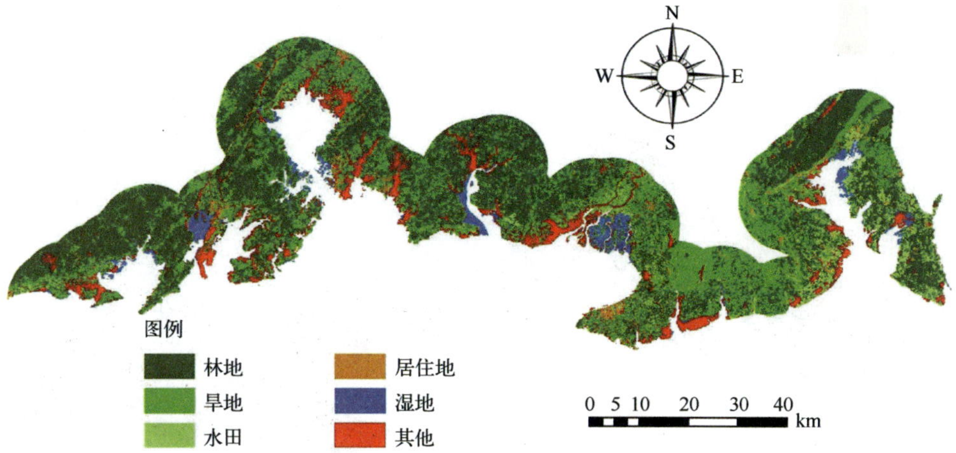

图3-25 广西沿海区域植被类型分布

表3-5 研究区域不同植被类型NDVI比较

植被类型	NDVI	面积比例(%)	分配比例(%)				
			<0.1	0.1~0.3	0.3~0.5	0.5~0.7	>0.7
林地	0.76	47	0	0	1	9	89
旱地	0.72	26	0	0	3	19	78
水田	0.70	8	0	0	3	33	63
居住区	0.61	4	0	2	25	36	37
湿地	0.52	4	1	2	43	46	8
其他	0.52	11	0	13	31	36	19

3.3.3 植被动态趋势分析

2000—2014年间，研究区域内有46%的植被得到改善，多分布于河流中上游的陆地上，改善植被多为林地，这与当地政府在低山丘陵区大面积植树种草有关；退化土地则集中于滨海和河流中下游地区，约占总面积的27%，这些区域内大量分布着居住区和其他类型植被，且交通网络密布，可见人为干扰对该研究区具有明显的影响；轻度退化、轻度改善以及稳定不变状态的土地斑块较为分散，分别占总面积的8%、14%和6%(图3-26)。不同类型的植被中，57%的林地得到了改善，52%的湿地呈现出退化趋势，其他类型植被则多处于相对稳定的状态(图3-27)。3个典型区中，以茅尾海沿岸退化趋势最为严重，珍珠湾和丹兜海沿岸植被既有改善也有退化。

将NDVI动态趋势与Hurst指数叠加，得到NDVI动态趋势持续性的分布(图3-28)。持续改善的植被面积占研究区总面积的33%，多分布于林地、旱地等NDVI相对较高的植被类型区；持续退化的植被较少，所占比例为17%，但多分布于湿地、其他类型植被等NDVI偏低植被区。此外，未来变化趋势无法确定的区域占总面积的30%，多集中于滨海区域(表3-6)。值得注意的是，林地等NDVI较高的区域通常表现为持续改善趋势，而湿地等NDVI低的区域则多表现为持续退化。林地等植被由当地政府的扶持得以持续改善，而大量的湿地则开发为港口、道路、养殖场等，从而呈现为退化趋势。在未来的开发利用活动中应加强对滨海湿地等 NDVI 偏低区域的关注。

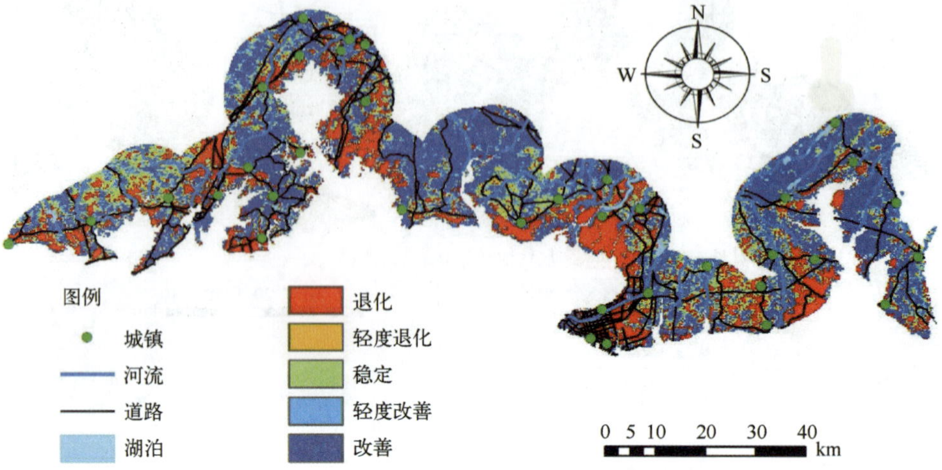

图 3 - 26　2000—2014 年广西沿海区域 NDVI 动态趋势

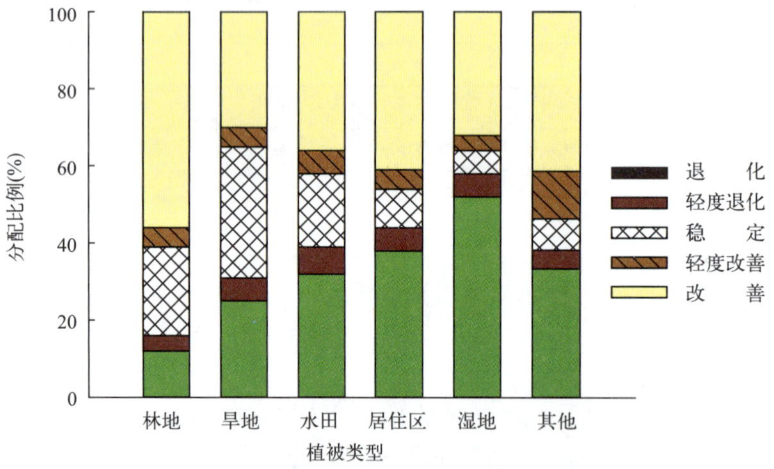

图 3 - 27　不同类型植被 NDVI 动态趋势统计

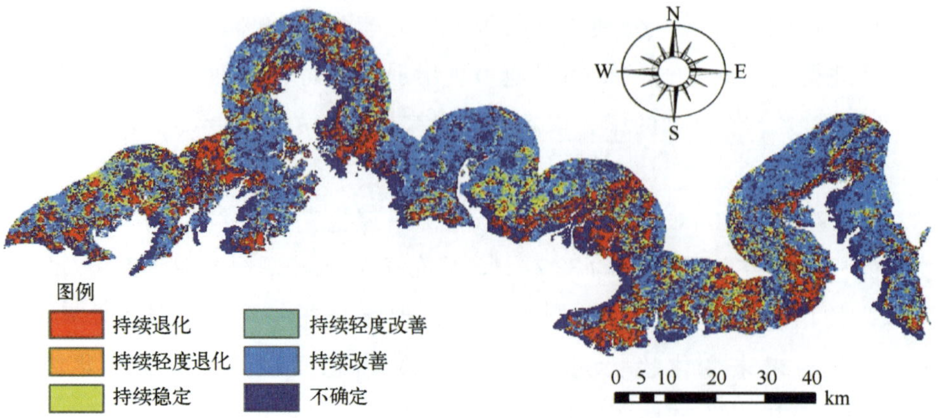

图 3 - 28　基于 Hurst 指数的 NDVI 变化特征空间分布

表 3－6　不同植被类型 NDVI 变化特征统计

植被类型	分配比例(%)					
	持续退化	持续轻度退化	持续稳定不变	持续轻度改善	持续改善	不确定
林地	18	4	10	9	34	26
旱地	18	5	10	8	37	23
水田	23	5	11	6	31	25
居住区	30	5	10	10	14	31
湿地	29	1	3	4	16	47
其他	23	4	7	4	22	38

广西沿海区域整体的 NDVI 值较高，而且年际波动较小，这与杨绍锷等(Kawamura et al.，2005)和田义超等(2014)的研究结果相似。研究区内 NDVI 大于 0.7 的区域占区域总面积的 70%，NDVI 不足 0.3 的区域仅占 4%，这导致区域整体的 NDVI 值偏高。此外，研究区域为南亚热带海洋性季风气候，常年高温多雨，植被覆盖率高且多为常绿植物，在非极端天气影响下，NDVI 的年际波动程度较低。空间上，区域 NDVI 分布表现为陆地高，滨海和河流下游低的趋势，这与不同类型植被的分布有关，陆地多为林地和旱地，而滨海和河流下游区域则大量分布着居住区、湿地和其他类型植被。

2000—2014 年间，研究区内约一半的植被得到改善，改善植被多为林地，这与当地政府在低山丘陵区大面积植树种草有关(田义超等，2014)；退化区域则多集中于滨海和河流下游，这些区域内大量分布着居住区和其他类型植被，且交通网络密布，可见人为干扰对该研究区具有明显的影响。值得注意的是，林地等 NDVI 较高的区域通常表现为持续改善趋势，而湿地等 NDVI 低的区域则多表现为持续退化。林地等植被由当地政府的扶持得以持续改善，而大量的湿地则开发为港口、道路、养殖场等，从而呈现为退化趋势，在未来的开发利用活动中应加强对滨海湿地等 NDVI 偏低区域的关注。

植被分类的不同、植被下垫面与 NDVI 分辨率也会影响计算的结果，在本研究中，土地利用分类体系与 NDVI 来源相同，而且在 NDVI 时间选择上，选择 NDVI 数值最大的月份。另外，为了消除分辨率的问题，研究的空间尺度较大，能够体现变化的总体趋势。通过和实地的调研比较，研究结果与实际情况较为符合。

3.3.4　植被动态驱动力分析

沿海区域 6—8 月的气象因子(气温、降水量和日照时间)，两两之间相关性多显著(图 3－29)，故分析气象因子与 NDVI 相关性时，采用偏相关分析。然而，气象因子与区域内不同类型植被 NDVI 的相关性均不显著($P>0.05$)。研究区域内，年均气温(23℃ ±0.4℃)、年降水量(1 927 mm ±382 mm)和年日照时数(1 389 h ±130 h)的年际变化不大，这可能导致区域内 NDVI 动态更多地受到地形地貌、人为因素的干扰。

坡向的正弦和余弦值、DC 与区域及其不同类型植被相关性多不显著，故在表 3－7 中不再列出以上 3 个变量。NDVI 与 NDVI 动态趋势与其他变量则呈现出较好的相关性，二者与复

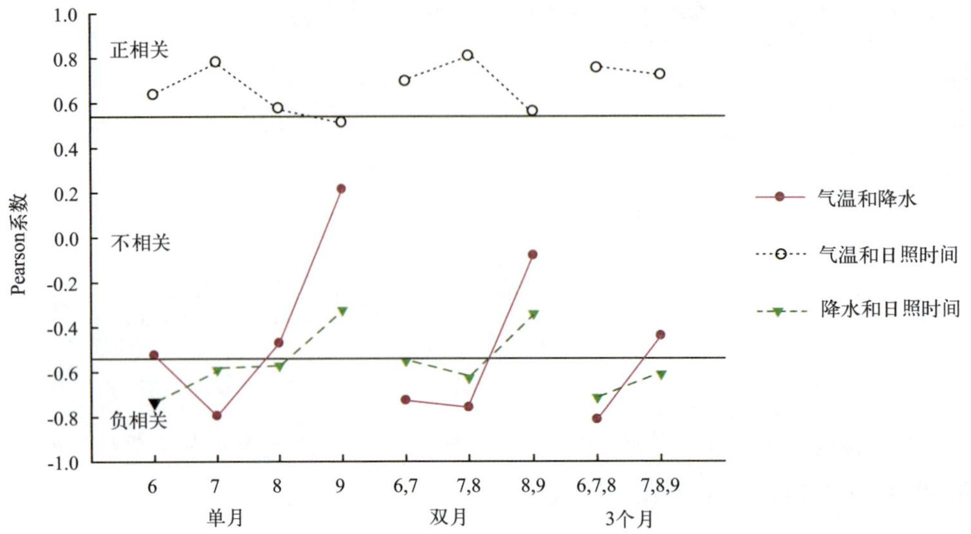

图 3－29 气温、降水和日照时间的相关性分析

表 3－7 NDVI 及其变化趋势与影响因子的相关系数

变量	植被类型	CTI	坡度	高程	DR	DT	DV
NDVI	区域	-0.321**	0.272**	0.313**	-0.166**	-0.020**	-0.024**
	林地	-0.184**	0.286**	0.280**	-0.149**	0.039*	0.045**
	旱地	-0.212**	0.258**	0.283**	-0.169**	—	0.117**
	水田	—	—	—	—	—	—
	居住区	-0.167**	0.213**	0.277**	-0.258**	—	—
	湿地	-0.124*	—	0.215**	-0.145*	—	-0.181**
	其他	-0.097**	0.254**	0.244**	-0.191**	-0.124**	—
k	区域	-0.081**	0.082**	0.094**	-0.091**	0.036**	0.096**
	林地	-0.114**	0.135**	0.128**	-0.055**	0.117**	0.110**
	旱地	-0.116**	0.132**	0.167**	-0.101**	0.042*	0.149**
	水田	—	0.104**	0.132**	-0.069*	0.088**	0.056*
	居住区	-0.089*	0.097*	—	-0.193**	—	0.098**
	湿地	-0.155**	0.244**	—	—	-.137*	0.270**
	其他	—	0.153**	0.120**	-0.195**	—	0.115**

注：DR，DT，DV 分别表示与河流、交通路线和城镇的距离；

＊ $P<0.05$；

＊＊ $P<0.01$。

合地形指数(CTI)和距离河流的距离(DR)多为负相关，与坡度、高程、距交通线路距离(DT)和距城镇的距离(DV)则多为正相关。植被 NDVI 及其动态趋势与气象因子的相关性并不显著，而多与地形和人为因素呈现显著相关性，这与以往对沿海区域的研究相似。NDVI 及其动态趋势与 CTI 多为负相关，由于 CTI 与坡度有关，因此这种负相关间接反映了植被动态与坡度的关系；沿海区域 NDVI 及其动态趋势与坡度和高程表现为正相关，与坡向则多不相关，这与刘亚龙等(2010)的研究结果相似，原因可能与平坦地区更利于城市建设以及人为在低山丘陵区的大面积植树有关；NDVI 及其动态趋势与距河流的距离呈现为负相关，可能与研究区多处于河流下游，而河口、三角洲等地区近年来多有开发活动有关；距交通线路距离、距城镇的距离与 NDVI 表现为正相关，可能与居住区和交通线路绿化带有关。

植被 NDVI 及其动态趋势与气象因子的相关性并不显著，而多与地形和人为因素呈现显著相关性，这与以往对沿海区域的研究相似。如，连纲等(2006)发现 NDVI 及其动态趋势与 CTI 多为负相关，由于 CTI 与坡度有关，因此这种负相关间接反映了植被动态与坡度的关系；沿海区域 NDVI 及其动态趋势与坡度和高程表现为正相关，与坡向则多不相关，这与刘亚龙等(刘亚龙等，2010)的研究结果相似，原因可能是平坦地区更利于城市建设，以及人为在低山丘陵区的大面积植树；NDVI 及其动态趋势与距河流的距离呈现为负相关，可能与研究区多处于河流下游，而河口、三角洲等地区近年来多有开发活动有关；距交通线路、城镇的距离与 NDVI 表现为正相关，可能与居住区和交通线路绿化带有关。

3.4　广西滨海湿地景观格局与植被动态总结

从景观格局动态分析方面来看，广西滨海湿地特点及变化如下。

(1)总体上以林地和耕地为主，林地又以落叶阔叶林为主。耕地分布较散，斑块面积较小，连通性差，异质性高；林地分布广泛，优势度高，有较大的斑块面积。

(2)2000—2014 年间，广西滨海湿地景观发生了较大的变化，主要表现为灌木园地、草地以及水域面积的下降，工业用地和林地面积的增加。在空间格局上，主要表现为景观斑块数量减少了近 0.5%，斑块密度不断减少，景观的多样性指数和均匀度不断减小，景观异质性不断减弱。

(3)通过移动窗口法计算多种景观指数，并将景观指数空间可视化，边缘密度和多样性指数的空间分布格局相似，多样性指数较大的区域，边缘密度也大，这些地区多集中于珍珠湾和茅尾海和研究区的中东部。在时间尺度上，2000—2014 年间，景观异质性变化不大，破碎化趋势不明显。利用 IDRISI 的 LCM 模块对滨海湿地景观的动态进行分析，发现以下问题。

(a)对于沿海地区来说土地利用变化主要集中在滨海的公路与村落附近，斑块变化比较分散。工业用地和居民点增加，比率较大。旱地面积有所减少，落叶阔叶林面积有所增加，对于乔木园地、交通用地、河流水系、草地等景观类型，总体的变化较小。

(b)对于珍珠湾来说，湿地的面积减少较多，总体上，森林灌丛湿地降低 0.86%；草本湿地降低 2.22%；工业用地增加较多，为 16.96%。另外，水田面积有所增加，旱地面积有所减少。对于茅尾海来说，同样的，森林灌丛湿地和草木湿地面积减少较多，分别为 1.67% 和 2.69%；工业用地增加 2.39%。对于丹兜海来说，草本湿地变化维持不变；而森林灌丛湿地略微降低，为 0.06%；工业用地增加 1.39%；旱地减少 1.81%；其他景观类型变化很小。

(c)基于 MODIS NDVI 数据，利用 NDVI 时间序列，采用最大值合成法、一元线性回归方程斜率和 Hurst 趋势指数，探讨了沿海区域植被的时空分布特征及其影响因素。结果表明，广西沿海区域 NDVI 值较高，但年际波动不大，空间上则表现为陆地高，滨海和河流下游低的趋势，这主要与植被的空间分布有关。林地、旱地等高 NDVI 植被广泛分布于陆地，而湿地等低 NDVI 植被则多分布于滨海和河流河口。此外，林地在人工大量植树造林的基础上表现出持续改善趋势，而滨海、河口区域的高强度开发则造成湿地呈现持续退化趋势。广西沿海植被覆盖的变化与气象因子相关性并不显著，主要受到人类活动的影响，因此，在未来的开发利用活动中应加强对滨海湿地和河口区域的关注。

参考文献

白云. 2013. 基于混合像元分解的海坛岛植被覆盖度因子研究[J]. 亚热带资源与环境学报, 8(4): 81-86.

布仁仓, 胡远满, 常禹, 等. 2005. 景观指数之间的相关分析[J]. 生态学报, 25(10): 2764-2775.

曹庆先, 戴培建, 范航清, 等. 2015. 广西北部湾典型海洋生态系统——现状与挑战[J]. 北京: 科学出版社.

陈云浩, 李晓兵, 史培军. 2001. 1983—1992 年中国陆地 NDVI 变化的气候因子驱动分析[J]. 植物生态学报, 25(6): 716-720.

丁晶晶, 王磊, 季永华, 等. 2009. 江苏省盐城海岸带湿地景观格局变化研究[J]. 湿地科学, 7(3): 202-207.

范娜, 谢高地, 张昌顺, 等. 2012. 2001 年至 2010 年澜沧江流域植被覆盖动态变化分析[J]. 资源科学, 34(7): 1222-1231.

冯异星, 罗格平, 周德成, 等. 2010. 近 50a 土地利用变化对干旱区典型流域景观格局的影响——以新疆玛纳斯河流域为例[J]. 生态学报, 30(16): 4295-4305.

郭程轩, 徐颂军, 袁中友. 2007. 3S 与模型方法在湿地景观格局研究中的应用述评[J]. 生态科学, 26(3): 250-255.

郭泺, 余世孝. 2005. 泰山风景区景观格局时空变化的研究[J]. 应用生态学报, 16(4): 641-646.

耿利宁. 2013. 基于时序 MODIS 的水稻种植制度提取[D]. 南京: 南京信息工程大学, 42-44.

韩贵锋. 2007. 中国东部地区植被覆盖的时空变化及其人为因素的影响研究[D]. 上海: 华东师范大学, 35.

何章莉, 史合印, 邢前国, 等. 2006. 遥感技术在大亚湾区域土地利用类型监测中的应用[J]. 生态科学, 25(4): 371-374, 384.

蒋文伟, 刘彤, 丁丽霞, 等. 2003. 景观生态空间异质性的研究进展[J]. 浙江林学院学报, 20(3): 87-90.

江田汉, 邓莲堂. 2004. Hurst 指数估计中存在的若干问题——以在气候变化研究中的应用为例[J]. 地理科学, 24(2): 177-182.

雷富, 张荣灿, 陈宪云, 等. 2013. 夏季广西北部湾近岸海域海水和表层沉积物中重金属污染现状及评价[J]. 海洋技术, 32(2): 94-100.

李加林. 2006. 基于 MODIS 的沿海带状植被 NDVI/EVI 季节变化研究——以江苏沿海互花米草盐沼为例[J]. 海洋通报, 25(6): 91-96.

黎遗业, 黄新颖, 陈冬梅. 2008. 广西红树林湿地生态保护与生态旅游开发研究[J]. 广西热带农业, 2: 34-37.

连纲, 郭旭东, 傅伯杰, 等. 2006. 黄土高原小流域土壤容重及水分空间变异特征[J]. 生态学报, 26(3): 647-654.

刘昕, 国庆喜. 2009. 基于移动窗口法的中国东北地区景观格局[J]. 应用生态学报, 20(6): 1415-1422.

刘琦, 刘世梁, 赵清贺, 等. 2012a. 基于移动窗口法的水电开发影响下景观格局梯度分析[J]. 山地学报, 30(5): 628-635.

刘琦, 刘世梁, 赵清贺, 等. 2012b, 漫湾水电站建设的景观生态风险时空分异及影响因子研究[J]. 安全与环境学报，12(6)：113－118.

刘亚龙，王庆，毕景芝，等. 2010. 基于Mann－Kendall方法的胶东半岛海岸带归一化植被指数趋势分析[J]. 海洋学报，32(3)：79－87.

刘世梁，赵海迪，董世魁，等. 2014. 基于SPOT NDVI的阿尔金山自然保护区植被动态变化研究[J]. 干旱区研究，31(5)：832－837.

马宗文，许学工，卢亚灵. 2011. 环渤海地区NDVI拟合方法比较及其影响因素[J]. 生态学杂志，30(7)：1558－1564.

孙红雨，王长耀，牛铮，等. 1998. 中国地表植被覆盖变化及其与气候因子关系——基于NOAA时间序列数据分析[J]. 遥感学报，2(3)：204－210.

田义超，陈志坤，梁铭忠. 2014. 北部湾海岸带植被覆盖时空动态特征及未来趋势[J]. 热带地理，34(1)：76－86.

王永丽，于君宝，董洪芳，等. 2012. 黄河三角洲滨海湿地的景观格局空间演变分析[J]. 地理科学，32(6)：717－724.

吴珊珊. 2009. 莱州湾南岸滨海湿地的景观格局变化及其生态脆弱性评价[D]. 山东师范大学.

王倩. 2013. 防城港海岸带景观格局变化研究[D]. 广西大学.

吴健生，陈莎，彭建. 2013. 基于图像阈值法的森林雪灾损失遥感估测——以云南省为例[J]. 地理科学进展，32(6)：913－923.

熊利亚，常斌，周相广. 2005. 基于地理元胞自动机的土地利用变化研究[J]. 资源科学，27(4)：38－43.

杨绍锷，谭裕模，胡钧铭. 2012. 基于NDVI的广西近十年植被变化特征分析[J]. 南方农业学报，43 (11)：1783－1788.

叶功富，洪志猛，甘永洪，等. 2005. 厦门城市绿地生态系统景观结构与异质性分析[J]. 东北林业大学学报，33(5)：71－74.

尹泽生，宋关福. 1995. 区域旅游资源评价基本原理[J]. 旅游学刊，10(5)：39－42.

游丽平，林广发，杨陈照，等. 2008. 景观指数的空间尺度效应分析——以厦门岛土地利用格局为例[J]. 地球信息科学，10(1)：74－79.

袁丽华，蒋卫国，申文明，等. 2013. 2000—2010年黄河流域植被覆盖的时空变化[J]. 生态学报，33(24)：7798－7806.

张玉红，苏立英，于万辉，等. 2015. 扎龙湿地景观动态变化特征[J]. 地理学报，70(1)：131－142.

张玲玲，赵永华，殷莎，等. 2014. 基于移动窗口法的岷江干旱河谷景观格局梯度分析[J]. 生态学报，34(12)：3276－3284.

张明祥，董瑜. 2002. 双台河口自然保护区濒海湿地景观变化及其管理对策研究[J]. 地理科学，22(1)：119－122.

张景华，封志明，姜鲁光. 2011. 土地利用/土地覆被分类系统研究进展[J]. 资源科学，33(6)：1195－1203.

张秋菊，傅伯杰，陈利顶. 2003. 关于景观格局演变研究的几个问题[J]. 地理科学，23(3)：264－270.

翟万林，龙江平，乔吉果，等. 2010. 长江口滨海湿地景观格局变化及其驱动力分析[J]. 海洋学研究，28(3)：17－22.

Fensholt R, Sandholt I, Rasmussen M S. 2004. Evaluation of MODIS LAI, fAPAR and the relation between fAPAR and NDVI in a semi－arid environment using in situ measurements[J]. Remote Sensing of Environment, 91：490－507.

Kawamura K, Akiyama T, Yokota H, et al. 2005. Comparing MODIS vegetation indices with AVHRR NDVI for monitoring the forage quantity and quality in Inner Mongolia grassland, China[J]. Grassland Science, 51(1)：33－40.

Lamchin M, Park T, Lee J Y, et al. 2015. Monitoring of vegetation dynamics in the Mongolia usingMODIS NDVIs and their relationship to rainfall by natural zone[J]. Journal of the Indian Society of Remote Sensing, 43(2)：325－337.

Lu L, Kuenzer C, Wang C, et al. 2015. Evaluation of three MODIS－Derived vegetation index time series for dryland vegetation dynamics monitoring[J]. Remote Sensing, 7(6): 7597 – 7614.

Park H, Jeong S J, Ho C H, et al. 2015. Nonlinear response of vegetation green – up to local temperature variations in temperate and boreal forests in the Northern Hemisphere[J]. Remote Sensing of Environment, 165: 100 – 108.

Pettorelli N, Vik J O, Mysterud A, et al. 2005. Using the satellite – derived NDVI to assess ecological responses to environmental change[J]. Trends in Ecology & Evolution, 20(9): 503 – 510.

Priskin J. 2001. Assessment of natural resources for nature based tourism: The case of the Central Coast Region of Western Australia[J]. Tourism Management, 22(6): 637 – 646.

Rashmi, M K, Lele N. 2010. Spatial modeling and validation of forest cover change in Kanakapura region using GEOMOD [J]. Journal of the Indian Society of Remote Sensing, 38: 1 – 45.

第4章　湿地景观生态系统健康评价

4.1　景观生态系统健康评价研究进展

“土地健康”概念在20世纪40年代最早被英国学者Leopold提出，后来将此概念进一步升华为景观健康。对于现有的生态景观，除了少数特殊的景观类型之外，通常都是由于受到人类不同程度的干扰或影响而最终形成的。80年代末至90年代初，有关景观生态学和生态系统健康的研究不断深入，景观健康的概念开始突破传统生态学领域，由于它在人类干扰与环境响应研究中具有尺度优越性，使得它成为社会经济-人类健康-生态综合管理的有效手段(刘佳雪，2012)。

人类干扰下的景观健康指的是，在保持景观结构稳定的同时支撑常规土地服务功能的实现，在保持生物物理完整性的同时能够维持自然生态系统和人类文明系统的平衡，并能为包括人类在内的生物提供必要资源和生态过程。Rapport等(1998)对景观健康概念和评价指标进行了广泛探讨，曹宇等(2005)和 李玉凤等(2010)在景观健康评价与管理方面进行了实证研究。

对于生态系统健康的定义，现普遍采用的概念是由Costanza提出的：如果一个生态系统是活跃的并且能保持自己结构稳定，在一段时间内保持自主状态，对外压力有恢复的能力，那么此生态系统就是健康的。此外，仅仅从生物物理指标的角度去评价一个生态系统的健康是不够全面的，还应该对人类的价值观有所反映(郑耀辉，2009)。不容小觑的是，人类的干扰对目标生态系统的影响具体可表现在系统景观特征的变化上。

作为一种评价理念方法，景观生态健康评价的研究尺度同生态健康评价一样，并不局限在景观水平上，所以应从生态系统上予以评价研究，来反映系统内部组成要素的动态特征、系统结构功能、物质循环能量流动、景观格局特征以及生物多样性等。

在广义上，湿地景观指的是出现在微观到宏观不同尺度上的、具有空间异质性或缀块性的湿地单元，湿地景观格局的变化与气候变化、土地利用变化及其生物多样性变化密切相关。湿地景观格局的主要研究方法如图4-1所示。

目前国内外学者主要是采用景观动态的定量化研究方法来研究湿地景观格局变化(图4-2)。

由于人类活动改变湿地生境而产生的景观格局变化，会使湿地内的一些生态过程发生剧烈的改变，传统的滨海湿地生态系统健康只是研究湿地内不同类型的生态过程，湿地生态系统功能过程可以通过景观结构的变化了解(索安宁等，2008)。在生态健康评价的景观生态健康评价中融入景观考核指标，一方面能扩大滨海湿地生态系统健康研究范围，并重点反映出在人类影响下的格局变化情况，以便更完整地认识滨海湿地生态系统的健康动态情况；另一方面它也是将社会经济价值与自然生态过程进行综合研究的基础，并有助于全面地认识人与环境间的相互作用关系。

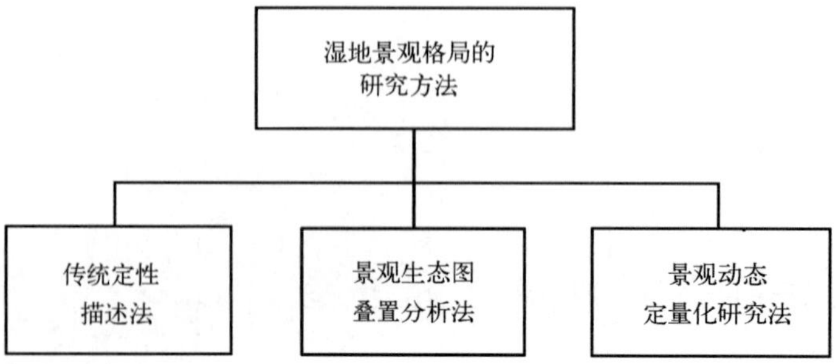

图 4－1　湿地景观格局的主要研究方法

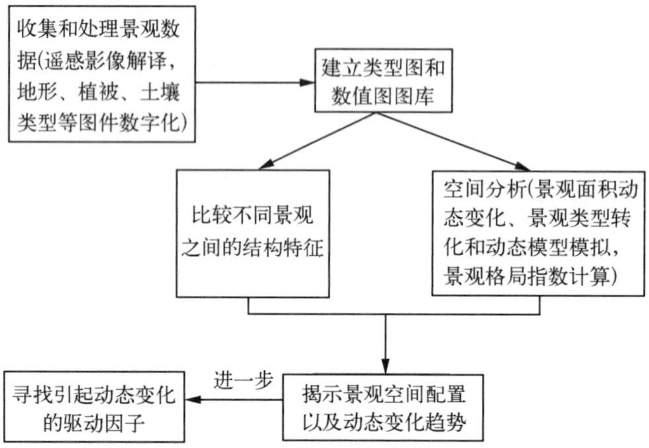

图 4－2　景观动态的定量化研究方法

本研究以红树林生态系统为例，红树林生态系统是指在热带和亚热带地区陆地与海洋交界的海岸带潮间带生长的乔木和灌木林所组成的红树林群落及其他生物群落与环境多构成的统一自然体，能够保护岸堤、防风御浪、净化水质、防止海岸线强烈侵蚀以及保护生物多样性并维持当地生态系统健康等生态功能，是主要的一种近海洋生态系统类型。此外，健康状况良好的红树林生态系统不仅提升生物多样性，而且还能带来潜在的旅游价值。由于其具有极其重要的生态环境价值，该生态系统的健康将影响整个滨海生态系统健康状况，并对海岸线景观可持续性具有重要意义。目前由于人口增长，滨海居民点的大面积扩张，使水产养殖及交通网络有所增加，导致滨海湿地红树林覆盖面积的减少，从而进一步造成景观连接度降低、生物栖息地丧失、物种的生存环境改变和迁移以及物种多样性降低。目前红树林生态系统健康评价方法主要是指示物种法和指标体系法，其中以指标体系法为主，以指示物种法为辅。

4.2　典型滨海红树林湿地的景观生态系统健康评价

4.2.1　综合指标评价方法

4.2.1.1　建立生态健康指标

把 2014 年作为评价基准年，将景观特征研究与近海岸生态健康评价相结合，对三个典型区的生态健康现状进行评价。在综合红树林湿地景观现状和生态健康影响因素的基础上，考虑红树林湿地生态系统自身特点，结合《近岸海洋生态健康评价指南》(HY/T 087—2005)和红树林湿地生态系统健康评价指标体系(表 4－1)。涉及的影响因子分为环境因子和生态因子，

表 4－1　红树林湿地生态健康评价指标体系

影响因子	评价要素	评价指标	赋值要求		
			Ⅰ	Ⅱ	Ⅲ
环境因子(30%)			**15**	**10**	**5**
	水环境	盐度年度变化	≤3	(3，5]	>5
		pH	(7.5，8.5]	(7.0，7.5]或(8.5，9.0]	≤7.0 或 >9.0
		活性磷酸盐(μg/L)	≤15	(15，30]	>30
		无机氮(μg/L)	≤200	(200，300]	>300
	生物残毒	Hg(μg/L)	≤0.05	(0.05，0.1]	>0.10
		Cd(μg/L)	≤0.2	(0.2，2.0]	>2.0
		Pb(μg/L)	≤0.1	(0.1，2.0]	>2.0
		As(μg/L)	≤1.0	(1.0，5.0]	>5.0
		石油类(μg/L)	≤15	(15，50]	>50
生态因子(70%)			**20**	**15**	**5**
	栖息地	土壤盐分年度变化	≤3	(3，5]	>5
		5 年内红树林面积减少(%)	≤5	(5，10]	>10
		中高级重要性斑块比例(%)	>10	(5，10]	≤5
		ECA 值	>0.8	(0.5，0.8]	<0.5
		PAFRAC 值	≤1.3	(1.3，1.6]	>1.6
	生物现状		**50**	**30**	**10**
		5 年内红树林覆盖度减少(%)	≤5	(5，10]	>10
		底栖动物密度(%)	≤10	(10，15]	>15
		病害发生面积(%)	≤10	(10，15]	>15
		生物入侵面积(%)	≤10	(10，20]	>20
		鸟类多样性	≥90	[50，90)	<50

资料来源：郭菊兰等，2013。

其中环境因子包括水环境和生物残毒两方面，由于滨海红树林湿地景观处于水陆交接带，近海岸海水的富营养化、重金属残留等污染现象会对该生态系统的健康产生严重、明显的影响，因而水质指标的建立十分必要。研究充分结合并参照《广西壮族自治区 2014 年海洋环境质量公报》以及《海水水质标准》(GB 3097—1997)等相关标准，对具体指标进行评价。生态因子为70%，占有大部分权重，是生态系统健康与否的重要体现，具有栖息地质量和生物资源现状两个方面。其中，栖息地质量中充分考虑了景观特征因素，结合景观连接度和格局指数进行评价；明确生物现状的评价指标即较为全面地掌握了当地的生物资源现状水平，红树林的覆盖度在整个生态因子中占有重要地位。

4.2.1.2 景观格局特征

就红树林湿地景观来说，景观格局指数主要反映了其结构单元本身的空间特性，将红树林湿地景观图层统一转换为 60 m×60 m 的栅格数据，利用 Fragstats 4.2 软件计算景观格局指数：斑块数量(NP)、斑块密度(PD)、最大斑块指数(LPI)、景观形状指数(LSI)、面积周长比分维数(PAFRAC)，分析对比三个研究区的基本景观格局指数，进而掌握各红树林湿地景观现状。其中，LPI 为该景观单元中最大斑块的面积水平，一定程度上也反映了景观受人类或自然因素的干扰情况；而 LSI、PAFRAC 用于描述景观单元斑块的复杂程度，其值越大，则斑块的形状越不规则、轮廓越复杂。

1)斑块数量(NP)

整体景观生态环境的破碎程度往往选择用斑块数量表示。

$$\mathrm{NP} = N \tag{4-1}$$

式中，N 为整个景观中所有斑块的数量。

2)斑块密度(PD)

当景观结构单元受到的影响程度越大，其景观斑块密度越大。

$$\mathrm{PD} = \frac{N}{A} \times 10^6 \tag{4-2}$$

式中，PD 为景观类型的斑块密度大小，块/km^2；N 为该景观单元的斑块数量；A 为该景观类型的斑块总面积。

3)最大斑块指数(LPI)

就单一景观而言，该指数是指该景观单元中最大斑块的面积水平。

$$\mathrm{LPI} = \max(a)/A \tag{4-3}$$

式中，A 为该景观类型的总面积；$\max(a)$为该景观类型下斑块的面积最大值，$0 < \mathrm{LPI} \leq 100$。

4)景观形状指数(LSI)

该指数用于描述景观单元斑块的复杂程度，其值越大，则斑块的形状越不规则；反之，其值越小，则斑块的形状越单一、简单。

$$\mathrm{LSI} = 0.25E/A \tag{4-4}$$

式中，E 为全部斑块的边界长度之和；A 为研究区的总面积。

5)面积周长比分维数(PAFRAC)

用于反映景观单元斑块边界的复杂性。

$$PAFRAC=\frac{2}{\frac{\left(\sum_{i=1}^{m}\sum_{j=1}^{n}(\ln p_{ij}\times\ln a_{ij})\right)-\left[\left(\sum_{i=1}^{m}\sum_{j=1}^{n}(\ln p_{ij})\right)\left(\sum_{i=1}^{m}\sum_{j=1}^{n_i}(\ln a_{ij})\right)\right]}{\left(N\sum_{i=1}^{m}\sum_{j=1}^{n}\ln p_{ij}{}^{2}\right)-\left(\sum_{i=1}^{m}\sum_{j=1}^{n}\ln p_{ij}\right)^{2}}} \tag{4-5}$$

式中，a_{ij}为第 i 行 j 列斑块的面积；p_{ij}为对应斑块的周长；N_i为景观中 i 类斑块的总数；PAFRAC 的取值范围为[1，2]。

4.2.1.3　景观连接度

红树林的景观连接度分析对当地物种交流、栖息地保护具有重要意义(Belosle，2005)。综合考虑当地物种的活动能力，在景观连接度计算中设定其迁移距离为 2 km，将斑块之间的连通可能性值统一设为 0.5。于 Conefor 2.6 软件中计算研究区的整体景观连接度以及各斑块的景观连接度重要性。景观连接度以概率连接度指数(probability of connectivity，PC)为基础，是指落在目标景观类型中不同栖息地的同一物种的动物能够相互接触连通的可能性(Saura et al.，2007)。

$$PC_{num}=\sum_{i=1}^{n}\sum_{j=1}^{n}a_i\,a_j\,p_i^{*} \tag{4-6}$$

$$PC=\frac{PC_{num}}{A_L^2}=\frac{\sum_{i=1}^{n}\sum_{j=1}^{n}a_i\,a_j\,p_i^{*}}{A_L^2} \tag{4-7}$$

式中，a_i 和 a_j 为斑块 i 和 j 的面积，m^2；A_L 为整个景观内的面积，m^2；p_{ij}^{*} 为斑块 i 和 j 之间所有可能路径(直接的和间接的)的最大迁移概率。

为了便于不同研究区之间的连接度指数进行比较，忽略景观面积因素，采用 Conefor 2.6 中的等效面积连接度指数(equivalent connected area，ECA)来最终表征整体景观连接度指数，即在 PC 指数的基础上求得的 ECA 指数(Saura et al.，2011)。

$$ECA=\sqrt{PC_{num}}=\sqrt{\sum_{i=1}^{n}\sum_{j=1}^{n}a_i\,a_j\,p_i^{*}} \tag{4-8}$$

根据景观连接度指数(PC)值，在斑块尺度上，利用相对重要性指数(dPC)衡量景观中各斑块的贡献值，dPC_k值越大则表明该斑块的重要性越大。其计算公式如下(Bodin et al.，2010)。

$$dPC_k=100\times\frac{PC-PC_{remove}}{PC} \tag{4-9}$$

式中，PC 为所有斑块参与计算时的景观 PC 值；PC_{remove}为景观去除斑块 k 后由其他斑块所组成景观的 PC 值。

4.2.1.4　生态健康评价模型

根据《近岸海洋生态健康评价指南》(HY/T 087—2005)，综合考虑水环境、生物残毒、栖息地、生物现状四方面因素(权重依次为15%、15%、20%、50%)对三个研究区的红树林湿地进行生态健康评价。

各评价因素的健康指数计算公式为:

$$F = \sum_{i}^{q} F_i / q \qquad (4-10)$$

式中,F为各因素的健康指数;F_i为第i个指标赋值;q为评价指标总数。

红树林湿地生态健康评价指数计算公式为:

$$CEH_{index} = \sum_{j}^{p} INDX_j \qquad (4-11)$$

式中,CEH_{index}为生态健康指数;$INDX_j$为第j类因素的健康指数;p为评价因素总数。

由式(4-10)、式(4-11)计算得到的$CEH_{index} \geq 75$时,生态系统为健康状态;$50 \leq CEH_{index} < 75$时,生态系统为亚健康状态;$CEH_{index} < 50$时,生态系统为不健康状态。

生态健康指数的3个级别判别标准如下。

健康:生态系统保持其自然属性,生物多样性及生态系统结构基本稳定,生态系统主要服务功能正常发挥,人为活动所产生的生态压力在生态系统的承载力范围之内。

亚健康:生态系统基本维持其自然属性,生物多样性及生态系统结构发生一定程度的改变,但生态系统主要服务功能尚能正常发挥,环境污染、人为破坏、资源的不合理利用等生态压力超出生态系统的承载能力。

不健康:生态系统自然属性明显改变,生物多样性及生态系统结构发生较大程度改变,生态系统主要服务功能严重退化或丧失,环境污染、人为破坏、资源的不合理利用等生态压力超出生态系统的承载能力,生态系统在短时期内难以恢复。

4.2.2 湿地景观生态系统健康评价结果与分析

4.2.2.1 滨海红树林湿地景观特征分析

景观格局特征由格局指数来表征(表4-2),可以看出,茅尾海海湾的红树林栅格斑块个数最多,为珍珠湾的8倍,丹兜海的10倍,斑块密度(PD)以及景观形状指数(LSI)也较大;而LPI最小,比其他两个海湾的相应指数低一个数量级。整体来看,茅尾海的红树林斑块较为零碎,景观破碎化程度较高;相比之下,珍珠湾和丹兜海的景观完整性较好,受破碎化影响较小。

表4-2 研究区景观格局指数值

研究区	特征指数				
	NP(个)	PD(个/100hm^2)	LPI(%)	LSI	PAFRAC
珍珠湾	43	4.70	21.75	8.56	1.35
茅尾海	351	26.64	9.75	24.60	1.48
丹兜海	34	5.28	26.14	10.79	1.468

珍珠湾、茅尾海以及丹兜海的红树林分布变化图如图4-3~图4-5所示。

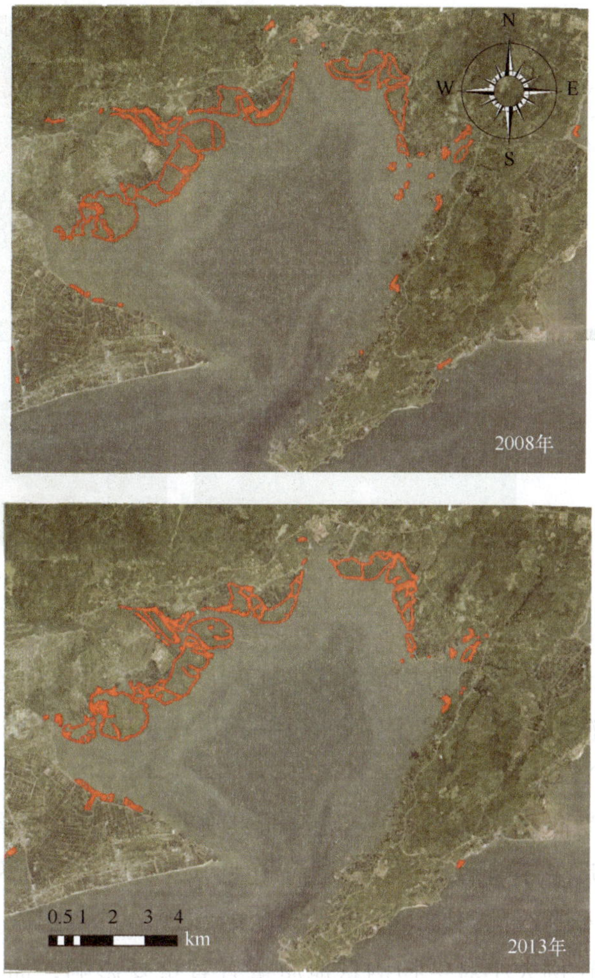

图 4 – 3　珍珠湾红树林分布变化图

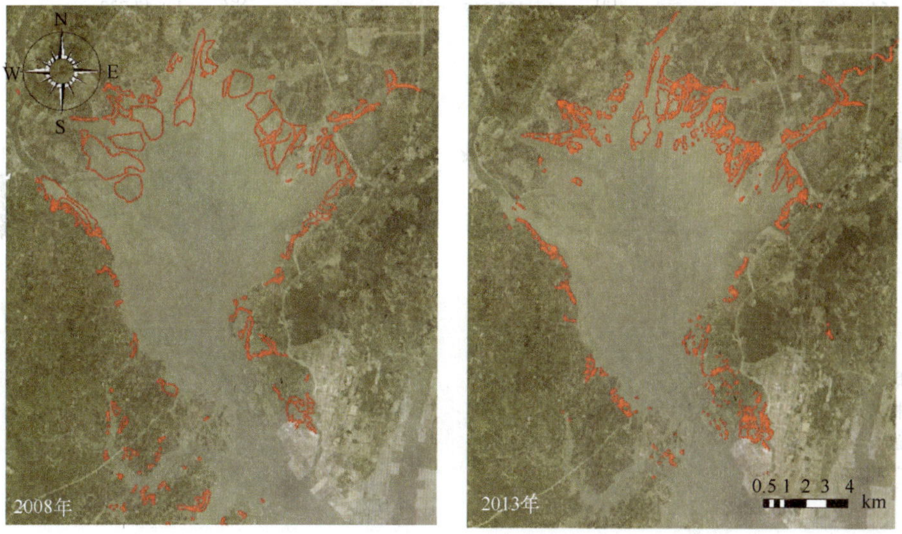

图 4 – 4　茅尾海红树林分布变化图

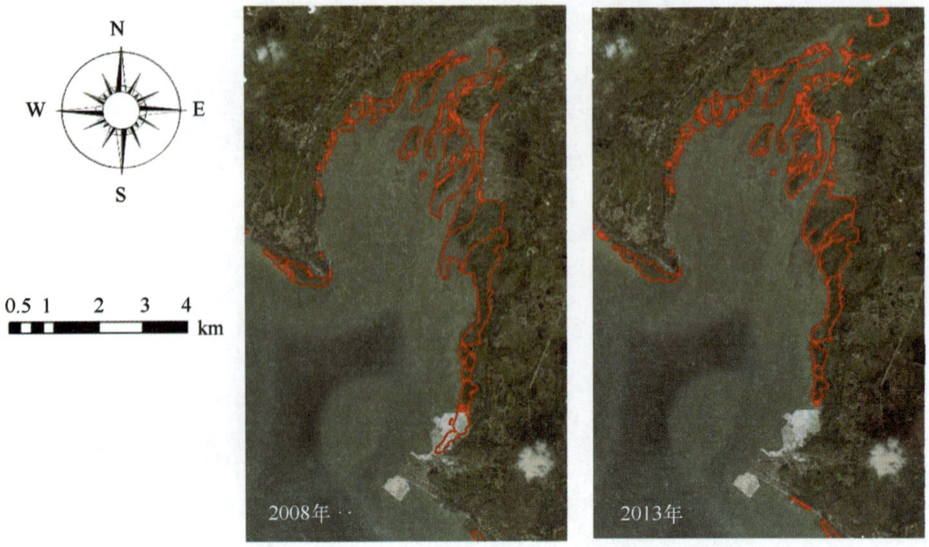

图 4-5　丹兜海红树林分布变化图

通过红树林湿地景观 ECA 值的横向比较得知，珍珠湾的景观连接度最高，依次为茅尾海、丹兜海，数值依次为 0.82×10^7、0.76×10^7、0.59×10^7。根据 dPC 值得到的三个研究区的斑块重要性分布，当 dPC≤1 时重要性等级为低级，1<dPC≤10 时重要性等级为中级，10<dPC 时重要性等级为高级(图 4-6)。珍珠湾具有高重要性值的红树林景观斑块数量最多，其次是丹兜海，最后是茅尾海，并且茅尾海的细小斑块远多于前两者(图 4-b)。景观连接度重要性等级为中级和高级的斑块，既是景观功能实现的重要因素又是生物重要栖息地的主要组成部分，其所占比例大小对生物栖息地质量有着重要影响，而丹兜海的这一数值近乎等于茅尾海的 5 倍(表 4-3)。

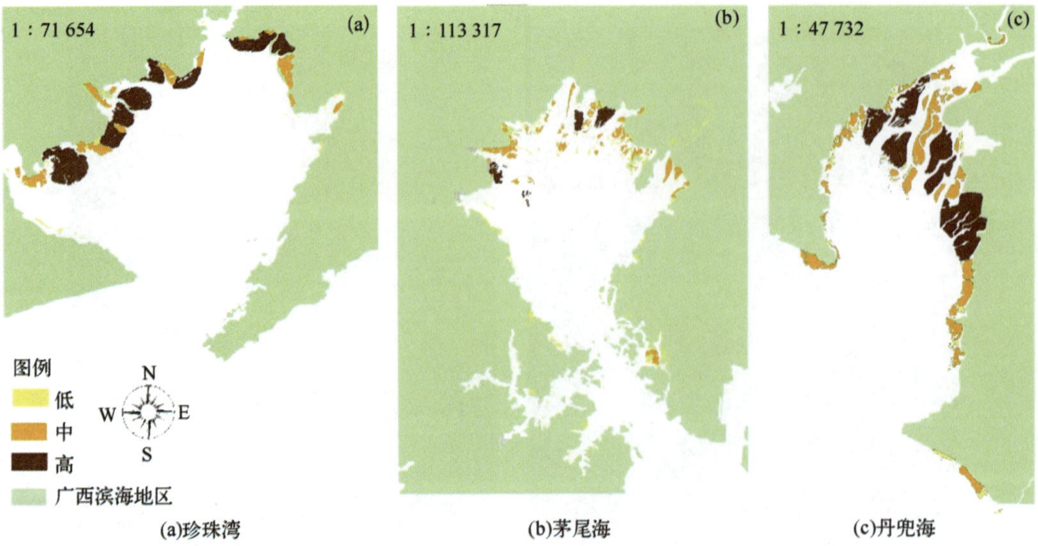

图 4-6　各研究区斑块重要性等级分布图

表4－3　研究区不同景观连接度重要性等级的斑块统计

斑块等级	研究区		
	珍珠湾	茅尾海	丹兜海
低	111	681	70
中	19	48	29
高	8	2	6
中高级比例(%)	19.57	6.84	33.33

4.2.2.2　红树林生态因子评价

生态因子包括栖息地质量和生物现状两个要素，权重依次为20%和50%，实行百分制评价，表征栖息地质量的指标最高赋值为20，表征生物现状的指标最高赋值为50(图4－7)。由于近年来红树林保护措施广泛，人工红树林数量增加，三个研究区的红树林面积以及覆盖度呈增加趋势(蒋文伟等，2003)；底栖生物密度保持在一个稳定水平，土壤盐分年变化不明显。相关研究表明(叶功富等，2005；冯异星等，2010)，互花米草(*Spartina alterniflora*)植物常年入侵山口红树林，至今仍对丹兜海的生态系统安全产生威胁。红树林是野生动物的重要栖息地，尤其对于鸟类而言(Gunn et al.，1993)，珍珠湾和丹兜海研究区分别属于国家级自然保护区范围，由于地理位置和相关政策，其开发幅度小，人类干扰有限，栖息地保护较好，使得鸟类多样性较高。

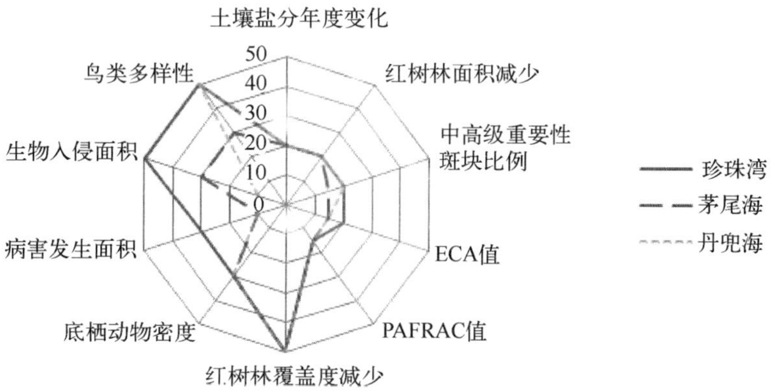

图4－7　生态因子评价赋值图

4.2.2.3　红树林环境因子评价

生态因子包括栖息地质量和生物现状两个要素，权重均为15%，指标最高赋值为15(图4－8)。由评价年的海洋环境质量公报可知，三个海湾的水质情况：丹兜海好于珍珠湾好于茅尾海。丹兜海夏季水质为一类，而茅尾海为劣四类。茅尾海海湾活性磷酸盐和无机氮的赋值较低，其富营养化较为严重，珍珠湾次之。受海水养殖和工业排污等影响，珍珠湾和茅尾海的水体残留重金属含量相对于丹兜海也均处于较高水平。

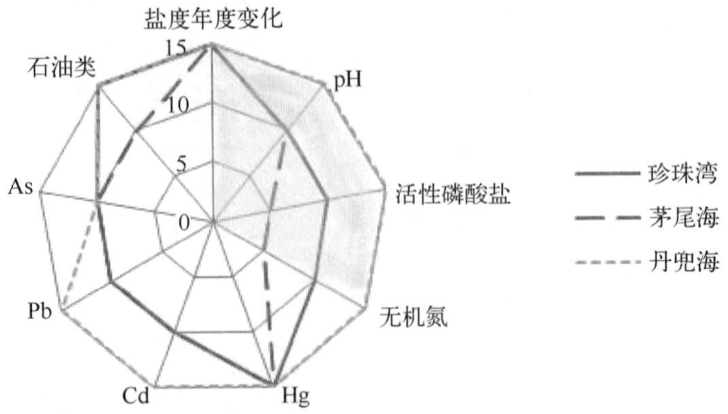

图 4－8　环境因子评价赋值图

4. 2. 2. 4　红树林生态系统健康综合评价

综合评价得出 2014 年珍珠湾和丹兜海均处于健康状态，而茅尾海处于亚健康状态(表 4－4)，生态健康指数由大到小顺序为珍珠湾、丹兜海、茅尾海。三个海湾的生物残毒情况较好，水体常见重金属污染物均在限制范围内，未受到严重污染；栖息地均为健康水平，可以保证当地动植物多样性和系统稳定性。茅尾海受水体营养化影响较大，丹兜海受生物入侵影响较大，茅尾海的水环境处于亚健康状态，两者的生物现状均处于亚健康状态。

表 4－4　红树林湿地生态健康评价结果

评价因素		珍珠湾	茅尾海	丹兜海
水环境	综合赋值	11. 25	8. 75	15
	状态评价	健康	亚健康	健康
生物残毒	综合赋值	12	11	14
	状态评价	未受污染	未受污染	未受污染
栖息地	综合赋值	19	17	18
	状态评价	健康	健康	健康
生物现状	综合赋值	42	30	30
	状态评价	健康	亚健康	亚健康
综合评价	生态健康指数	84. 25	66. 75	77
	生态健康状态	健康	亚健康	健康

水环境质量作为湿地生态系统健康的主要贡献者，其整体较不完善的空间分布状况是综合健康状况的最大限制因素(张文主等，2014)。茅尾海湿地存在比较明显的环境污染和生态破坏等问题。由于茅岭江、钦江两条河流中的污染物、工业废水和生活污水以及农业灌溉区农药、化肥，虾塘养殖区等营养盐和有机污染物的大量输入以及人工围填海项目的实施使得水环境质量处于不健康水平。造成水环境污染的同时也造成了生物多样性在一定程度上的减少和栖息地环境质量的下降，从而导致了健康水平的下降。

4.2.2.5 景观特征指标分析

栖息地的具体评价指标中涉及中高级重要性斑块比例、ECA 值、PAFRAC 值三个景观特征指标类型。研究选择 PAFRAC 作为景观结构的特征指数，相比于其他景观格局指数，PAFRAC 值范围可控，取(1，2)，这是选取其当作评价指标的重要原因。当该类型的斑块边界比较简单，比如正方形时，PARFAC 接近于 1；而当该类型的斑块具有复杂边界时，PARFAC 接近于 2。周长面积分维数与景观破碎化程度相关，往往破碎化越严重的地区其 PAFRAC 值越大，根据研究区指数计算结果并大量参考已有格局指数研究结果，将 PARFAC 值阈三等分进行要求划分。景观格局指数具有尺度效应，即栅格数据的像元大小会对结果产生影响。根据已有研究，丹兜海海湾 60 m×60 m 的栅格大小处于其适宜范围内(李彦，2012)，其他两个研究区暂无多尺度景观格局分析，与丹兜海保持一致后再进行景观特征指数计算。

对于景观连接度指数来说，数据分析表明，不论迁移距离如何，斑块景观连接度重要性贡献与斑块的面积大体呈正相关关系，即大斑块的 dPC 值普遍较大，重要性较高(图 4－9)。虽然 dPC 值不仅仅取决于斑块面积，但是可以确定的是，从整个景观来看，斑块面积的大小可以反映其重要性等级。选取中高级重要性斑块比例之一指标既可以反映出研究区的大斑块的存在情况，又进一步揭示了利于景观功能实现的关键要素。相比于单纯地视斑块面积为指标，其更综合地体现了栖息地景观概况，反映栖息地质量现状。

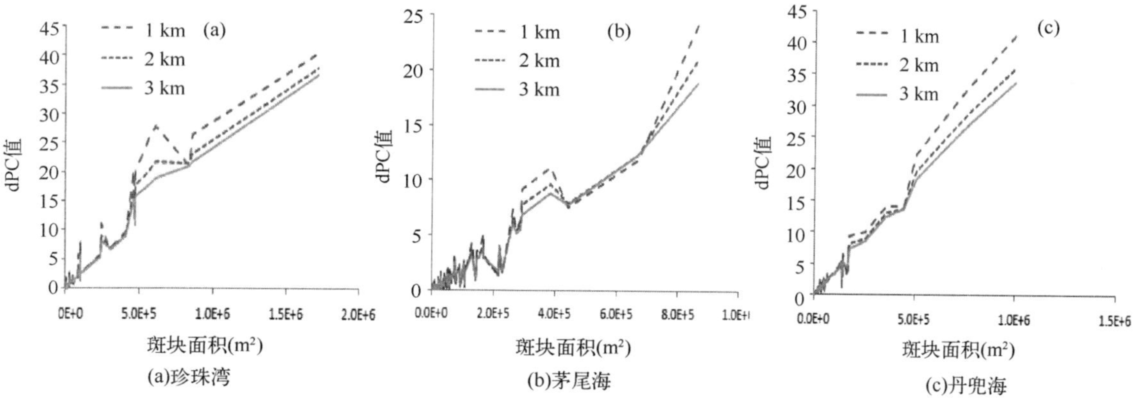

图 4－9 斑块 dPC 值与面积的变化关系

ECA 值是整个研究区景观连接度水平的体现，数值越大则景观功能与结构连接度越大。景观连接度指数没有固定的取值范围，其变化幅度很大，不同大区域的数量级会不同，同一地区不同情境下的数值虽在同一数量级也会有大小之分。指标构建过程中需统一单位，可以将评价要求数值控制在(0，1)内，广西三个海湾的红树林景观连接度指数单位便是 10^7，其评价要求划分则是根据三个研究区的具体情况确定。由于底栖动物的活动范围有限，整个区域的红树林景观连接度大小对其影响不明显，因此综合考虑研究区的红树林分布面积以及水鸟等鸟类的平均日常活动距离，选取迁移距离为 2 km 时三个海湾的斑块等级进行分析。

4.2.3 湿地景观生态系统健康的驱动分析

筛选影响广西滨海湿地景观生态健康的主要驱动因素十分重要，不仅为上述生态健康评价中的指标选取提供基础方向，也为其管理提供决策依据。湿地生态系统特征分析主要是围绕当地野生动植物组成、水文特征、湿地功能特征展开，因此也应当考虑这三方面，分析得出影响其生态系统健康的主要驱动因素，湿地生态系统面临的威胁具体如图 4－10 所示。

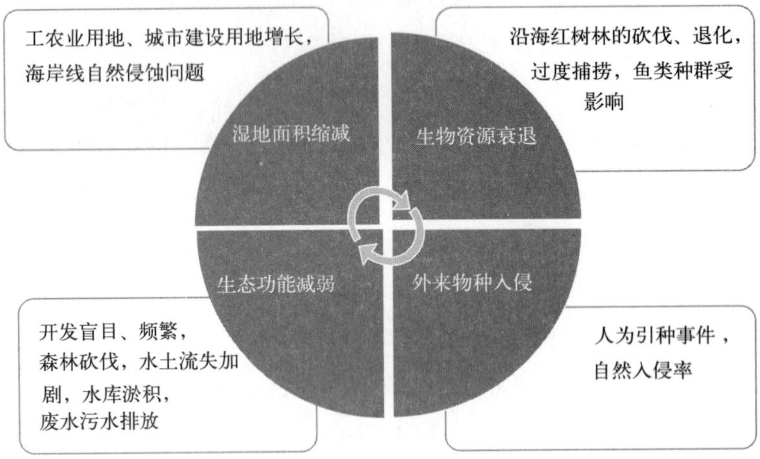

图 4－10　驱动力因素分析

滨海湿地面临的问题都将影响当地的生态系统健康。研究结果表明，2014 年珍珠湾和丹兜海处于生态系统健康水平，茅尾海处于亚健康水平。在众多影响海湾红树林生态环境的因素中，人类活动影响是主要方面。

从地理位置上来看，茅尾海海湾距离钦州市市中心较近，周围路网密度较大，有钦防高速、南北高速、省道、北部湾大道等公路分布，交通发达。其他两个海湾则更靠近乡镇，距离市中心较远。其中珍珠湾北部有滨海公路穿过，而丹兜海区域周边无一级、二级和三级公路。道路等城市建设用地的增加，一定程度上缩减了当地的湿地面积，干扰红树林等植被的自然扩散过程。从生态保护来看，丹兜海位于山口红树林国家级自然保护区的西部，该海湾的红树林保护措施齐全，生态控制严格规范，环境优良，生物多样性处于较高水平。尽管互花米草对红树林的幼苗生存产生了较为严重的影响（张宜辉等，2006），但是对于丹兜海海域的红树林来说，现有的生物入侵状况不足以破坏该地区整个生态系统功能与结构。珍珠湾属于北仑河口国家级自然保护区，其生物多样性丰富，红树林生长条件优越，生态系统较为完好（何祥英等，2012）。茅尾海红树林省级保护区位于广西钦州市钦南区和钦州港区，南临北部湾，距离本研究评价区有一定距离；由于茅尾海地区旅游开发程度较大，周边生活及生产活动较为频繁，是钦州市主要江流汇合口，其水环境和生物现状处于亚健康状态。

调查显示，北部湾北部近岸区域有较多的海水养殖区，并且在旅游区附近易发生水体富营养化，部分海水养殖区和河口区营养成分近年来呈上升趋势（甘华阳等，2012）。沿岸不科学的土地利用方式，对栖息地造成破坏性影响，引起景观连接度的缺失，最终导致动植物数量以及多样性的减少，严重降低红树林的生态健康水平。明确驱动因素，找出对应威胁因子，并基于生态系统健康评价结果，提出滨海湿地生态系统持续发展的调控措施，可为进一步探索生态健康研究与海岸带综合管理的对接方法以及湿地资源保护及区域可持续发展提供参考。

4.3 基于 PSR 模型的生态系统健康评价案例分析

压力(pressure)—状态(state)—响应(response)(PSR)模型最初由 Tony Friend 和 David Rapport 提出，用于分析环境压力、现状和相应之间的关系。20 世纪 70 年代，国际经济合作与发展组织(OECD)对其进行了修改并用于环境报告；目前，许多政府和组织均认为 PSR 模型仍然是用于环境指标组织和环境现状汇报的有效框架。PSR 模型以因果关系为基础，其中，压力指标主要包括对滨海湿地退化其驱动力作用的间接压力和直接压力，主要表述了人类社会活动和自然时间对湿地生态环境的影响胁迫；状态指标主要包括滨海湿地的外部压力驱动下所表现出的自然生态环境、生态系统结构特征等内容；而响应指标则反映了社会或个人为了减轻、预防和停止不利于人类生存与发展的环境变化而采取的措施。

健康评价过程中往往要考虑指标的权重，确定指标权重比较常用的方法可以概括为主观赋值法和客观赋值法两大类。主观赋值法是一种定性评分方法，即通过综合咨询评分来确定指标的权重，可以较好地反映区域特征和问题，层次分析法和德尔菲法是两种比较常用的主观赋值法。在以珍珠湾、茅尾海、丹兜海为例的湿地生态健康研究中主要依据现行标准规定的权重来确定不同评价指标的综合赋值，实则为主观赋值法的体现。客观赋值法是指根据指标之间的相互关系或指标的变异程度来确定权重，能够避免人为因素所带来的偏差，主成分分析法和因子分析法是两种比较常用的客观赋值法。

4.3.1 全国红树林湿地生态健康综合评价案例分析

4.3.1.1 评价指标与方法

王玉图等(2010)年基于 PSR 模型，结合层次分析法(analytic hierarchy process，AHP)，针对我国红树林生态系统健康评价，建立了红树林健康综合评价体系，对红树林生态系统健康进行综合评价。该研究所需数据的主要来源为气象网站、历史资料、政府工作报告、红树林生态调查以及专家咨询。将原始数据进行归一化处理后参照权重分别计算压力指数(CPI)、状态指数(CSI)、响应指数(CRI)和综合健康指数(CHI)：

$$\mathrm{CPI}(\mathrm{CSI}、\mathrm{CRI}) = 100 \times \sum_{i=1}^{n} W_i \times N_i \quad (4-12)$$

$$\mathrm{CHI} = \mathrm{CPI} + \mathrm{CSI} + \mathrm{CRI} \quad (4-13)$$

式中，n 为评价指标的个数；W_i 为指标 i 的权重；N_i 为对应的第 i 种指标的归一化数值。依据 CHI 值将各红树林湿地健康状况划分为很健康、健康以及亚健康三个健康等级。其中 CHI ≥80 为很健康，80 > CHI≥60 为健康，60 > CHI≥35 为亚健康，CHI < 35 为不健康。按照相

关指标(表4-5)，对全国主要红树林湿地保护区进行生态健康综合评价，涉及广东、广西、福建、海南等多个省区。具体构建的指标体系如下。

表4-5 红树林健康综合评价指标体系

项目层	要素层	指标层
压力	人口状况	人口数量
		人口密度
	经济发展	GDP
		人均 GDP
		GDP 增长速度
		工业总产值
	资源利用	耕地面积
	环境污染程度	环境污染等级
状态	红树林状况	红树林覆盖度
		红树林的种类
		红树林平均高度
		红树林平均胸径
	其他生物状况	底栖动物种类
		鸟类种类
		鱼类种类
	红树林环境状况	年均气温
		年均降水
响应	大众意识	环保意识
		环保宣传
	保护区情况	保护区级别
		保护区人员数量
		保护区面积
		保护区年造林面积
	科研水平	国内外合作
		接待科研考察次数

资料来源：王玉图等，2010。

4.3.1.2 案例评价结果与讨论

结果显示全国红树林平均健康指数为52.7，处于亚健康水平；其中，广西北仑河口国家级自然保护区、山口国家级红树林保护区和茅尾海省级红树林保护区的健康综合指数依次为50.9、49.2、36.2，在评价的红树林保护区中的排名依次为第9、11、13位，按照该方法的阈值划分，三者均处于亚健康水平。相对于广东和海南，广西红树林湿地健康水平整体偏低，但明显优于福建地区（图 4 - 11）。

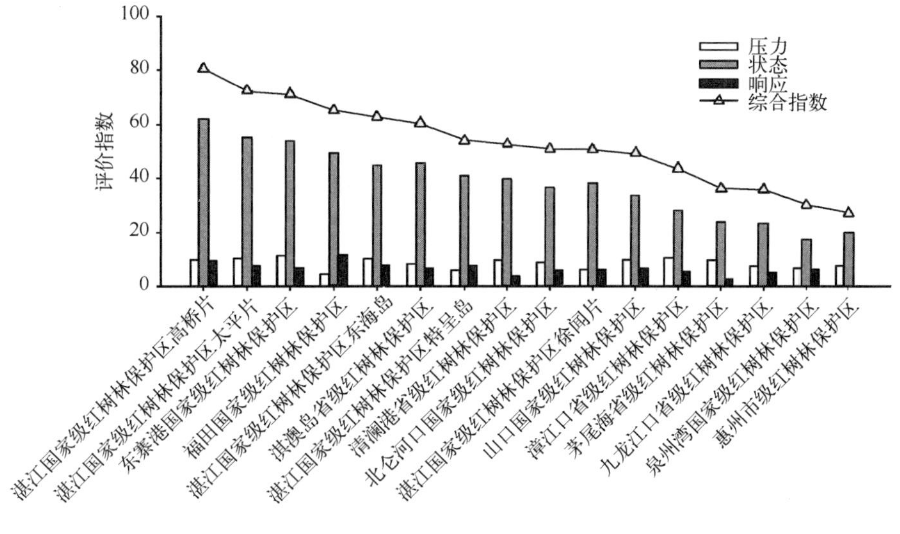

图 4 - 11　全国红树林保护区的生态健康比较（王玉国，2010）

4.3.1.3　方法总结分析

研究将广西湿地与广东、海南等地湿地放在一起比较，可进一步分析其生态系统健康在全国的红树林湿地生态系统健康中的地位。分析总结该研究的方法与结果，其优缺点与不足如下。

（1）压力层中关于资源利用的指标没有考虑到鱼塘养殖面积，仅考虑耕地面积，不够全面；状态层的生物指标全面，但是红树林环境状况要素中未考虑到近海岸水质状况；响应层中的科研水平能够侧面指示该地区发展潜力，该指标意义显著。

（2）对于景观指标考虑较少，没有涉及诸如景观破碎化程度、湿地比例等指标类型。

（3）对我国南部地区的主要红树林分布区的生态健康水平有了整体评价认识，通过比较可以对各地区的红树林相对情况有所了解。

4.3.2　基于 PSR 框架的广西海岸带生态健康评价案例分析

4.3.2.1　评价指标与方法

何东艳（2013）利用“压力—状态—响应”模型，构建北部湾海岸带的生态系统健康评价指标体系，采用主成分分析法确定指标权重，采用模糊隶属度的方法构建评价模型对 2010 年北部湾海岸带生态系统进行健康评价。

基于 SPSS 软件，利用选取的样本数据进行主成分计算，确定总体方差累计贡献率大于 85% 的前 p 个主成分，取前 p 个主成分对总体方差的贡献向量 $\lambda = (\lambda_1, \lambda_2, \cdots, \lambda_p)$，同时从主成分载荷矩阵中得到各指标在前 p 个主成分上的贡献矩阵 Q：

$$Q = (Q_1, Q_2, \cdots, Q_m) = \begin{vmatrix} q_{11} & q_{12} & \cdots & q_{1n} \\ q_{21} & q_{22} & \cdots & q_{2n} \\ \cdots & \cdots & \cdots & \cdots \\ q_{m1} & q_{m2} & \cdots & q_{mm} \end{vmatrix} \tag{4-14}$$

二者相差得到各指标对系统层的贡献率矩阵 F，即 $F = \lambda Q = (f_1, f_2, \cdots, f_m)$，对 F 进行归一化处理，即可得到各指标对总目标的权重。将第 i 项目层内的各个指标权重相加，即可得到该项目层对总目标的权重；对第 i 项目层的各指标权重再进行一次归一化处理，即可得到各指标对相应因素的权重(表 4－6)。

表 4－6　北部湾海岸带生态系统健康评价指标权重

项目层	权重	因素层	权重	指标层	权重
压力	0.35	压力	1.00	人口密度	0.25
				土地利用程度	0.25
				城镇化压力	0.25
				人类干扰	0.25
状态	0.41	活力	0.41	植被覆盖度	0.51
				地表高温区面积比例	0.49
		组织力	0.57	景观多样性指数	0.37
				景观聚集度指数	0.34
				生物丰富度指数	0.3
		弹性	0.02	生态弹性度	1.00
响应	0.24	变化	1.00	污水处理率	0.33
				湿地面积比例	0.37
				海岸线分维数	0.3

资料来源：贾明明，2014。

参照国家、国际标准生态指标标准和有关文献资料，同时结合北部湾海岸带自身的特点及掌握的资料，得出各评价指标的分级标准值及其区间范围(表 4－7)。

表 4－7　生态系统健康评价指标分级标准

指标	编号	等级				
		疾病(0.2)	不健康(0.4)	亚健康(0.6)	健康(0.8)	很健康(1.0)
		生态健康值区间				
		<0.3	0.3～0.5	0.5～0.7	0.7～0.9	>0.9
人口密度	1	>400	300～400	200～300	100～200	<100
土地利用程度	2	<150	150～250	250～300	300～350	>350
城镇化压力	3	>0.75	0.55～0.75	0.3～0.55	0.15～0.3	<0.15
人类干扰	4	>0.8	0.6～0.8	0.4～0.6	0.2～0.4	<0.2
植被覆盖度	5	<25	25～35	35～55	55～75	>75
地表高温区面积比例	6	>10	7～10	5～7	3～5	<3

续表

指标	编号	等级				
		疾病 (0.2)	不健康 (0.4)	亚健康 (0.6)	健康 (0.8)	很健康 (1.0)
		生态健康值区间				
		<0.3	0.3~0.5	0.5~0.7	0.7~0.9	>0.9
景观多样性指数	7	<0.2	0.2~0.4	0.4~0.6	0.2~0.4	>0.8
景观聚集度指数	8	<30	30~50	50~70	70~90	>90
生物丰富度指数	9	<25	25~35	35~55	55~75	>75
生态弹性度	10	<0.2	0.2~0.4	0.4~0.6	0.6~0.8	>0.8
污水处理率	11	<40	40~60	60~80	80~100	100
湿地面积比例	12	<15	15~30	30~55	55~75	>75
海岸线分维数	13	<0.7	0.7~1.25	1.25~1.50	1.50~1.75	>1.75

资料来源：何东艳，2013。

基于隶属函数对北部湾海岸带生态系统健康进行评价的主要公式如下：

$$B = W \times R \tag{4-15}$$

式中，B 为生态系统健康评价结果；W 为评价子项目层要素(压力子项目层、状态子项目层、响应子项目层)对总评价结果的权重值；R 为评价要素对健康评价等级的隶属度矩阵，即模糊关系矩阵。

$$R = \begin{vmatrix} r_{11} & r_{12} & r_{13} & r_{14} & r_{1m} \\ r_{21} & r_{22} & \cdots & \cdots & r_{2m} \\ \vdots & \vdots & \vdots & \vdots & \vdots \\ r_{n1} & \cdots & \cdots & \cdots & r_{nm} \end{vmatrix} = \begin{vmatrix} 0 & 0.74 & 0.26 & 0 & 0 \\ 0 & 0.2 & 0.8 & 0 & 0 \\ 0 & 0 & 0 & 0 & 1 \\ 0 & 0 & 0.35 & 0.65 & 0 \\ 0 & 0 & 0 & 0 & 1 \\ 0 & 0 & 0.25 & 0.75 & 0 \\ 0 & 0 & 0 & 0 & 1 \\ 0 & 0 & 0.34 & 0.66 & 0 \\ 0 & 0.58 & 0.42 & 0 & 0 \\ 0 & 0 & 0 & 0 & 1 \\ 0 & 0.22 & 0.78 & 0 & 1 \\ 0 & 0.36 & 0.64 & 0 & 0 \\ 0 & 0.15 & 0.85 & 0 & 0 \end{vmatrix} \tag{4-16}$$

式中，$n=(1, 2, 3, \cdots, 13)$为指标编号；$m=(1, 2, 3, 4, 5)$表示由低到高的健康等级(何东艳，2010)。

4.3.2.2　评价结果与讨论

该研究的评价结果表明，2010 年广西北部湾海岸带各项目层以及整体的健康度模糊综合评价结果列于表 4-8，其中响应项目层和压力项目层处于亚健康状态，状态项目层和整体状况处于健康状态。污水处理率、湿地面积比例、海岸线分维数三个指标的现实情况还不够理想，存在水资源污染、自然湿地面积缩减、海岸线侵蚀改造等现象。

表 4－8　2010 年广西北部浮海岸带健康度模糊综合评价结果

项目层	疾病	不健康	亚健康	健康	很健康	健康状况分值
压力	0	0.24	0.35	0.16	0.25	0.68
状态	0	0.1	0.19	0.3	0.42	0.81
响应	0	0.27	0.73	0	0	0.55
整体状况	0	0.19	0.38	0.18	0.26	0.708

若以北部湾行政区为评价单元，则空间分布结果：防城港市、钦州市为健康状态，北海市以及合浦县处于亚健康状态(图 4－12)；整体来看，海岸带西部和中部的生态环境状况优于东部地区。

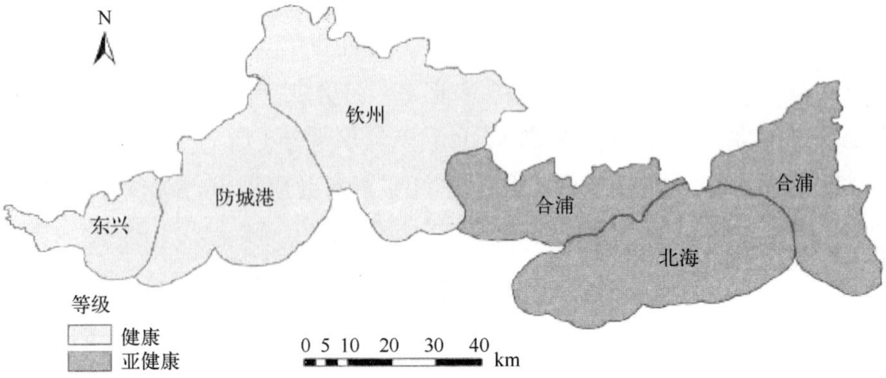

图 4－12　海岸带行政区的生态健康状况分布(何东艳，2013)

4.3.2.3　方法总结分析

分析总结该研究的方法与结果，其优缺点与不足总结如下。

(1)利用主成分分析法来确定指标权重较为客观，有效地避免了人为主观干扰。

(2)景观多样性指数、景观聚集度指数、湿地面积比例、海岸线分维数等均体现了景观特征因素。

(3)水环境质量的相关指标较少，没有全面考虑水环境对海岸带生态健康的重要性。

(4)没有细化研究对象，只是做到宏观上对沿海地区的生态健康的一个总体把握，研究尺度较大，针对性较差。

4.4　评价结果分析总结

基础研究表明，茅尾海的红树林斑块较为零碎，景观破碎化程度较高；相比之下，珍珠湾和丹兜海的景观完整性较好，受破碎化影响较小。就景观连接度而言，珍珠湾具有高重要性值的红树林景观斑块数量最多，其次是丹兜海，最后是茅尾海，且茅尾海的细小斑块远多于前两者。在此基础上，进一步对红树林湿地的生态系统健康进行评价。采用综合指标评价法，根据《近岸海洋生态健康评价指南》(HY/T 087—2005)建立的评价模型评价结果显示：2014 年珍珠湾和丹兜海均处于健康状态，而茅尾海处于亚健康状态；其中茅尾海的水环境和生物现状处于亚健康状态，丹兜海的生物现状处于亚健康状态，是影响其整体健康水平的关键因素。

PSR 模型分析评价结果显示：①在全国主要红树林保护区评价尺度上，珍珠湾所处的北仑河口国家级保护区、丹兜海所处的山口国家级红树林保护区以及茅尾海所处的茅尾海省级红树林保护区均处于亚健康状态；横向对比发现，广西典型红树林区的生态健康水平低于广东与海南，但是明显高于福建地区。②2010 年北部湾海岸带生态系统健康评价结果表明，广西海岸带整体处于健康状态，若以广西行政区为评价尺度，相较于西部地区，北海市海岸带的整体生态健康处于亚健康状态。

通过以上研究结果的整理，三个典型区滨海红树林湿地的健康水平从高到低的排序为：珍珠湾、丹兜海、茅尾海。由于评价方法及其侧重点的不同，其考察的指标情况也略有出入，导致评价结果存在细微差异。总体而言，对广西滨海生态健康情况、对滨海红树林湿地的健康有了一个定量化的整体把握。

4.5　湿地景观生态系统健康评价探讨

人类对土地利用的景观格局影响着滨海湿地水体表面以及其中的生物和生境，将土地利用历史结合到景观指标里有助于对湿地生态系统健康的评价及预测。相比于传统的湿地监测，景观水平的监测指标有优点也有不足(表 4－9)。但将景观指标充分纳入湿地生态系统健康指标体系中能增加湿地生态系统评价的内容，有利于更全面认识人类活动给湿地生态系统健康造成的影响，促进完善湿地生态系统健康指标体系。

表 4－9　湿地生态系统健康评价指标比较

指　标	优　点	不　足
理化指标	可以同时对水体、大气和土壤等系统成分的健康状况直接监测，简单方便	采集、储存、分析困难，可能会因采集者缺乏经验的产生误差；不能反映对生物和人类健康的危害
生物指标	可以长期结合流域环境变化进行实地监测，较好地反映流域环境变化对生物的直接影响	计算无脊椎动物数量劳动强度大，难于采集，不能提供河流退化的任何原因指标
水文指标	资料获取容易，可以从网站上或水文监测机构得到历史径流数据；和鱼类、无脊椎动物的生境有关	水文预警指数在不同生态区域没有被验证；湿地周长不能代表外在的生境；野外工作必须结合适宜的水力方法
物理生境	可以提供长期的地形变化评价；可以在不同尺度上评价	劳动强度依赖于感兴趣的不同空间尺度；有些方法可能与生物无关
景观指标	可以和其他指标关联；提供人类土地利用对系统的直接影响；可以在大尺度上评估；数据获取容易	需要一些地理信息系统和航空图片解译的培训；有限的最小数据精度；需要建立最有用的空间范围指标

资料来源：索安宁等，2008。

随着景观生态学的发展，遥感技术在湿地生态健康研究中的优势逐渐显现，利用遥感手段，通过提取湿地景观格局变化指数，对研究区域进行健康风险的定量评价已经成为湿地研究的热点之一(吴涛，2010)。景观指标的健康评价始于景观动态变化监测研究。该研究着眼于生态系统真实的空间分布及其随时间而变化的空间和时间尺度的变量，推论出导致景观变化的原因并预测景观变化趋势，进而为区域景观的管理和未来规划制定决策而服务。景观指标可以从较大的时空尺度，构建湿地生态系统健康评价指标体系，把景观指标与其他监测方法结合起来，有利于更完整地了解湿地生态系统的健康动态及其变化机理(索安宁等，2008)。同时，充分考虑到景观因素的景观生态健康评价为当地旅游资源开发评价奠定了生态基础。

景观生态学提供了把湿地流域景观格局与各种生态过程连接的理论基础和量化手段。景观指标使得研究者能够从更大的时空尺度上构建湿地生态系统健康评价指标体系，把景观指标与其他监测方法结合，可以更完整地了解湿地生态系统的健康动态及其变化机理。

参考文献

曹宇，欧阳华，肖笃宁. 2005. 额济纳天然绿洲景观健康评价[J]. 应用生态学报，16(6)：1117－1121.

甘华阳，张顺之，梁开，等. 2012. 北部湾北部滨海湿地水体和表层沉积物中营养元素分布与污染评价[J]. 湿地科学，10(3)：285－298.

郭菊兰，朱耀军，武高洁，等. 2013. 红树林湿地健康评价指标体系[J]. 湿地科学与管理，9(1)：18－22.

何东艳. 2013. 北部湾海岸带生态系统健康遥感监测与评价[D]. 广西师范大学，广西.

何祥英，苏搏，许廷波，等. 2012. 广西北仑河口红树林湿地大型底栖动物多样性的初步研究[J]. 湿地科学与管理. 8(2)：45－48.

贾明明. 2014. 1973－2013年中国红树林动态变化遥感监测[D]. 中国科学院大学.

蒋文伟. 2003. 景观生态空间异质性的研究进展[J]. 浙江林学院学报，20(3)：311－314.

李彦. 2012. 山口红树林自然保护区多尺度景观格局分析[D]. 广西大学.

李玉凤，刘红玉，曹晓，等. 2010. 城市湿地公园景观健康空间差异研究——以杭州西溪湿地公园为例[J]. 地理学报，65(11)：1429－1437.

刘佳雪. 2012. 旅游景观健康概念与诊断方法研究[J]. 旅游论坛，5(5)：34－37.

索安宁，赵冬至，张丰收，等. 2008. 景观指标与滨海湿地生态系统健康评价[J]. 海洋环境科学，27(a02)：137－143.

王玉图，王友绍，李楠等. 2010. 基于PSR模型的红树林生态系统健康评价体系—以广东省为例[J]. 生态科学，29(3)：234－241.

吴涛. 2010. 基于遥感技术的河口三角洲湿地景观生态健康评价[D]. 上海师范大学.

叶功富. 2005，泉州湾红树林湿地人工生态恢复的研究[J]. 湿地科学，3(1)：8－12.

张文主，吴彬，等. 2014，广西茅尾海湿地生态系统健康评价[J]. 钦州学院学报，29(8)：6－10.

张晓龙，李培英，李萍，等. 2005. 中国滨海湿地研究现状与展望[J]. 海洋科学进展，23(1)：87－95.

张宜辉，王文卿，吴秋城，等. 2006. 福建漳江口红树林区秋茄幼苗生长动态[J]. 生态学报，26(6)：1648－1656.

郑耀辉. 2009. 滨海红树林湿地生态系统健康评价——以珠江口淇澳岛红树林为例[D]. 中山大学.

朱鹏, 宫鹏. 2014. 全球陆表湿地潜在分布区制图及遥感验证[J]. 中国科学: 地球科学, 44(8): 1610 - 1620.

Belosle, M. 2005. Measuring landscape connectivity: the challenge of behavioral landscape ecology[J]. Ecology, 86(8): 1988 - 1995.

Bodin Ö. , Saura S. 2010. Ranking individual habitat patches as connectivity providers: Integrating network analysis and patch removal experiments[J]. Ecological Modelling, 221(19): 2393 - 2405.

Gunn C. , Laren T R. 1993. Illinois Zones of Tourism Potential[M]. College Station, TX: A. T. Kearney Inc, Illinois Bureau of Tourism.

Rapport D J, Gaudet C, Karr J R, et al. 1998. Evaluating landscape health: Integarting societal goals and biophysical process[J]. Journal of Environment, (53): 1 - 15.

Saura S. , Pascual - Hortal L. 2007. A new habitat availability index to integrate connectivity in landscape conservation planning: Comparison with existing indices and application to a case study[J]. Landscape and Urban Planning, 83(2 - 3): 91 - 103.

Saura S, Estreguil C, Mouton C, et al. 2011. Network analysis to assess landscape connectivity trends: Application to European forests (1990 - 2000)[J]. Ecological Indicators, 11(2): 407 - 416.

第5章　广西旅游开发潜力现状研究

5.1　广西滨海旅游资源基本情况

5.1.1　广西滨海旅游资源的分类

结合国家和地方旅游资源的分类标准将广西滨海旅游资源分为8个主类(景观类)，20个亚类(景观组)，61个基本类(景观型)，主要分类情况见表5-1。

表5-1　广西滨海潜在旅游资源分类表

景观类	景观组	代表性旅游资源
A地文景观	AA综合地文旅游地	怪石滩
	AB山石堆积	涠洲岛滴水丹屏
	AC自然变动遗迹	涠洲岛南湾火山口
	AD岛礁	蝴蝶岛
B水域风光	BA综合水域旅游地	各海湾浅海水域
	BB天然湖泊与池沼	相思湖
	BC波浪与潮汐	斜阳岛逍遥台
C生物景观	CA树木	防护林
	CB野生动物栖息地	北仑河口湿地
	CC人工增养殖地	白龙珍珠养殖
D天气气象	DB天气与气候现象	银滩
E遗址遗迹	EA史前人类活动场所	交东贝丘遗址
	EB社会经济文化活动遗址	天主教堂
F景观建筑	FA观光游憩地	仙岛公园
	FB单体场馆	北海海洋公园
	FC附属建筑	东坡亭
G旅游商品与购物场所	GA地方旅游商品	海鲜食品
	GB购物场所	企沙镇
H人文活动	HA人物记录	苏东坡
	HB艺术	哈节

资料来源：孟宪伟等。

在对广西滨海旅游资源的评价过程之中，不仅要按照国家的评价标准，还要考虑广西滨海旅游资源开发评价的适用性。对于同一个地理区域的旅游资源，比如河口区域、岛屿等小区域，其本身具有独立性与自身的生态演化特征，是一个完整的生态系统（孟宪伟等，2014）。评价过程中，对于同处于一个小的地理区域中，并且在文化与自然生态上具有紧密联系的旅游资源，如河口区、岛屿等，因区内有不同的旅游资源——比如说涠洲岛，岛上不仅有人文类旅游资源还有自然类旅游资源——为了今后开发考虑，需要将其作为一个旅游资源集合体来进行评价，以其具有代表性的旅游资源作为其类型。由此，对广西北海旅游资源的分类重新组合，确定广西滨海旅游资源的几个具有代表性的组合类，见表 5－2（孟宪伟等，2014）。

表 5－2　广西滨海潜在旅游资源类型组合

代表类型	组合类型	资源名称
滨海水体—沙滩类旅游资源	水体沙滩——民族风情组合	东兴江平金滩旅游度假村
	水体沙滩——城市风光组合	北海银滩旅游度假村
	水体沙滩——自然生态组合	三娘湾沙滩
滨海生态类旅游资源	滨海红树林湿地类生态资源	北仑河口红树林
	滨海陆地植物类生态旅游资源	巫头滨海植被
	珍稀野生动物栖息地类生态旅游资源	防城港巫头万鹤山鹭鸟栖息地
	滨海岛屿类生态旅游资源	涠洲岛
人文旅游资源	文物古迹	文昌塔
	史前遗迹	防城交东贝丘遗址
	边疆要塞与地标	白龙炮台
	民族风情	胥家

资料来源：孟宪伟等。

5.1.2　广西滨海旅游资源的分布

5.1.2.1　滨海水体—沙滩类休闲旅游资源及其分布

广西沿岸地区南濒北部湾，海岸线长 1 628 km，沙质海岸线长，可供进行海水浴的沙滩众多。小的可供数百人戏水，大的可建大型的海上休闲旅游场所。滨海水体—沙滩旅游资源大多数地处南亚热带，属季风型海洋性气候，冬无严寒，夏无酷暑，可供入水游泳时间达 9 个月，且滨海环境质量良好，空气中负离子含量多，空气清新，可开发为度假疗养区。广西滨海水体—沙滩类旅游资源包括已开辟成浴场的海滩和已有一定游人但未开辟成浴场的海滩。广西主要的滨海水体—沙滩旅游资源有：银滩、侨港、三娘湾、天堂湾、太平坡、玉石滩、怪石滩、月亮湾、金滩及涠洲岛西部海岸，其中的三娘湾沙滩附近的海域更有大潮景观。从整个广西的滨海旅游资源看，滨海水体—沙滩类旅游资源是其中的精华和主体。这里简要介绍三种沙滩类旅游资源的基本情况（孟宪伟等，2014）。

首先，北海银滩是全国首批 4A 级景点，1992 年经国务院批准，北海银滩成为全国 12 个国家级旅游度假区之一，1994 年被国家旅游局评为“最美休息地”之一，1995 年北海银滩被国家旅游局评为中国35个“王牌景点”之“最美休憩地”。2000年被评为国家4A级旅游区。北海银滩以其“滩长平、沙细白、水温静、浪柔软、无鲨鱼”的特点，被誉为“天下第一滩”(孟宪伟等，2014)。

其次，金滩在我国大陆海岸线的最西南端，北回归线以南，属亚热带季风气候，日照充足，居民以京族为主。金滩长15 km，面积约25 km^2。宽阔坦荡，沙质细柔金黄，浪平坡缓，无污染，海水清澈。绿岛、长滩、碧海、阳光，构成金滩如画风景，是天然的海滨浴场。金滩可同时容纳三四万人进行海浴和沙滩活动。岛上草木繁盛，四季常绿，旅游季节长达8个月之久。少数民族风情浓郁，唱哈、跳竹竿舞、弹独弦琴、拉大网、放虾灯等独具特色的民族风情(孟宪伟等，2014)。

最后，钦州市三娘湾旅游景区是广西十佳景区之一，“海上大熊猫”——中华白海豚的故乡，也是电影《海霞》的外景拍摄地。三娘湾旅游景区位于风景如画的北部海畔，旅游资源要素齐全。海豚、海水、大潮、蓝天、白云、沙滩、树林、阳光、渔村、礁石，应有尽有，样样俱全。三娘湾海域水质良好，无任何污染，是一个天然浴场。这里海水营养丰富，产有大量的饵料，为海豚生长、繁衍提供了优良的条件。这里的海豚有上千头之多，为全国罕见(孟宪伟等，2014)。

5.1.2.2 滨海生态旅游资源类型及其分布

1)滨海植物类生态旅游资源

在广西沿岸还有一些具有当地特色的生态林可作为生态旅游资源，如冠头岭国家森林公园、防城企沙山村滨海植物、防城光坡南亚松林、榕树头榕树林等滨海森林旅游资源(孟宪伟等，2014)。

2)珍稀野生动物栖息类生态旅游资源

广西沿海地区海洋生物资源丰富，对旅游最具吸引力的有野生动物园栖息地防城港巫头万鹤山和企沙盐田港火山岛鹭鸟栖息地等(孟宪伟等，2014)。

3)红树林生态旅游资源

红树林在广西沿岸广有分布从两广交界的山口红树林到中越交界的北仑河口，其中比较著名的有山口红树林、北海大冠沙城市红树林、廉州湾湿地红树林、茅尾海湿地红树林、巫头湿地红树林、北仑河口海洋自然保护区红树林等。红树林湿地生态系统具有极高的生态效益、经济效益、社会效益，是广西沿海地区重点保护和开发的生态旅游资源(孟宪伟等，2014)。

4)滨海岛屿类生态旅游资源

岛屿也是广西沿岸重要的旅游资源，形成了独特的海岛生态系统，是综合了各种自然资源的不同类型旅游资源的单体集合体。广西沿岸地区大大小小分布有近700座岛屿，其中一些岛屿蕴含了丰富的生态旅游资源，对游客具有很大的吸引力。如涠洲岛、斜阳岛、龙门群岛、麻蓝岛、六敦道、蝴蝶岛等滨海岛屿生态旅游资源(孟宪伟等，2014)。

5.1.2.3 滨海人文旅游资源及其分布

广西滨海地区，是我国西南出海通道，这里历史悠久，有众多的史前遗迹和文物古迹，同时各居住民族形成了独具风韵的民族风情。

1）史前遗迹

“贝丘”是考古界的一个专用术语。因史前人类生产力不发达，尚未进入农耕社会，靠山吃山，靠水吃水，在聚居地常常丢弃有食用性的贝壳，久而久之堆积成堆，千万年后，这些古遗迹被人类发现，便将之称为“贝丘”。贝丘遗址看似古人的垃圾场，实则蕴含着丰富的古人类生活信息，具有重大考古研究价值。广西滨海贝丘遗址主要有：防城交东贝丘遗址和防城亚普山、马兰嘴山、杯较山等贝丘遗址，这些遗址主要是滨海型贝丘遗址（孟宪伟等，2014）。

2）民族风情

广西特色滨海也是少数民族风情浓郁的地区，有以海上为生的疍家、具有地方特色的客家和我国唯一的海洋民族京族等（李兆华，2008a）。京族在广西主要集中居住在东兴市，这里有独具京族特色的建筑哈厅、京族人民的传统歌节——哈节，京族人民热情好客，能够吸引游人到此游玩、休闲（孟宪伟等，2014）。

3）滨海港口工业旅游与城市风光

现代城市旅游是旅游热点之一。北海、钦州、防城港都是中国起步较晚，但发展较快的滨海城市。这些城市主要体现在现代化的工业景观如大规模的工业园区，临海工业、港口码头，在建的钢铁厂、核能发电厂等，可以作为城市旅游资源进行开发（孟宪伟等，2014）。

4）文物古迹

广西位于西南边陲，古代称为“百越之地”，其西南地区主要为骆越人，少数民族主要以壮侗族为主。本区很早就与中原有不可分割的关系，在交流、发展中走向统一，构成多元一体的中华民族的重要组成部分，在交流和融合中形成了多元文化。广西沿海地区分布有众多的人物古迹，是很有吸引力的旅游资源（孟宪伟等，2014）。

5.2　广西滨海旅游资源优劣势分析

5.2.1　广西滨海湿地旅游资源与其他典型区的对比

根据国内外滨海湿地的分布情况以及中国滨海湿地的保护现状及其成效（健康情况），选出8个滨海湿地典型区，分别比较各典型区的自然资源，并针对性地比较了我国主要滨海湿地的红树林、海草和水鸟栖息地的现状（于洪贤等，2011）。在此基础上以广西滨海湿地、鸭绿江滨海湿地和汕头滨海湿地为对象，分析3个典型区的旅游资源差异，探讨广西滨海湿地旅游业的发展现状和发展潜力（关道明，2012）。

5.2.1.1　广西滨海湿地在世界的重要性分析

滨海湿地作为海陆两大系统生态交错带的一种重要的湿地类型，具有强大的生态服务功能，不仅能为人们提供丰富的土地、盐业、生物、旅游等资源，同时具有控制侵蚀、调节气候、容纳营养盐、净化污染物等重要的环境调节功能。按《特别是作为水禽栖息地的国际重要湿地公约》的定义，滨海湿地的下限为海平面以下 6m 处(习惯上常把下限定在大型海藻的生长区外缘)，上限为大潮线之上与内河流域相连的淡水或半咸水湖沼以及海水上溯未能抵达的入海河的河段(于洪贤等，2011)。地形和景观上包括河口、浅海、海滩、盐滩、潮滩、潮沟、泥炭沼泽、沙坝、沙洲、潟湖、红树林、珊瑚礁、海草床、海湾、海堤、海岛等(陆健健等，2006)。

全球范围内，滨海湿地主要分布在北美洲、欧洲和亚洲北部以及亚洲南部，其中加拿大、俄罗斯和印度尼西亚拥有大面积的滨海湿地，中国、美国以及欧洲各滨海国家也有较为广阔的滨海湿地。总体上，除了格陵兰岛、摩洛哥、阿尔及利亚等国家的部分区域，大部分滨海区域均形成了滨海湿地(图 5－1)。

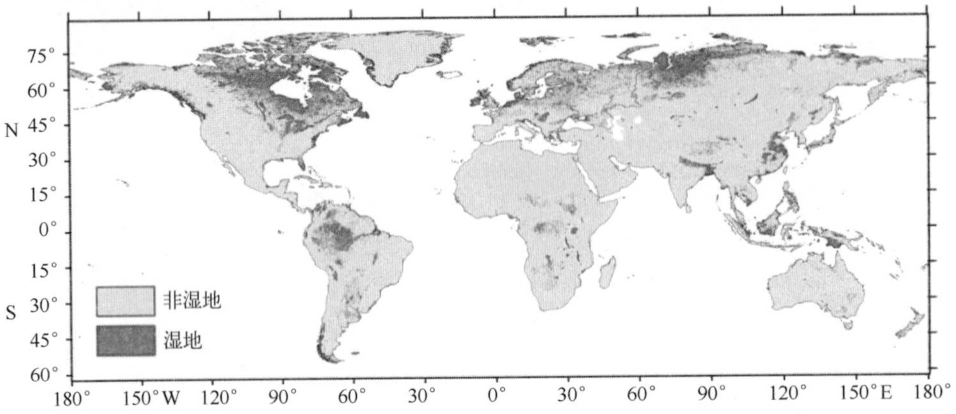

图 5－1　全球陆表湿地潜在分布范围(朱鹏等，2014)

中国大陆岸线长达 18 000 km，全国 50% 以上的大城市、60% 的国内生产总值分布在滨海地区。我国滨海湿地有河口、三角洲、滩涂、红树林、珊瑚礁等多种典型的生态系统类型，孕育了非常丰富的生物多样性。滨海湿地面积近60 000 km^2，从鸭绿江口到海南岛有 32 个国家级滨海湿地保护区(面积达 22 780 km^2)、15 处国际重要湿地(截至 2014 年底)。滨海湿地不仅是东亚－澳大利西亚迁徙鸟类的重要通道，也是多种重要经济鱼类、贝类、甲壳类、迁徙水鸟等的重要栖息地，更是滨海地区经济社会发展的重要生态屏障。我国滨海湿地主要分布于滨海的 11 个省区和港澳台地区(表 5－3)，海域沿岸约有 1 500 多条大中河流入海。总体上，滨海湿地以杭州湾为界，分成杭州湾以北和杭州湾以南的两个部分(张晓龙等，2005；于洪贤等，2011)。

表 5－3　中国滨海湿地主要分布地区

地区	主要湿地
辽宁省	辽河三角洲、大连湾、鸭绿江口、辽东湾
河北省	北戴河、滦河口、南大港、昌黎黄金海岸
天津市	天津滨海湿地
山东省	黄河三角洲及莱州湾、胶州湾、庙岛群岛
江苏省	盐城滩涂、海州湾

续表

地区	主要湿地
上海市	崇明东滩、江南滩涂、奉贤滩涂
浙江省	杭州湾、乐清湾、象山湾、三门湾、南麂列岛
福建省	福清湾、九龙江口、泉州湾、晋江口、三都湾、东山湾
广东省	珠江口、湛江港、广海湾、深圳湾、韩江口
广西	铁山港、钦州湾、北仑河口湿地
海南省	东寨港、清澜港、洋浦港、三亚、大洲岛、西沙群岛、中沙群岛、南沙群岛
港澳台	香港米埔和后海湾、台湾淡水河、兰阳溪、大肚溪河口、台南、台东湿地

资料来源：张晓龙等，2005。

杭州湾以北的滨海湿地除山东半岛、辽东半岛的部分地区的基岩质海滩外，多为沙质和淤泥质型海滩，由江苏滨海湿地和环渤海滨海组成。辽河三角洲和黄河三角洲是环渤海的重要滨海湿地区域，其中辽河三角洲有集中分布的世界第二大苇田，面积约 70 000 ha，环渤海滨海湿地总面积约 6 000 000 ha。江苏滨海湿地主要由长江三角洲和黄河三角洲的一部分构成，仅海滩面积就达550 000 ha，主要有盐城地区湿地、南通地区湿地和连云港地区湿地（于洪贤等，2011）。

杭州湾以南的滨海湿地以基岩海滩为主，其主要河口及海湾有钱塘江口－杭州湾、晋江口－泉州湾、珠江口河口湾和北部湾等；在海湾、河口的淤泥质海滩上分布有红树林，如海南至福建北部滨海滩涂及台湾岛西海岸地区。热带珊瑚礁主要分布在西沙和南沙群岛及台湾、海南滨海，其北缘可达北回归线附近。（于洪贤等，2011）

广西滨海湿地主要分布在铁山港湾、钦州湾和北仑河口湿地（范航清等，2015）。

5.2.1.2 广西滨海红树林的区位分析与生物多样性对比

根据联合国开发计划署（UNDP）《世界红树林分布》（UNDP，2000）中表明，当前全球热带、亚热带的 123 个国家和地区的红树林总面积为 152 360 km^2。即红树林总面积约占全球热带森林面积的 1%，在全球森林面积中的比例也仅占了约 0.4%。65% 的红树林分布在全球的 12 个国家中，其中印度尼西亚的红树林总面积占全球红树林总面积的 20% 以上（图 5－2）。

东南亚的越南、柬埔寨、泰国、马来西亚、新加坡、印度尼西亚、文莱、菲律宾均有大量红树林分布（图 5－3）。据《全国红树林资源报告》（国家林业局森林资源管理司，2002），2001 年，我国红树林总面积达 22 872.9 ha，约占世界红树林总面积的 0.1%。2013 年的数据显示，海南、广西、广东、福建、浙江等大陆主要红树林分布区红树林总面积达到 32 511 ha，其中广东红树林面积占全国红树林总面积的 50%；广西为 26%；浙江最小，为 1%（贾明明，2014）。

从整个南海区域角度分析，广西是连接我国与东南亚红树林生态系统的中心纽带，具有重要的连接过渡价值；其次广西沿海广阔的平原景观与东南亚沿海的多山地势不同，形成了独特的平原红树林景观；再次，互花米草在我国沿海区域泛滥，广东省已然受到波及，

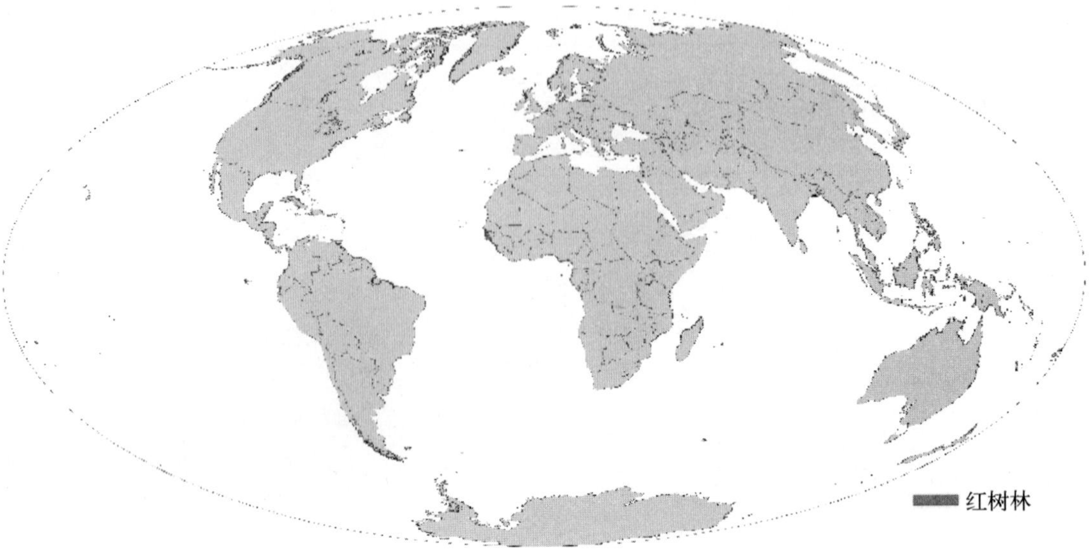

图 5－2　世界红树林分布(UNDP，2000)

图 5－3　东南亚红树林分布(UNDP，2000)

山口红树林当前尚未受到其干扰，作为边境省份，维持广西红树林不受互花米草干扰尤为重要，这同时也降低了引发国际争端的风险；最后，在"一带一路"思想影响下，广西红树林既为国内重要的红树林景观旅游区域，也是连接出境旅游、贸易的重要桥梁，其地位尤为重要。

全球范围内，以太平洋区域的的红树林种类最多，平均在 15 种以上；大西洋区域的红树林种类较少，平均约为 5 种(图 5－4)。根据现有文献统计，东南亚地区红树林种类以马来西亚最多，菲律宾和印度尼西亚其次，越南、泰国、中国等国家的红树林种类数则相差不大(图 5－5)。

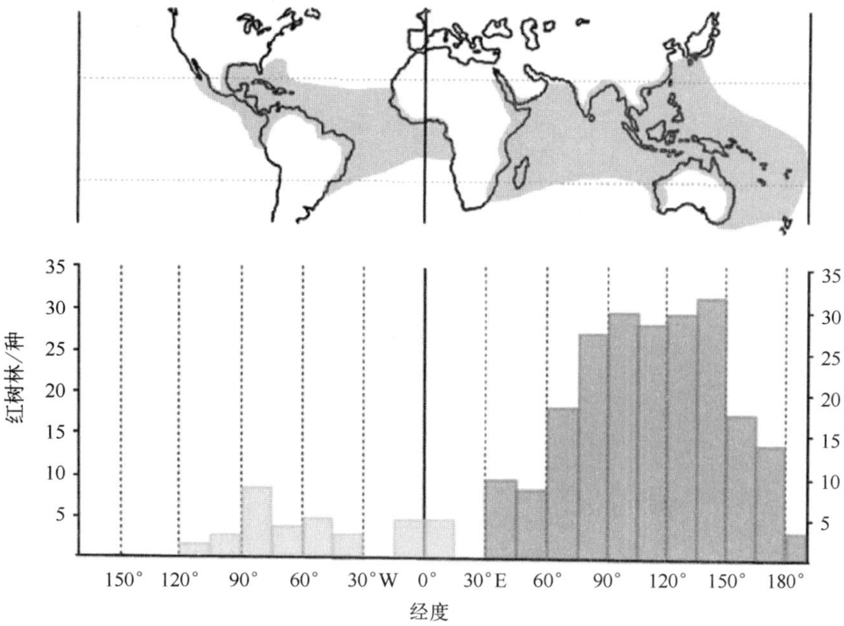

图 5－4　全球红树林及其多样性分布(于洪贤等，2011)

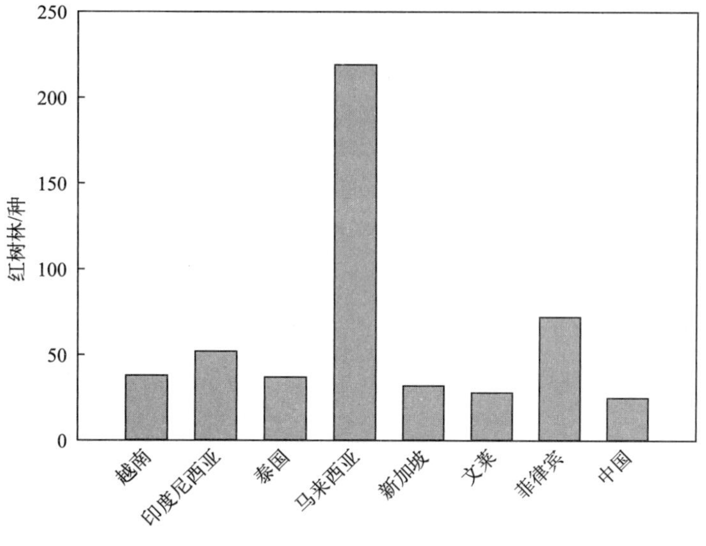

图 5－5　东南亚和中国红树林种类对比(于洪贤等，2011)

5.2.1.3　广西滨海湿地保护现状及其生态系统健康对比分析

我国目前形成了以自然保护区为主，湿地公园和自然保护小区并存，其他保护形式互为补充的湿地保护体系，滨海湿地保护逐渐受到重视。建立保护区是保护湿地最积极、最直接、最有效的措施，多年来我国政府相关部门大力推进湿地保护区建设，积极将一批重要滨海湿地以建立保护区的方式纳入保护管理范畴(表 5－4)(陈和平，2010；关道明，2012)。当前政府应加强滨海湿地保护区的工作力度，让更多的滨海湿地尽快纳入保护管理范畴。与此同时，积极组织重要湿地申请加入国际重要湿地名录，对于已加入国际重要湿地名录的湿地加强管理建设，完善保护和管理设施，从而有效地保护中国的湿地生物多样性。广西有 3 个滨海

表 5-4　中国滨海湿地自然保护区概况

保护区名称	始建时间	行政区域	类型	面积/ha	主要保护对象
大连斑海豹	1992 年 9 月 20 日	辽宁省大连市旅顺口区	野生动物	672 275	斑海豹及其生境
盐城湿地珍禽	1983 年 2 月 25 日	江苏省盐城市	野生动物	284 179	丹顶鹤等珍禽及滨海滩涂湿地生态系统
黄河三角洲	1990 年 12 月 27 日	山东省东营市	海洋海岸	153 000	河口湿地生态系统及珍禽
丹东鸭绿江口湿地	1987 年 7 月 1 日	辽宁省丹东市	海洋海岸	101 000	滨海滩涂湿地及水禽候鸟
双台河口	1985 年 9 月 9 日	辽宁省盘锦市兴隆台区	野生动物	80 000	珍稀水禽及滨海湿地生态系统
象山韭山列岛	2003 年 4 月 18 日	浙江省象山县	海洋海岸	48 478	大黄鱼、鸟类等动物及岛礁生态系统
雷州珍稀海洋生物	1983 年 1 月 1 日	广东省雷州市	野生动物	46 865	白蝶贝等珍稀海洋生物及其生境
珠江口中华白海豚	1991 年 1 月 1 日	广东省珠海市	野生动物	46 000	中华白海豚及其生境
滨州贝壳堤岛与湿地	1999 年 1 月 1 日	山东省无棣县	海洋海岸	43 542	贝壳堤岛、湿地、珍稀鸟类、海洋生物
九段沙湿地	2000 年 3 月 6 日	上海市浦东新区	内陆湿地	42 020	河口沙洲地貌和鸟类等
合浦营盘港－英罗港儒艮	1986 年 4 月 27 日	广西区合浦县	野生动物	35 000	儒艮及海洋生态系统
厦门珍稀海洋物种	1991 年 1 月 1 日	福建省厦门市	野生动物	33 088	中华白海豚、白鹭、文昌鱼等珍稀动物
昌黎黄金海岸	1990 年 9 月 30 日	河北省昌黎县	海洋海岸	30 000	海滩及近海生态系统
崇明东滩鸟类	1998 年 11 月 16 日	上海市崇明县	野生动物	24 155	候鸟及湿地生态系统
南麂列岛	1989 年 1 月 10 日	浙江省平阳县	海洋海岸	19 600	海洋贝藻类及其生境
湛江红树林	1990 年 1 月 8 日	广东省湛江市	海洋海岸	19 300	红树林生态系统
徐闻珊瑚礁	1999 年 8 月 1 日	广东省徐闻县	海洋海岸	14 379	珊瑚礁生态系统
蛇岛老铁山	1980 年 8 月 6 日	辽宁省大连市旅顺口区	野生动物	9 072	蝮蛇、候鸟及蛇岛特殊生态学
三亚珊瑚礁	1990 年 9 月 30 日	海南省三亚市	海洋海岸	8 500	珊瑚礁及其生态系统
山口红树林	1990 年 9 月 30 日	广西合浦县	海洋海岸	8 000	红树林生态系统
大洲岛	1987 年 8 月 1 日	海南省万宁市	野生动物	7 000	金丝燕及其生境、海洋生态系统
铜鼓岭	1983 年 1 月 1 日	海南省文昌市	海洋海岸	4 400	珊瑚礁、热带季雨矮林及野生动物
东寨港	1980 年 1 月 3 日	海南省海口市美兰区	海洋海岸	3 337	红树林生态系统
深沪湾海底古森林遗迹	1991 年 10 月 9 日	福建省晋江市	古生物遗迹	3 100	海底古森林遗迹和牡蛎海滩岩及地质地貌
北仑河口	1990 年 3 月 4 日	广西区防城港市防城区、东兴市	海洋海岸	3 000	红树林生态系统
漳江口红树林	1992 年 7 月 1 日	福建省云霄县	海洋海岸	2 360	红树林生态系统
成山头海滨地貌	1989 年 4 月 1 日	辽宁省大连市金州区	地质遗迹	1 350	地质遗迹及海滨喀斯特地貌
内伶仃岛－福田	1984 年 4 月 9 日	广东省深圳市宝安区、福田区	海洋海岸	815	猕猴、鸟类、红树林湿地生态系统
惠东港口海龟	1992 年 10 月 27 日	广东省惠东县	野生动物	800	海龟及其产卵繁殖地

资料来源：关道明，2012。

湿地自然保护区，北仑河口保护区和山口红树林的主要保护对象为红树林生态系统，合浦营盘港－干英罗港儒艮自然保护区的主要保护对象是儒艮和海洋生态系统。

根据《2014 年中国海洋环境质量公报》(国家海洋局，2015)对滨海典型海洋生态系统健康状况的评价，在实施监测的河口、海湾、滩涂湿地、珊瑚礁、红树林和海草床等海洋生态系统中，处于健康、亚健康和不健康状态的海洋生态系统分别占 19%、71% 和 10%；除了海南国际旅游岛和广西北部湾经济区为健康状况，其他经济发展规划区多为亚健康和不健康状态。广西滨海湿地所属的经济发展规划区为广西北部湾经济区，经济区内珊瑚礁和海草床生态系统比海南东海岸的国际旅游岛略差，为亚健康状态；而位于北仑河口和北海的红树林生态系统则均为健康状态。总的来说，广西北部湾经济区生态系统健康状态较佳(表 5－5)。

表 5－5　2014 年滨海生态系统基本情况

生态系统类型	生态监控区名称	所属经济发展规划区	生态监控区面积(km^2)	健康状况
河口	长江口	长江三角洲经济区	13 668	亚健康
	珠江口	珠江三角洲经济区	3 980	亚健康
	双台子河口	辽宁滨海经济带	3 000	亚健康
	黄河口	黄河三角洲高效生态经济区	2 600	亚健康
	滦河口－北戴河	北戴河新区	900	亚健康
海湾	苏北浅滩	江苏滨海经济区	15 400	亚健康
	闽东沿岸	海峡西岸经济区	5 063	亚健康
	杭州湾	长江三角洲经济区；浙江海洋经济发展示范区	5 000	不健康
	莱州湾	黄河三角洲高效生态经济区	3 770	亚健康
	渤海湾	天津滨海新区	3 000	亚健康
	大亚湾	珠江三角洲经济区	1 200	亚健康
	锦州湾	辽宁滨海经济带	650	不健康
滩涂湿地	乐清湾	浙江海洋经济发展示范区	464	亚健康
珊瑚礁	海南东海岸	海南国际旅游岛	3 750	健康
	雷州半岛西南沿岸	广东海洋经济综合实验区	1 150	亚健康
	西沙珊瑚礁	海南国际旅游岛	400	亚健康
	广西北海	广西北部湾经济区	120	亚健康
红树林	北仑河口	广西北部湾经济区	150	健康
	广西北海	广西北部湾经济区	120	健康
海草床	海南东海岸	海南国际旅游岛	3750	健康
	广西北海	广西北部湾经济区	120	亚健康

资料来源：国家海洋局，2015。

5.2.1.4 广西滨海湿地自然资源与其他典型区对比

从中国海域内选取了8个滨海湿地典型区，分别对其资源进行了比较。8个典型区分别是鸭绿江口滨海湿地、双台子河口滨海湿地、黄河口滨海湿地、盐城滨海湿地、长江口滨海湿地、汕头滨海湿地、珠江口滨海湿地和广西北部湾滨海湿地。

沿纬度升高，8个典型区的气候从热带季风气候、亚热带季风气候、大陆性季风气候至温带季风气候。北部滨海湿地类型多为滩涂、芦苇滩、碱蓬滩等，而南部滨海湿地多为河口水域，多有红树林滩(关道明，2012)。整体上，8个典型区中以广西北部湾自然湿地面积最大，种类较多，但同时人工湿地的面积也最大。动植物方面，广西滨海区域地区也占有优势，作为我国南海著名的渔场，北部湾已知鱼类有500多种。水质方面，广西滨海水质优良，明显优于双台子河口、盐城滨海等湿地。旅游开发方面，广西滨海也具有较大的优势，儒艮、红树林、海草床等珍稀自然资源丰富，还有涠洲岛、龙门群岛等岛屿风光(关道明，2012)。

8个滨海湿地典型区资源对比情况见表5－6。

我国红树林主要分布省区红树林面积变化如图5－6所示。

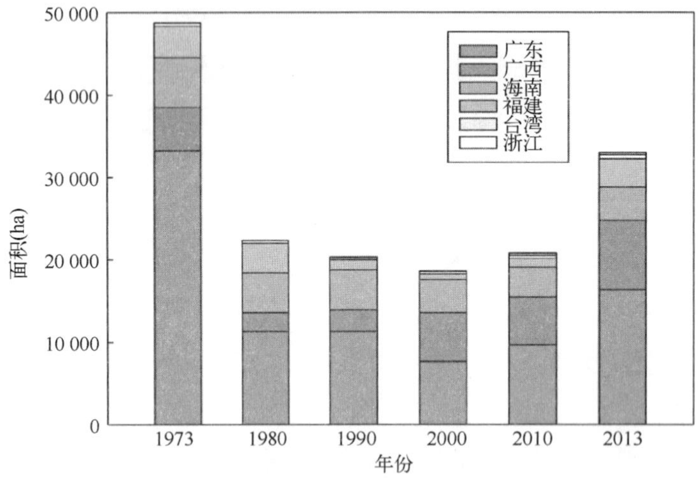

图5－6 红树林主要分布省区红树林面积变化(贾明明，2014)

海草是海洋开花植物，广泛分布于温带和热带海岸，在海岸带生态系统中发挥着关键的生态作用，可形成大面积的海草床，支持较高的生物多样性，是地球生物圈中生产力最大、生态服务价值最高的生态系统之一。依照中国的海草分布特点，可划分为中国黄渤海海草分布区和中国南海海草分布区两大分布区。南海海草分布区(南方)包括海南、广西、广东、香港、台湾和福建滨海；黄渤海海草分布区(北方)包括山东、河北、天津和辽宁滨海(郑凤英等，2013)。广西滨海区域的海草主要分布于“合浦儒艮国家级自然保护区”和“北仑河口国家级自然保护区”内，总面积为708.5 ha，略低于海南、台湾和广东，主要海草种类为喜盐草、矮大叶藻、贝克喜盐草和二药藻(表5－7)(关道明，2012)。

表 5 – 6 8 个滨海湿地典型区资源对比

名称	鸭绿江口滨海湿地	双台子河口滨海湿地	黄河口滨海湿地	盐城滨海湿地	长江口滨海湿地	汕头滨海湿地	珠江口滨海湿地	广西北部湾滨海湿地
地质地貌	湿地平原、滩涂河口沙洲、水下三角洲	冲击平原、苇塘、潮间带滩涂		粉砂淤泥质海岸、海积平原、辐射沙洲	细粉砂和轻亚砂为主	剥蚀、侵蚀地貌，三角洲平原，海蚀地貌等	海蚀阶地、海蚀洞、海积阶地、海积平原等	侵蚀剥台地、古洪积冲积平原、水下三角洲等
气候	暖温带湿润季风气候	北温带半湿润季风性气候	温带半湿润大陆性季风气候	大陆性季风气候	亚热带季风气候区	南亚热带季风气候	南亚热带季风气候	南亚热带海洋性季风气候
滩涂/ha	3 291	18 827	104 505	231 912	55 511	-	2 914	—
芦苇滩/ha	4 221	10 792	15 792	14 113	10 589	—	—	—
碱蓬滩/ha	290	820	14 231	12 628	1 105	—	—	—
浅海水域/ha	5 632	95 985	172 922	—	450 053	16 011	—	—
互花米草滩/ha	—	—	676	12 607	3 659	—	—	—
海三棱藨草滩/ha	—	—	—	—	1 623	—	—	—
河口水域/ha	—	—	—	—	—	11 599	8 494	34 597
红树林滩/ha	—	—	—	—	—	1 269	919	9 197
珊瑚礁/ha	—	—	—	—	—	—	—	3 126
海草床/ha	—	—	—	—	—	—	—	958
养殖池塘/ha	13 292	14 489	65 206	66 065	13 239	12 975	26 092	34 090
水库/ha	121	1 618	3 203	—	—	—	—	3 465
盐田/ha	—	—	5 800	32 261	—	595	—	2 741
浮游植物/种	34	39	86	91	75	湿地植物 269 种	336	63
浮游动物/种	41	31	24	48	65	—	133	68
底栖生物/种	74	18	82	325	70	78	245	135

续表

名称		鸭绿江口滨海湿地	双台子河口滨海湿地	黄河口滨海湿地	盐城滨海湿地	长江口滨海湿地	汕头滨海湿地	珠江口滨海湿地	广西北部湾滨海湿地
	鱼类/种	88	—	114	284	17	133	208	>500
	鸟类/种	242	236	265	394	284	159	86	343
	总体状态	优良	较差	较差	不佳	较差	—	较差	良好
环境质量	水质	Ⅰ类水质	Ⅳ类或超Ⅳ类水质	小清河和广利河均为超Ⅴ类	部分河流为Ⅳ类	只有砷达到Ⅰ类标准	—	—	—
	旅游开发方向	海洋、海岛、海角、海鲜、海战、湿地、古人类文化等	翅碱蓬植物、生物多样性、芦苇荡、三角洲湿地	地域特色景观、石油文化、农业旅游区、湿地光、生态旅游	盐城国家级珍禽保护区、大丰麋鹿国际级自然保护区	滨海湿地、崇明东滩鸟类自然保护区	名胜古迹、海水浴场等	红树林、田园生态旅游、白海豚、黄唇鱼	银滩、金滩、火山岩、涠洲岛、斜阳岛、红树林、龙门群岛等

资料来源：周晓丽，2009；关道明，2012；彭逸生等，2011。

表5-7 中国具有重要意义的海草分布点

海草分布点		重要性/意义/特点	面积(ha)	海草种类	保护现状
黄渤海海草分布区	辽宁省大连市獐子岛、海洋岛	该分布区生长的黑纤维虾海藻被IUCN列为濒危(EN)种，是我国所有海草中濒危程度最高的种类。獐子岛、海洋岛也是我国著名的海参、扇贝养殖基地	100	大叶藻(*Zostera marina*)、丛生大叶藻(*Zostera caespitosa*)、黑纤维虾海藻(*Phyllospadix japonicus*)	—
	山东省荣成市天鹅湖(月湖)	我国北方面积最大的海草场，也是我国北方最主要的海草研究基地，同时也是我国分布最北的海草场。天鹅湖内藻类生物非常丰富，盛产海参、贝类及鱼虾，是亚洲最大的天鹅冬季栖息地	191	大叶藻、矮大叶藻(*Zostera japonica*)	该海草分布区位于"荣成大天鹅国家级自然保护区"内
	山东省荣成市俚岛湾	种类丰富(5种)，生长的黑纤维虾海藻被IUCN列为濒危(EN)种，是我国所有海草中濒危程度最高的种类。俚岛镇还是全国闻名的海带养殖大镇	30	大叶藻、丛生大叶藻、黑纤维虾海藻、红纤维虾海藻(*Phyllospad ixiwatensis*)	—
	山东省荣成市桑沟湾	海草种类丰富，是我国北方重要的海草研究基地	60	大叶藻、丛生大叶藻、矮大叶藻、红纤维虾海藻	位于"桑沟湾国家城市湿地公园"内
南海海草分布区	广东省潮州市柘林湾	我国分布最北的喜盐草群落，对研究喜盐草对全球气候变化的响应有意义。同时也是粤东地区面积最大的海草分布点	40	喜盐草(*Halophila ovalis*)	—
	台湾省高雄市东沙岛	台湾省最主要、最重要的海草分布点，也是我国南海地区保护最好的海草分布点之一。海草种类丰富(7种)，分布面积较大	1 185	泰来藻(*Thalassia hemprichii*)、喜盐草、丝粉藻(*Cymodocea rotundata*)、齿叶丝粉藻(*Cymodocea serrulata*)、针叶藻(*Syringodium isoetifolium*)、二药藻(*Halodule uninervis*)、全楔草(*Thalassodendron ciliatum*)	东沙岛目前由台湾海巡署官兵驻扎，并被台湾当局列入"东沙环礁国家公园"管辖范围内。由于东沙岛距离台湾本岛距离较远，且无常住平民，仅驻守有海巡署的官兵，几乎不受任何人为的直接干扰
	香港特区元朗区下白泥	香港最重要的海草研究基地、香港面积最大的海草分布点、香港最主要的鲎产卵场之一	4	贝克喜盐草(*Halophila beccarii*)	—
	广东省湛江市流沙湾	大陆地区连片面积最大的海草床。同时流沙湾还是中国最大的南珠产地和加工地，具有十分丰富的渔类资源	900	喜盐草、二药藻、贝克喜盐草	已于2007年成立"雷州海草县级自然保护区"
	广西北海市铁山港沙背、北暮、川江等	海草植物是珍稀濒危海洋哺乳动物儒艮(*Dugong dugon*)的重要食物，铁山港海域海草分布面积较大，支撑着我国唯一的儒艮保护区(国家级)	605.6	喜盐草、矮大叶藻、贝克喜盐草	大部分的海草位于"广西合浦儒艮国家级自然保护区"辖区内
	广西北海市竹林	为北海市海草科学监测站(2008年世界海草协会与广西红树林研究中心共同建立，并入全球海草监测网SeagrassNet)的依托基地，自2008年至今，已有多年连续季度监测的数据	5	喜盐草、二药藻、矮大叶藻	—

续表

海草分布点		重要性/意义/特点	面积(ha)	海草种类	保护现状
南海海草分布区	广西防城港市珍珠湾	珍珠湾海草分布区是我国面积最大的矮大叶藻草场，也是我国分布最西端的海草场，毗邻中越边境。珍珠湾还是我国中国鲎和圆尾鲎最重要的产卵场之一。此外，珍珠湾还是IUCN海草渐危种(VL)贝克喜盐草的重要分布区	102.4	矮大叶藻、贝克喜盐草	位于“广西北仑河口国家级自然保护区”范围内
	海南省文昌市高隆湾、港东村、长圮港、宝峙村、冯家湾、椰林湾一带	文昌市沿岸是我国面积最大的海草生长分布区，种类也比较丰富(7种)。按地级市来看，文昌市也是我国海草分布面积最大的地级市，其海草分布面积约为我国目前已查明海草总面积的1/3	3260	泰来藻、二药藻、海菖蒲(*Enhalus acoroides*)、喜盐草、丝粉藻、针叶藻、齿叶丝粉藻、小喜盐草(*Halophila minor*)	绝大部分海草生长在未受任何保护的区域，仅小部分海草位于“文昌市麒麟菜省级自然保护区”，但目前该保护区尚未将海草列为保护对象
	海南省琼海市青葛、龙湾、潭门一带	分布面积大、种类丰富	1596	泰来藻、海菖蒲、丝粉藻、喜盐草、二药藻、针叶藻	大部分海草生长在未受任何保护的区域，仅小部分海草位于“琼海市麒麟菜省级自然保护区”内
	海南省陵水县黎安港、新村港	海草种类丰富，面积较大，交通便利，已成立了相应的海草特别保护区，有相对较好的研究基础	574	海菖蒲、泰来藻、丝粉藻、喜盐草、二药藻、小喜盐	于2008年成立“海南陵水新村港与黎安港海草特别保护区”
	海南省三亚市后海湾、铁炉港	海南岛分布最南端的海草场，毗邻红树林生态系统，典型的热带海草场	164	泰来藻、丝粉藻、海菖蒲、喜盐草	其中铁炉港部分分布区位于“三亚铁炉港红树林自然保护区”内

资料来源：关道明，2012；郑凤英等，2013。

滨海湿地不仅是迁徙水鸟的重要补给地，也是多种水鸟的越冬地和繁殖地。据统计，在中国5 800 000 ha的滨海湿地内，共有8目30科246种水鸟栖息。该数目超过全国水鸟种类总数的80%和全球水鸟种类总数的25%。我国滨海湿地迁徙水鸟的特点是种类多、分布广、生态习性多样、珍稀濒危程度较高。在我国水鸟中，以鹛鹛类、鸬鹚类、鹭类、雁鸭类、鸻鹬类、鸥类、鹤鹳类最为常见。此外，秧鸡类、鹈鹕类、鹱类、潜鸟类、信天翁类、军舰鸟类等也是该类动物的典型代表。

通过近5年来湿地面积的变化、水鸟栖息地面积的变化、濒危水鸟的种类变化、濒危水鸟的数量变化、优势水鸟的数量变化等指标对部分滨海湿地部分鸟类栖息地和鸟类种群数量变化做综合评价，结果显示滨海湿地鸟类栖息地总体情况不容乐观。所选评价区域一半以上存在水鸟栖息地减少、种群数量降低等问题。由于所选评价区域大部分为保护区，评价结果只能在一定层面上反映问题，不能代表整个滨海湿地候鸟栖息地和种群变化的整体情况。表5-8中18个滨海保护区区域对比显示，广西滨海水鸟栖息地和种群数量均呈下降趋势，情形紧迫，可能与保护区管理力度不足有关。

表 5－8 部分水鸟栖息地和种群数量变化评价表

被评价区域	栖息地和种群变化	具体变化
辽宁丹东鸭绿江口湿地国家级自然保护区	50	
天津北大港湿地自然保护区	50	
河北唐海湿地和鸟类省级自然保护区	50	
山东黄河三角洲国家级自然保护区	50	
山东荣成大天鹅国家级自然保护区	50	
福建漳江口红树林国家级自然保护区	50	
广东湛江红树林国家级自然保护区	50	
广东海丰鸟类省级自然保护区	50	
福建长乐闽江河口湿地自然保护区	54.18	优势水鸟明显减少
江苏如东县小洋口湿地保护区	54.52	湿地水面和水鸟栖息地面积减少
辽宁双台河口国家级自然保护区	55.56	水面、水鸟栖息地面积、植物多样性均减少
江苏盐城国家级珍禽自然保护区	61.66	濒危水鸟数量减少
广西山口红树林生态自然保护区	61.66	濒危水鸟数量减少
上海市崇明东滩鸟类自然保护区	65.35	栖息地面积和濒危水鸟数量减少
广西北仑河口国家级自然保护区	65.35	水鸟栖息地面积减少；水鸟数量减少
天津汉沽湿地	75	所有指标均减少
河北昌黎县滦河口北岸	75	水产养殖、围垦、上游来水减少等
海南东方黑脸琵鹭省级自然保护区	75.41	优势水鸟数量减少；濒危水鸟数量明显减少

资料来源：周晓丽，2009；周浩郎等，2012。

水鸟栖息地和水鸟种群变化趋势评价指标体系说明：指标表征水鸟栖息地和水鸟种群变化程度。基准分数为 50 分，代表栖息地良好、种群稳定或增加、基本不受威胁，分数越高，说明水鸟栖息地恶化程度和水鸟种群下降程度越大。评分时 100 分为严重，75 分为较严重，50 分表示基本无此类情况。本部分包括如下 6 个基本指标：①湿地水面面积变化；② 水鸟栖息地面积变化；③ 重点调查水鸟的种类变化；④ 重点调查水鸟数量变化；⑤ 优势水鸟数量的变化；⑥ 植物多样性的变化。

5.2.1.5 广西滨海湿地旅游景观与其他典型区对比

资源、市场和设施为旅游产业的三个核心要素，其中资源是旅游业的基础。2003 年颁布的《旅游资源分类、调查与评价》(GB/T 18972—2003)标准分类体系，将旅游资源分为 8 个主类、31 个亚类和 155 个基本类型。本书以汕头滨海湿地、广西北部湾滨海湿地和鸭绿江滨海湿地自然保护区 3 个典型区为例，对其旅游资源分别进行了比较。整体上，汕头滨海湿地可以分为 5 个主类，18 个亚类和 31 个基本类型；广西北部湾旅游资源可以分为 8 个主类，23 个亚类和 61 个基本类型；鸭绿江滨海湿地旅游资源可以分为 8 个主类(景观类)，25 个亚类和 50 个基本类型。表 5－9 列出了各保护区主要的旅游资源单体，整体上，广西滨海湿地旅游项目品种丰富，体系较为完善(关道明，2012；孟宪伟等，2014；周晓丽，2009)。

表 5－9　3 个典型区旅游资源对比

主类	亚类	基本类型	主要旅游资源单体		
			鸭绿江口滨海湿地自然保护区	汕头滨海湿地	广西北部湾滨海湿地
A 地文景观	AA 综合自然旅游地	AAA 山丘型旅游地			宁明花山、北海涠洲岛国家地质公园鳄鱼山景区、灵山六峰山景区
		AAD 滩地型旅游地	大洋河河口滩		银滩、金滩
		AAF 自然标志地	“0”海岸		
	AB 沉积与构造	ABB 褶曲景观		地层褶皱、节理发育、自然断裂、地表结构等	
	AC 地质地貌过程形迹	ACB 独峰		莲花峰	
		ACE 奇特与象形山石	二郎石、骆驼峰、金龟园	礐石“海角石林”、三屿围奇石景观	
		ACH 沟壑地		龙泉洞	八寨沟
		ACN 岸滩	月亮湾、獐岛金滩浴场		
	AD 自然变动遗迹	ADE 火山与熔岩			防城港火山岛景区
	AE 岛礁	AEA 岛区	獐岛、大鹿岛、小岛、熊猫岛、骏马岛、圆山岛、朝鲜薪岛列岛景观		涠洲岛、斜阳岛、龙门群岛、麻蓝岛、六墩岛、蝴蝶岛
		AEB 岩礁	骆驼峰、金龟园		
B 水域风光	BA 河段	BAA 观光游憩河段	鸭绿江入海口、大洋河河口	水库、河堤、鱼塘、大小溪流	北仑河源头景区
	BB 天然湖泊与池沼	BBB 沼泽与湿地	鸭绿江河口湿地		
		BBC 潭池		潭池	
	BC 瀑布	BCA 悬瀑		礐石景区瀑布	德天跨国瀑布
		BCB 跌水			
	BD 泉	BDA 冷泉	滴水壶	龙泉洞山泉、榕江	
		BDB 地热与温泉	椅圈温泉、北井子温泉		
	BE 河口与海面	BEA 观光游憩海域	黄海最北端	青澳湾海水浴场	三娘湾、钦州龙门群岛海上生态公园
		BEB 涌潮现象	二道沟涌潮		
		BEC 击浪现象	群象奔岸、乌龟投海、母象唤子、魔鬼闹海		

续表

主类	亚类	基本类型	主要旅游资源单体		
			鸭绿江口滨海湿地自然保护区	汕头滨海湿地	广西北部湾滨海湿地
C 生物景观	CA 树木	CAA 林地	南亚热带季风常绿阔叶林、苏埃湾红树林、木麻黄防护林	山口红树林、北仑河口红树林、茅尾海红树林等	
		CAB 丛树	嘎巴枣树	国家 I、II 级保护植物	
	CB 草原与草地	CBA 草地	东沟芦苇沼泽、孤山芦苇沼泽		
	CD 野生动物栖息地	CDA 水生动物栖息地			合浦沙田儒艮栖息地
		CDC 鸟类栖息地	二道沟滩涂、东沟芦苇沼泽、孤山芦苇荡沼泽	观鸟台	防城港巫头万鹤山鹭鸟栖息地、企沙盐田港火山岛鹭鸟栖息地、上思县百鸟乐园
D 天象与气候景观	DA 光现象	DAA 日月星辰观察地	鹿岛海上日出		
	DB 天气与气候现象	DBA 云雾多发区		礐石、苏埃湾	
		DBB 避暑气候地	樟岛、大鹿岛、小岛		
E 遗址遗迹	EA 史前人类活动场所	EAA 人类活动遗址	山西头遗址		
	EB 社会经济文化活动遗址遗迹	EBA 历史事件发生地	中日甲午海战古战场		
		EBC 废弃寺庙	丹麦教堂遗址		
		EBE 交通遗迹	英式导航塔	樟林古港遗址	
F 建筑与设施	FA 综合人文旅游地	FAA 教学科研实验场所	湿地观鸟园、黄土坎牙虾鱼养殖基地、北井子蜂类繁育中心		
		FAB 康体游乐休闲度假地	大鹿岛渡假村		
		FAC 宗教与祭祀活动场所	海神娘娘庙	灵山寺、仙城半天佛	
		FAD 园林游憩区域			
		FAE 文化活动场所			云天文化城、合浦汉文化公园

续表

主类	亚类	基本类型	主要旅游资源单体		
			鸭绿江口滨海湿地自然保护区	汕头滨海湿地	广西北部湾滨海湿地
F 建筑与设施	FA 综合人文旅游地	FAF 建设工程与生产地	獐岛环岛滩涂养殖公司、小岛养殖场、丹东海洋红风力发电厂、造船厂、大东港区、小岛盐场、黄土坎牙虾鱼养殖基地、华能丹东		
		FAG 社会与商贸活动场所			
		FAH 动物与植物展示地	湿地观鸟园		北海海底世界、北海海洋之窗、上思十万大山国家森林公园、东兴市屏峰雨林景区
		FAJ 边境口岸	大东港区		
		FAK 景物观赏点	湿地观鸟园		
	FB 单体活动场馆	FBA 聚会接待厅堂(室)	孤山码头候船室、大东港候船厅、华能宾馆宴会厅		
		FBE 歌舞游乐场馆	鹿岛演艺广场		
	FC 景观建筑与附属型建筑	FCC 楼阁	毛文龙碑亭、望海亭	观景亭、飘然亭	
		FCH 碑碣(林)	毛文龙碑、江海分界碑	入口牌坊	
	FD 居住地与社区	FDC 特色社区	樟岛村		北海大江埠民俗风情村
		FDD 名人故居与历史纪念建筑	邓世昌塑像	陈慈黉故居	刘冯故居、东兴陈公馆景区
		FDH 特色市场	大东港造船场码头、黄海大市场		
	FE 归葬地	FEA 陵区陵园	邓世昌墓	烈士陵园	
	FF 交通建筑	FFC 港口渡口与码头	大东港码头、孤山码头、北井子码头		
	FG 水工建筑	FGD 堤坝段落	大东港防潮大堤		

续表

主类	亚类	基本类型	主要旅游资源单体		
			鸭绿江口滨海湿地自然保护区	汕头滨海湿地	广西北部湾滨海湿地
G 旅游商品	GA 地方旅游商品	GAA 菜品饮食	清蒸海蟹、清炸蜗黄、爆文蛤肉、清蒸海螺、拌蚬子肉，老醋蜇头、油蚕皮丝、烤大虾、海兔酱、鹿岛八鲜(8 种)、炒鲜竹蜂、碱蓬海菜	潮汕小吃、功夫茶	
		GAB 农林畜产品与制品	鹿岛草莓酒、蟹田大米、草莓等		
		GAC 水产品与制品	鲜海产品(蟹、虾鱼、贝等)、河蟹、干制海产品(蚬干、虾米、干鱼等)	海产品	
		GAE 传统手工产品与工艺品	海洋生物饰品		
H 人文活动	HA 人事记录	HAA 人物	邓世昌、毛文龙		
	HAB 事件	中日甲午海战			
	HC 民间习俗	HCA 地方风俗与民间礼仪	渔家婚礼		
		HCB 民间节庆			京族“哈节”
		HCC 民间演艺			中国首部海洋风情舞蹈诗剧——咕哩美
		HCF 庙会与民间集会	妈祖庙会		
	HD 现代节庆	HDA 旅游节	东港海鲜节暨鸭绿江口湿地观鸟节	湿地美食节、捕鱼旅游节、银发登山节	中国钦州海豚节、三娘湾观潮节、“蚝门盛宴”美食节
		HDB 文化节	獐岛渔家文化节	“妈祖”、“灵山”传说，潮汕文化	北海国际海滩旅游文化节、千年古陶——坭兴陶文化节
		HDC 商贸农事节			北海国际珍珠节、中越边界旅游、商贸博览会

资料来源：关道明，2012；孟宪伟等，2014；周晓丽，2009。

目前，广西已经形成了一批以北海银滩为龙头的特色鲜明的滨海旅游景区。截至2012年底，广西滨海地区A级以上的景区共有21个，其中4A级景区10个，3A级景区8个，2A级景区3个，还有多个自治区级景区(表5-10)。

表5-10 广西北部湾国家级和自治区级旅游景区

级别	旅游景区名称	所在地区	批准时间
国家2A级旅游景区	防城港火山岛景区	防城港市	2008年
国家2A级旅游景区	上思县百鸟乐园	防城港市	2011年
国家2A级旅游景区	钦州市北部湾坭兴玉陶景区	钦州市	2011年
国家3A级旅游景区	北海大江埠民俗风情村	北海市	2011年
国家3A级旅游景区	北海合浦汉文化公园景区	北海市	2011年
国家3A级旅游景区	北海金海湾红树林景区	北海市	2011年
国家3A级旅游景区	防城港市北仑河源头景区	防城港市	2011年
国家3A级旅游景区	防城港市西湾旅游景区	防城港市	2011年
国家3A级旅游景区	东兴陈公馆景区	钦州市	2008年
国家3A级旅游景区	灵山六峰山景区	钦州市	2006年
国家3A级旅游景区	钦州龙门群岛海上生态公园	钦州市	2007年
国家4A级旅游景区	北海海底世界	北海市	2002年
国家4A级旅游景区	北海海洋之窗	北海市	2006年
国家4A级旅游景区	北海涠洲岛国家地质公园鳄鱼山景区	北海市	2009年
国家4A级旅游景区	北海银滩旅游区	北海市	2001年
国家4A级旅游景区	东兴市屏峰雨林景区	防城港市	2012年
国家4A级旅游景区	防城港市东兴市京岛风景名胜区	防城港市	2010年
国家4A级旅游景区	钦州八角寨沟旅游景区	钦州市	2007年
国家4A级旅游景区	钦州刘冯故居景区	钦州市	2006年
国家4A级旅游景区	钦州三娘湾旅游区	钦州市	2006年
国家4A级旅游景区	上思十万大山国家森林公园景区	钦州市	2010年
国家级	茅尾海国家级海洋公园	钦州市	
国家级	北海银滩旅游度假区	北海市	1992年
国家级	冠头岭国家森林公园	北海市	
国家级	涠洲岛火山国家地质公园	北海市	
国家级	北仑河口海洋自然保护区	东兴市	2000年
国家级	合浦儒艮自然保护区	合浦县	1992年
国家级	山口红树林国家自然保护区	合浦县	1990
自治区级	北海涠洲岛旅游度假区	北海市	1995年
自治区级	南万-涠洲岛海滨风景名胜区	北海市	1988年
自治区级	涠洲岛鸟类自然保护区	北海市	1982年
自治区级	京岛风景名胜区	东兴市	1994年
自治区级	防城港江山半岛旅游度假区	防城港市	1994年
自治区级	江山半岛风景名胜区	防城港市	1994年
自治区级	合浦南国星岛湖旅游度假区	合浦县	1995年

资料来源：陈乔，2013；孟宪伟，张创智，2014。

5.2.1.6 广西滨海湿地红树林与东南亚的潜力分析——以下龙湾为例

中国南海区域内，红树林主要分布在广西、广东和海南，越南的鸿基市等区域也有大面积的红树林分布。广西滨海红树林生态系统作为国内重要的旅游资源具有其独特的优势，而与此形成竞争的是东南亚红树林生态系统，在此，以越南的下龙湾为例，对比广西滨海湿地红树林与东南亚红树林资源的旅游潜力。旅游资源资料参考百度旅游等网络信息。

1)越南下龙湾旅游潜力

下龙湾坐落在越南海防市吉婆岛以东，是距离河内约160km的海湾风景区，1994年被联合国教科文组织列入世界遗产目录，是世界新七大自然奇观之一。由于喀斯特地貌作用，海面上岛屿成百上千。因风景酷似桂林山水，所以又有“海上桂林”之称。下龙湾的美由石、水和天色三个要素构成。下龙的岛千姿百态，下龙的海万代总是绿水，下龙的天总是透亮。景区共分为东、西、南3个小湾，有吉婆岛、巡洲岛、天宫洞、香炉石、斗鸡石、惊讶洞等诸多景点，其中吉婆岛是下龙湾最大岛。下龙湾大多数岛屿都是立于海面之上的山丘，有些小岛树林茂密、被沙滩包围，还有些岛上有瑰丽的溶洞。在1 500 km^2的海面上，约有3 000多座岛屿和山峰，仅命名的山、岛就有1 000多座。乘坐观光船是游览下龙湾最常见的方式，既可以穿梭于岛屿之间欣赏山海风光，也能够下船上岛探访、参观溶洞。下龙湾当地的许多民宅都带有法国风格，舢板和帆船随处可见，还有众多划着船售卖物品的渔家商贩，展示了当地特有的风土人情。此外，下龙湾不仅山俊水秀，而且物产富饶，海里有许多名贵的水产。下龙湾的气候和地形适宜各种热带鱼类生活，又有几个河口带来的食物，因此越南沿海的各种鱼类，在下龙湾都有。中国诗人萧三在《下龙湾赋》中写到：“不到下龙湾，不算到越南。”

到达与离开：一般从广西、河内前往。①广西。a. 从北海或南宁乘客运大巴经防城至东兴，出境后抵达芒街乘坐快艇或大巴至下龙湾，约8h；b. 从南宁乘坐火车或汽车抵达凭祥友谊关，出境后巴士抵达河内，换乘坐巴士抵达下龙湾，约10h。②河内 。a. 河内机场：搭17号机场巴士，之后需多次换乘巴士，约7h。b. 高档巴士：在嘉林车站起程，每20min一班，全程3h15min。c. 普通列车：在河内安园站起程，05:15发车，全程7h。

内部交通：若要一探下龙湾隐藏在岩石下的洞穴，只能依靠一些轻便竹筏。

景区类型：海边。

最佳季节：11月至次年2月最佳。此时气候宜人，已无明显灼热感，百花吐艳，水质清澈有着良好的透明度，到了冬季仍然枝繁叶茂，是下龙湾最美的季节。2—4月的下龙湾寒冷多雨，雾气使能见度变得很低。夏季，亚龙湾游人如织，但此时气温高，热带风暴亦经常席卷这里。去越南旅游一定要避开越南的春节(1月底或2月初)，这时交通困难、宾馆客满，服务性设施至少停业一周。

建议游玩：2天。

门票：下龙湾有天宫洞-木头洞-其他岩洞(惊奇洞除外)和惊奇洞两个旅游内容，可分开游览，也可一起游览，天宫洞线、惊奇洞线、游览全部，成人为30、30、60，儿童为10、10、20，门票价格中包含保险费。

开放时间：09:00—17:00。

景点：斗鸡石、天堂岛、天宫洞、吉婆岛、惊讶洞、木头洞、香炉石、穿洞、中门洞、人头石、巡洲岛、观澜岛、基托夫岛、赛辛岛、三宫洞、群烂岛、Dau 洞、仙翁洞、迷宫洞、玉晕岛、Sot 洞和白土长洞。

特色美食：滴露咖啡、春卷、越南米粉、虾饼、越南肉粽、鸡粉、肉粽等。

特产：椰子糖、白虎膏、佛灵油、牛角梳、香水、咖啡、腰果、奥黛等。

购物：水上海鲜市场、下龙湾夜市等。

游客评分：总体下龙湾为 4.5 分，推荐景点中斗鸡石为 4.5 分，惊讶洞 4.7 分，水上海鲜市场 4.5 分，天宫洞 3.8 分，巡洲岛 4.0 分，英雄岛尚无评分。（百度旅游，http://lvyou.baidu.com/xialongwan/##%23）

2）广西北海市旅游潜力

钦州市、防城港市以及北海市的旅游业均已较为成熟，在此仅以北海市为例，探讨广西滨海红树林湿地旅游业的发展潜力。

北海市地处广西南端，北部湾东北岸。位于 21°29′—21°55′34″W，108°50′45″—109°47′28″E 之间，西北距南宁 206 km，东距广东湛江 198 km，东南距海南海口市 147 n mile。市区南北西三面环海，有涠洲（24.74 km^2）、斜阳（1.8 km^2）两个海岛，涠洲距市区大约 20.2 n mile。北海市与海南省隔海相望，邻近东南亚诸国，背靠大西南云贵川诸省，处于大西南、海南及东南亚的中枢位置，地理位置优越，是西南地区对外贸易最为便捷的出海通道，在中国西南和亚太经济区域中，具有独特的区位优势，是北部湾畔一颗璀璨的明珠。北海市总面积 3337 km^2，市区面积 957 km^2，市辖合浦县、海城区、银海区、铁山港区。北海市是一个美丽富饶、四季如春、风景如画的海滨城市，是中国古代“海上丝绸之路”的始发港之一，是我国 14 个沿海开放城市之一。

景区类型：海边。

最佳季节：4—11 月。此时阳光充足，海水温暖。涠洲岛上更是赏日出、观海景、游海岛、吃海鲜的最佳时节。12 月到 3 月是北海旅游的淡季。这一时期海风大、水温低，不适宜水上活动；因为天气原因，开往涠洲岛的海轮也经常停运；另外，此时也不是品尝海鲜的好时节。不过纯粹为了避寒，冬季的北海还是一个人少的好去处。

建议游玩：2～3 天。

门票：涠洲岛门票 90 元，船票 20 元；海洋之窗门票 138 元，4D 影院 25 元；火山口地质公园门票 60 元；金海湾红树林 105 元；涠洲岛潜水 380 元；山口红树林门票 20 元。

开放时间：08:00—18:00。

景点：涠洲岛、银滩、海洋之窗、海底世界、五彩滩、北海老街、北海银滩、石螺口海滩、冠头岭、天主教堂、滴水丹屏、海滩公园、北部湾广场、火山口地质公园、珠海路老街、鳄鱼山公园、北海法国领事馆旧址、北海老城、金海湾红树林、星岛湖、北海渔家乐、猪仔岭、斜阳岛、北海环岛游观光、冠山海欢乐海岸、山口红树林、古汉墓、涠洲岛潜水、大江埠、涠洲岛灯塔、南珠宫、圣母堂、涠洲盛塘天主教堂、普度镇宫、三婆庙、涠洲岛国家地质博物馆、竹林、北海现代生态农业观光园、北海园博园、北海明清木雕馆、北海水彩画馆、北海坭兴陶馆、北海老城历史文化馆。

特色美食：北海对虾、虾饼、皮皮虾、牛腩粉、猪脚粉、沙虫。

特产：南珠、日月贝、花刺参、木菠萝。

购物：北海水产市场、北部湾路。

民俗节日：铜鼓节、仫佬族依饭节、跳坡节等。

游客评分：总体北海为4.5分，推荐景点涠洲岛4.3分、银滩4.2分、海洋之窗3.8分、海底世界4.0分、五彩滩4.3分、北海老街4.1分、北海银滩4.2分、石螺口海滩4.2分、冠头岭3.9分、天主教堂4.3分、滴水丹屏4.3分、海滩公园4.1分、北部湾广场3.6分、火山口地质公园4.4分、珠海路老街4.0分、鳄鱼山公园4.4分、北海法国领事馆旧址3.3分、北海老城3.7分、金海湾红树林3.8分、星岛湖3.7分、北海渔家乐4.2分、猪仔岭3.8分、斜阳岛4.2分、北海环岛游观光4.0分、冠山海欢乐海岸4.0分、山口红树林3.9分、古汉墓3.7分、涠洲岛潜水3.8分、大江埠3.5分、涠洲岛灯塔3.6分、南珠宫3.2分、圣母堂3.8分、涠洲盛塘天主教堂4.4分、普度镇宫4.2分、三婆庙3.6分、涠洲岛国家地质博物馆3.3分、竹林5.0、北海现代生态农业观光园3.0分。（百度旅游．http：//lvyou.baidu.com/beihai/）

总的来看，下龙湾景区以海岛风情为特色，当地的人文风情为辅助，相比之下，北海市的旅游业则较为完善，但各景点的评分明显低于下龙湾，因此当前可能需要提高各景点的质量以及完善服务，突出各个景区的特色。

5.2.1.7　广西滨海湿地区域旅游潜力对比分析

整体上，广西北部湾地区资源独特而丰富，条件优越，但是在客源市场、区域经济和地理位置上则占劣势（表5－11）。

表5－11　我国滨海旅游空间布局结构

区域名称	区域范围	中心城市	区域优势	主导功能	主要目标市场
环渤海湾海滨旅游带	山东半岛、辽东半岛、渤海湾地区	大连、秦皇岛、青岛	区域紧密度高、客源市场优势	海滨度假	日本、韩国、环渤海湾地区
长三角海滨旅游带	以上海、连云港、南通、宁波、舟山、温州、杭州等城市为中心的苏沪浙滨海地区	上海、连云港、宁波、杭州	区域经济优势、对外开放优势	都市观光、海滨观光、商业旅游	长江三角洲、海外游客
海峡西岸海滨旅游带	福建省滨海地区	福州、厦门、泉州	宗教文化多元、民俗特色突出	民俗旅游、宗教旅游、文化旅游、海滨观光、海滨度假	台湾地区、东南亚、长江三角洲、珠江三角洲
珠三角海滨旅游带	以香港特区、澳门特区、广州、深圳、珠海汕头为中心的珠江三角洲滨海地区	香港、深圳	地理区位优势、区域经济优势	观光旅游、休闲度假、疗养避寒	东南亚、欧美、珠江三角洲
广西北部湾滨海旅游带	广西滨海三市	北海	热带海滨风貌、独特气候条件优越	海滨观光、海滨休闲、海滨度假	东南亚、我国内地

资料来源：田纪鹏，2008；李平等，2013。

根据对海南、广东、广西等区域旅游产品的调查，从旅游产品层次结构看，广西北部湾在旅游发展过程中，逐步形成了以基础层次的观光型旅游产品为主体的产品结构，提高层次的海滨度假旅游有所发展，但发展较缓慢。

广西滨海旅游资源丰富，拥有自然风光、生态环境、历史文化等类型多样的旅游资源。以此为基础，目前广西已经开发出多种类型的滨海旅游景区，整体上品位较高，组合较好，发展潜力较大。然而，与海南、珠江口等周边滨海湿地以及国外滨海旅游相比，广西滨海湿地在景区品位、知名度、地域文化和旅游产品方面上仍处于劣势(表5－12)。

表5－12　广西滨海旅游产品与国内外滨海旅游产品结构比较

区域	旅游产品结构
广西北部湾地区	以基础层次的滨海观光、民族风情游、边境旅游等旅游产品为主；提高层次的海滨度假旅游有所发展，但发展较为缓慢；节庆、商务会议类等专项产品发展速度快，但层次较浅
广东省	以基础层次的现代滨海城市观光、山水观光等旅游产品为主；提高层次的温泉和海洋度假等旅游产品以及专门层次的商贸会展等旅游产品发展较快，所占比重不断提高，但总体上仍以基础层次的滨海观光型产品为主
香港特区	以基础层次的都市观光，提高层次的购物、美食、娱乐度假和专门层次的商务会展等旅游产品为主，已形成观光、娱乐度假、专项旅游三足鼎立的产品结构
海南省	以基础层次的“环岛观光游”“苗黎民族风情游”等旅游产品为主，提高层次的热带海洋度假旅游产品、“温泉康乐度假休闲游”“中国南海潜水游”“高尔夫球休闲游”“热带海岛生态游”等旅游产品已有较大发展，专门层次的商务会展等旅游产品已初具规模
越南	以基础层次的热带海洋观光旅游产品为主，提高层次的热带海洋度假旅游产品已有较大发展
印度尼西亚	以基础层次的热带海岛旅游、热带雨林、火山风光、宗教文化旅游为主，提高层次的热带海洋度假旅游产品已有特色，雅加达也成了重要的商务会展中心，专门层次的商务会展旅游产品也是重点发展的旅游产品
菲律宾	以基础层次的热带海岛旅游、多元宗教文化、民风民情为主，提高层次的热带海洋度假旅游产品丰富，专门层次的商务会展和大学旅游具有特色
文莱	以基础层次的热带滨海观光旅游、阿拉伯风情旅游为主，提高层次的热带海洋度假旅游产品已有发展，但尚未形成主要旅游产品

资料来源：阳国亮等，2007；薛珊珊，2009；周武生等，2009。

5.2.2　广西滨海地区自然旅游资源开发的优势

广西滨海地区自然旅游资源开发的优势分析如图5－7所示。

区位优势方面，广西地处中国南部沿海与西南腹地的联接地带，且隔海面向东南亚，是中国较为便捷和重要的出海通道，更是中国与东南亚经济联系的枢纽地域。从广西沿海港口出发，可以直接至东南亚和欧洲各大港，这比从东南沿海出发的距离减少23%～65%。此外，广西沿海东邻粤港澳，也是西南地区唯一的沿海省份，是西南各省游客实现滨海旅游最便捷的地方，客源腹地广阔，优势十分明显(康乐等，2007)。

客源市场方面，可以分为三级市场。一级市场主要是北海、南宁、钦州、玉林、防港城和崇左等内部客源市场，内部客源市场之间的距离相对较短，且交通便捷通畅；二级市场主要是指广西境内及周边广东、云南、四川、贵州及海南等省份的旅游消费者，虽然距离相对

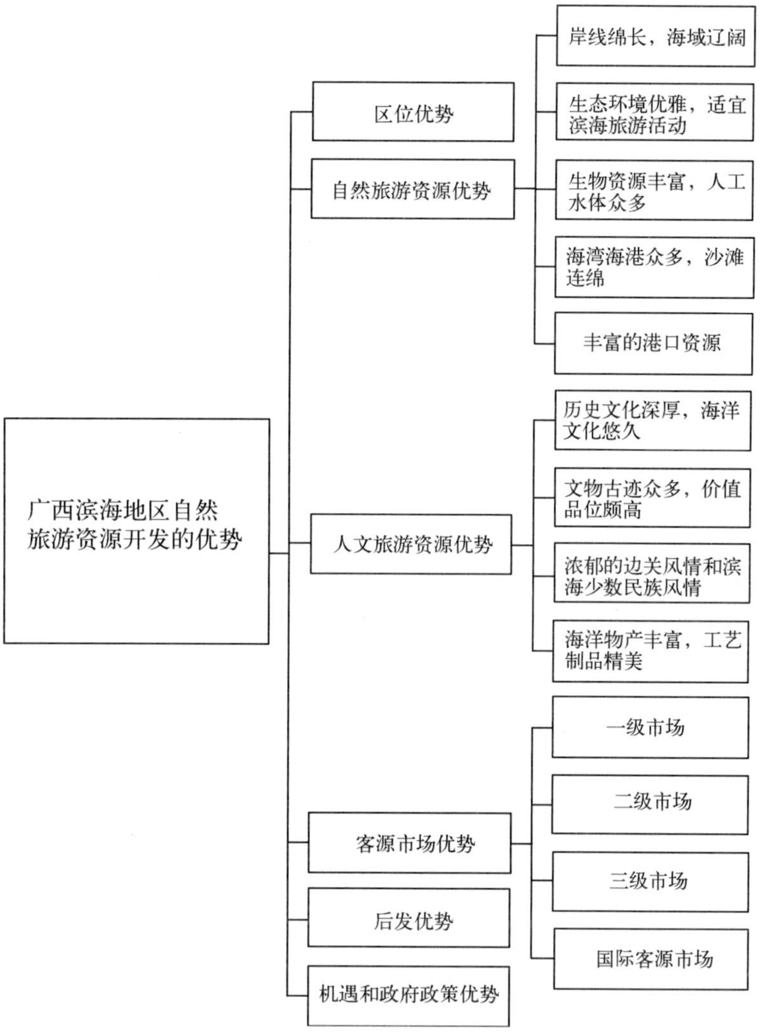

图5－7　广西滨海地区自然旅游资源开发优势因素

较远，但随着特色旅游品牌的推广，有望加大对该部分游客的吸引；三级市场则是国内的其他省份，这部分市场当前具有较大的潜力，是中长期市场开拓的主要目标群体（刘小蓓，2004；范恒君，2012）（图5－8）。此外，国际游客也是区域重要客源市场，该部分游客主要包括入境商务人员及常驻境内人员，港澳台地区的游客和国际游客。但重点是广西周边、泛广西周边的东盟国家的游客。随着广西至东南亚国家航线的拓展，这部分市场的游客相应也会逐渐增长（刘小蓓，2004；范恒君，2012）（图5－9）。

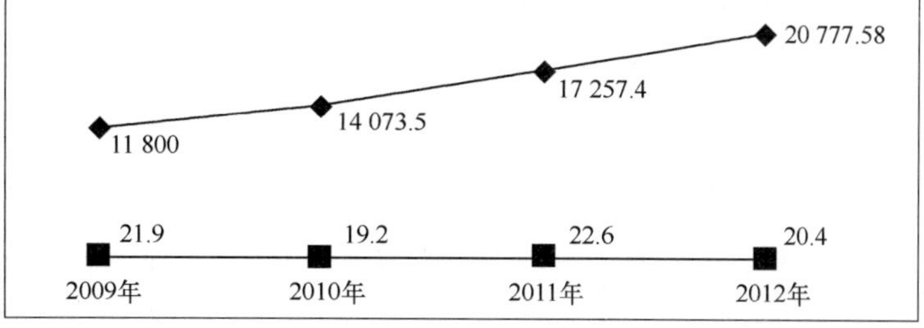

图5－8　2009—2012年广西接待国内游客接待量及其增长率（文军等，2012）

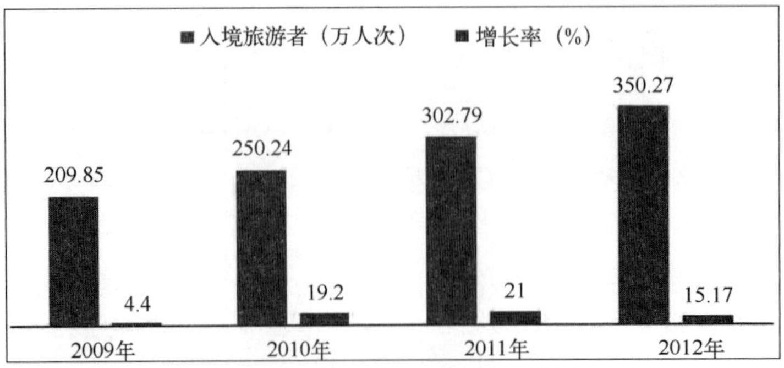

图5－9　2009—2012年广西入境旅游者接待量及其增长率（文军等，2012）

自然旅游资源方面，广西滨海具有绵长的海岸线和辽阔的海域，海湾海港众多，沙滩绵延，总体上生态环境优越，适宜滨海旅游活动。此外，生物资源丰富，人工水体众多，具有丰富的港口资源。广西滨海岸线全长1595 km，极为曲折，港湾水道众多，天然屏障较佳；海岸形态上，坡度平缓，类型多样，可分为淤泥质岸线、沙质岸线、砂砾型岸线、基岩岸线和红树林岸线（李兆华，2008a）。根据《广西沿海工业发展“十一五”规划环境影响报告书》，广西沿海各城市环境空气质量均达国家环境空气质量二级标准，滨海年平均气温约为22℃，气候怡人。广西滨海沿岸浅海和滩涂广阔，是海水养殖的优良场所，盛产丰富的鱼、虾、蟹、贝类等，如中华白海豚、合浦珍珠、“海上森林”红树林等均是吸引游客前来旅游的极富特色的旅游吸引物；北海海底世界、海洋之窗、钦州三娘湾等旅游景点每年也会接待大量游客；同时，广西北部湾区域内具有新鲜美味的滨海美食，如钦州美食一条街、富贵路等都是游客品尝美食的好去处；广西北部湾丰富的海洋生物、植物和美味的滨海美食也能满足大量游客体验滨海旅游的需求（郝革宗等，1999；戴艳平，2012）。防城港、钦州港和北海港具有发展港口旅游的巨大潜力，特别是广西钦州保税港区的批准设立，将会推动进出口贸易的增长，促进现代物流业的发展，提高对外开放水平，推进泛北部湾经济合作；伴随着广西北部湾港口的建设和发展，也将促进港口旅游的发展（郝革宗等，1999；戴艳平，2012）。

人文旅游资源方面，广西滨海海洋文化悠久深厚，文物古迹众多，价值品位颇高，且具有浓郁的边关风情和滨海少数民族风情，而且海洋物产丰富，工艺制品精美。广西滨海地区历史悠久，文化蕴含深厚。如洪镇的对外商贸和文化交流曾有过悠久的历史，至今已有千年（李兆华，2008a）；合浦县是古丝绸之路的海上始发港，其海洋文化悠久灿烂（章牧，1998；王艳，2014）。广西滨海地区人文旅游资源荟萃，如冯子材故居、刘永福故居、合浦汉墓群、永安大士阁等（章牧，1998；李兆华，2008a）。北海和东兴少数民族风情独特，独具韵味，如“疍家文化”和东兴的“京族风情”（王艳，2014）。区域海洋产品丰富，并且品位高，如北海珍珠，钦州的坭兴陶器，防城港的红木雕刻等（李兆华，2008b）。

广西滨海旅游地区作为北部湾经济区的主要区域，其旅游业发展得到了中央的重视，根据国家旅游局编制的《北部湾旅游发展规划》总体目标，至2020年，北部湾地区将建成世界级旅游地区；广西将逐渐加强与重点国家和地区，特别是东盟国家和地区的旅游合作，重点推进北部湾（广西）经济区、中越边境地区特色旅游项目的开发建设，并加强大湄公河次区域重点旅游合作项目的启动建设，这将会给广西滨海旅游的发展带来空前的机遇（王艳，2014）。

5.2.3 广西滨海地区自然旅游资源开发的不足

广西滨海地区自然旅游资源开发的不足见图 5－10。

经济方面，广西沿海地区旅游配套设施建设资金不足的问题较为严重。旅游业是一项涉及景区、交通、饭店等多项行业的综合性服务产业，需要大量资金建设相关的基础配套设施（康乐等，2007）。广西发展滨海旅游业存在着巨大社会经济劣势。此外，广西的职工平均工资也与其他沿海省份存在较大的差距，使旅游者的出游率低、游客购买力差，这些因素都使得广西发展滨海旅游更加困难。

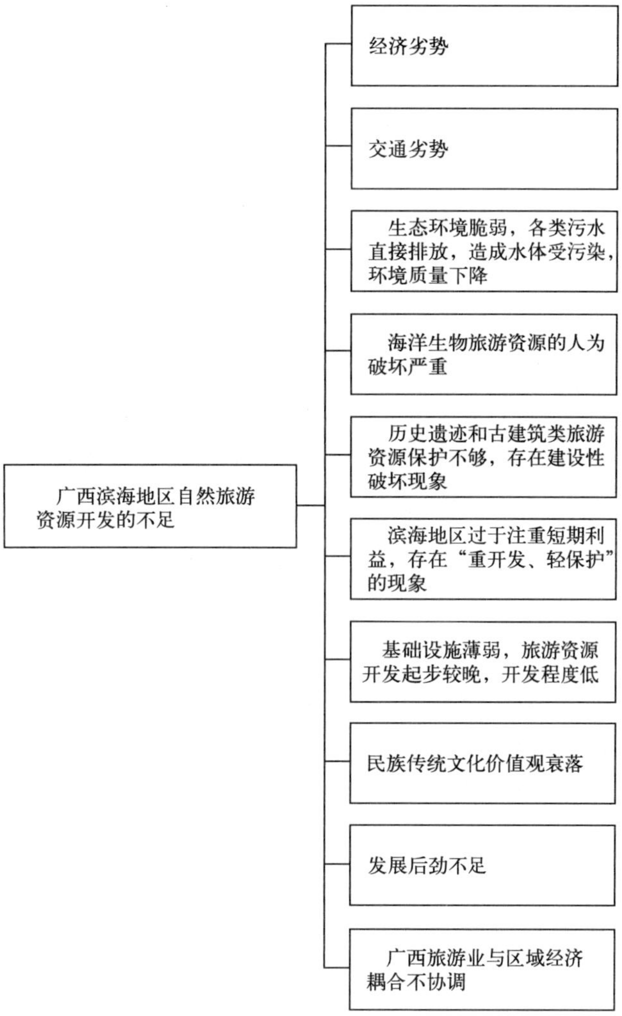

图 5－10 广西滨海地区自然旅游资源开发不足因素

交通方面，当前仅有北海市开通了空中航线，但仅开通了往返于北京、上海、广州等国内主要城市的航班，国际航班依然空白，这与青岛、大连、厦门等国内主要滨海旅游城市存在明显差距，与东盟国家竞争国际旅游客源的差距更大。

区域的生态环境脆弱，各类污水直接排放，造成水体受污染，环境质量下降。广西滨海地区大小港口众多，船舶来往频繁。船舶排污现象严重，各类机动拖船、渔船排出的大量油污废水直接造成周围滨海景区污染。无机氮、BOD_5、石油类等也超过了国家有关标准。当前广西滨海地区只有北海建有污水处理厂，但已经停产，防城港金滩同样存在这类问题(李兆华，2008a)。

广西滨海地区具有丰富的海洋生物旅游资源，如珊瑚资源及其他海洋生物资源，由于管理体制不健全，大量生物旅游资源都遭受了严重的人为破坏，目前这些具备高旅游价值的资源生存环境已受到威胁。

广西滨海地区历史悠久，具有深厚的文化底蕴，更拥有大量珍贵的历史遗迹和古建筑。但是除少数保存较好外，许多大规模、有价值的遗迹和古建筑人为破坏严重，部分已面目全非。防城港白龙古炮台是我国海防的历史见证文物之一，但景区新修建筑没有充分考虑原有格局，建设性破坏严重。

区域居民生态环境意识淡薄，旅游开发中注重短期的经济利益而不是可持续发展，忽视生态环境和资源的保护，存在大量的建设性破坏现象。如北海银滩曾因在潮间带围海造田，并因建造宾馆楼房而破坏海岸线自然景观。

广西滨海旅游发展起步晚，发展慢，产品层次低，缺乏竞争力。尽管有着丰富的滨海旅游资源，但是沿海地区城市规模较小，经济实力弱，基础设施相对薄弱。同时滨海旅游开发和创新不足，对海岛、海洋生物及海水娱乐项目等开发还比较欠缺(李兆华，2008a)。

广西各少数民族的传统文化价值观是向善向美，热情好客，忠诚朴实、吃苦耐劳。民俗旅游开发初期，一些少数民族村落对外来游客热情款待，但伴随着民族旅游业的开发，当地村民的价值观发生了巨大深刻的变化，传统的民族价值观受到挑战。各种功利行为使当地的淳朴民风逐渐减弱，更有甚者为了经济利益不择手段，进行敲诈勒索。种种民族文化价值观的衰落行为，表面上获得了短期经济收益，实则破坏了民族地区的良好形象，将造成长期的经济利益受损。旅游者想通过观赏、了解、参与少数民族的奇风异俗参与民俗文化活动，以满足其求异、探新的心理，可是在旅游业发展中，部分民俗旅游景点将获得经济利益作为唯一目的，刻意歪曲少数民族习俗，使得民俗文化变得庸俗。这不仅亵渎和歪曲了原有民俗的纯朴性，更为民族习俗形象带来严重的负面影响。

此外，发展后劲不足也是区域较为严重的劣势之一(康乐等，2007)。过去十多年广西沿海地区旅游业主要依赖于北海银滩、涠洲岛和桂林—北海和北海—越南下龙湾。但周边地区，却未能做到借势而上，虽然旅游资源丰富，却没有形成一批新的滨海旅游经济增长点和增长极。此外，滨海旅游产品开发利用程度低，品牌创新意识不够，旅游产品同质化(王艳，2014)也是当前的主要问题。例如北海的涠洲岛，防城港的金滩等地，缺乏深入开发，破坏了旅游资源却不能形成自己的特色。广西北部湾地区的旅游产品和品牌，层次不高，精品不足，没有知名旅游品牌和具有吸引力的旅游产品，无法提高区域的旅游吸引力。总体上，广西北部湾滨海地区旅游业发展定位不明确，产品缺乏特色，未能体现其滨海旅游资源丰富的优势(文军等，2012)。

最后，值得一提的是广西旅游业与区域经济耦合不协调。广西区其他地级市的旅游业与区域经济之间的互动状态大都处于濒临失调或者轻度失调状况，并且两者的作用模式多属于旅游业滞后型或者两者共损型。可见，其他市的经济和旅游业的发展状况令人堪忧，旅游业对经济发展的积极影响十分有限，旅游业的关联带动作用并没有充分发挥。一些区位良好、资源特色鲜明的区域，例如“天下第一滩”的国家旅游度假区北海银滩、扬美古镇、伊岭岩、九龙瀑布群森林公园、金伦洞原始石漠山洞等优质旅游资源的优势并没有显现出来。同时，区域经济发展也相对滞后，为旅游业的发展奠定的基础也十分有限，并且两者协调演进的步伐还处于比较初级的阶段。为此，这些区域在未来大力发展经济的同时，需充分利用自有的旅游资源优势，尽量延伸旅游业产业链条，使得区域经济和旅游业协调、稳步发展。

参考文献

陈和平. 2010. 美国湿地保护和恢复政策综述[J]. 全球科技经济瞭望, 25(1): 40－48.

陈乔. 2013. 广西旅游景区、交通、旅游收入的空间错位研究[D]. 广西师范学院.

陈树培, 梁志贤, 邓义等. 1988. 中国南海海岸的红树林[J]. 广西植物, 8(3): 215－224.

陈作志, 蔡文贵, 徐姗楠, 等. 广西北部湾近岸生态系统风险评价[J]. 应用生态学报, 2011, 22(11): 2977－2986.

戴艳平. 2012. 广西北部湾滨海旅游资源的深度开发研究[J]. 钦州学院学报, 27(1): 25－28.

范航清, 黎广钊, 周浩郎等. 2015. 广西北部湾典型海洋生态系统##现状与挑战[M]. 北京: 科学出版社.

范恒君. 2012. 基于RMPP分析的滨海生态旅游开发模式探析——以广西北部湾为例[J]. 安徽农业科学, 40(9): 5371－5373.

关道明. 2012. 中国滨海湿地[M]. 北京: 海洋出版社.

国家海洋局. 2015. 2014年中国海洋环境质量公报[Z].

国家林业局森林资源管理司. 2002. 全国红树林资源报告[R].

郝革宗, 毕燕. 1999. 广西滨海地区的旅游资源与开发建议[J]. 广西师院学报(自然科学版), 16(1): 1－7.

衡楠楠. 2012. 围垦下的滨海湿地水鸟群落结构与生境因子的关系分析[D]. 华东师范大学.

贾明明. 2014. 1973－2013年中国红树林动态变化遥感监测[D]. 中国科学院大学.

康乐, 李兆华, 阎广慧. 2007. 广西沿海地区发展滨海旅游的SWOT分析[J]. 绵阳师范学院学报, 26(11): 81－84.

李莎莎, 孟宪伟, 葛振鸣, 等. 2014. 海平面上升影响下广西钦州湾红树林脆弱性评价[J]. 生态学报, 34(10): 2702－2711.

刘小蓓. 2004. 广西边境旅游发展及客源市场开拓[J]. 四川大学学报（哲学社会科学版), 244－247.

李平, 王健, 邴建峰. 2013. 经济欠发达城市滨海旅游跨越式发展战略——以广西北海市为例[J]. 河南科学, 12: 2306－2311.

李兆华. 2008a. 广西滨海旅游资源定性评价及开发构想[J]. 广西职业技术学院学报, 3: 63－67.

李兆华. 2008b. 广西滨海旅游资源特色及开发建议[J]. 广西民族师范学院学报, 25(4): 15－16.

陆健健, 王伟. 湿地的生态恢复[J]. 上海建设科技, 2006, 2: 25－29.

彭逸生, 陈桂珠, 林金灶. 2011. 种植—养殖耦合系统构建运行指南[M]. 广州: 中山大学出版社.

彭在清, 孟祥江, 吴良忠, 等. 2012. 广西北海市滨海湿地生态系统服务价值评价[J]. 安徽农业科学, 40(9): 5507－5511.

田纪鹏. 2008. 我国滨海旅游空间布局结构[D]. 中国海洋大学.

王艳. 2014. 广西滨海旅游业发展优势与对策探析[J]. 市场论坛, 7: 80－82.

文军, 阳国亮. 2012. 北部湾(广西)滨海旅游区评价与选划研究[M]. 北京: 经济管理出版社.

薛珊珊. 2009. 广西生态旅游产品体系优化研究[D]. 广西师范大学.

阳国亮，李莉，梁继超. 2007. 泛北部湾旅游产品结构优化研究[J]. 改革与战略，23(12)：89－92.

于洪贤，姚允龙. 2011. 湿地概论[M]. 北京：中国农业出版社.

章牧. 1998. 广西人文旅游资源及其开发利用[J]. 资源开发与市场，14(1)：35－36.

张晓龙，李培英，李萍，等. 2005. 中国滨海湿地研究现状与展望[J]. 海洋科学进展，23(1)：87－95.

郑凤英，邱广龙，范航清，等. 2013. 中国海草的多样性、分布及保护[J]. 生物多样性，21(5)：517－526.

周浩郎，范航清，阎冰. 2012. 基于生态系统的生物多样性管理实践——“UNDP/GEF/SOA 中国南部滨海生物多样性管理项目”在广西[M]. 北京：海洋出版社.

周武生，杨永德. 2009. 论泛北部湾旅游产品结构优化的对策[J]. 网络财富，2：74－75.

周晓丽. 2009. 鸭绿江口滨海湿地自然保护区生态旅游资源评价与环境承载力分析[D]. 西南大学.

朱鹏，宫鹏. 2014. 全球陆表湿地潜在分布区制图及遥感验证[J]. 中国科学：地球科学，44(8)：1610－1620.

Spalding M, Kainuma M, Collins L. 2010. World Atlas of Mangroves[Z]. A collaborative project of ITTO, ISME, FAO, UNEP－WCMC, UNESCO－MAB, UNU－INWEH and TNC. Earthscan UK and USA. 319.

UNDP. 世界红树林分布[Z]. 2000.

第6章 广西典型区滨海红树林生态旅游开发潜力评价模型

红树林是生长在热带、亚热带低能海岸潮间带上部，受周期性潮水浸淹，以红树植物为主体的常绿灌木或乔木组成的潮滩湿地木本生物群落。红树林生态系统对维持生物多样性和资源生产力有特别价值，同时也是生物活动高度集中的热带、亚热带海岸生态关键区。在生态系统的净初级生产力方面，红树林排名第3位，仅次于珊瑚礁和热带雨林(彭辉武等，2009)；商品和服务总价值币值化方面，红树林排名第4位，单位面积的总价值仅次于河口湾、沼泽与泛滥平原和海草与海藻床；红树林生态系统不仅可提供多种直接产品，如建材、食物、薪柴、药物、肥料、饲料、化工原料(如单宁)等，还能提供大量相关动物资源以及生态旅游等间接产品，且具有防浪护堤、美化和净化环境、提供重要生境和有机碎屑营养物质等服务性功能。随着近数十年来海岸带人口、资源和环境压力不断增大，红树林遭受广泛破坏。作为加强红树林管理和保护的重要措施，开展红树林旅游并向生态旅游方向发展越来越受到关注。在广东省2000年重大科技兴海项目滨海旅游资源开发研究项目中，也列入了红树林生态旅游的相关内容。

6.1 滨海湿地生态旅游研究进展

近几十年来，各国都积极开展了红树林保护行动以及红树林湿地生态旅游。如美国佛罗里达的Everglade National Park，泰国的普吉岛，新西兰的北奥克兰半岛，孟加拉国申得本斯市等，这时期也涌现了很多关于红树林湿地生态系统及生态旅游景观规划的文献，比如美国学者Nick在Ecotourism and mass tourism in Southern Thailand: Spatial interdependence, structural connections, and staged(2005)中探讨了泰国南部红树林湿地生态旅游与大众旅游的关系；德国学者Erdmann Gormsen的The impact of tourism on coastal areas从环境、本土文化、滨海旅游三个方面讨论了旅游对滨海区域的影响并提出了一个可持续发展的旅游模式；印度学者M. Sundararaman在Status of Mangrove Ecosystem探讨了红树林生态系统的恢复与重建等。我国从20世纪90年代末至今，逐渐开始重视红树林自然保护区生态旅游规划的研究，随着和境外交流的机会增多，已陆续建立好几个红树林自然保护区，其中包括香港米埔湿地(已被列入《拉姆萨尔湿地公约》)和海南东寨港红树林自然保护区，珠海淇澳岛、深圳福田、广东湛江、广西山口等地也分别建立了红树林自然保护区。国内期刊上也陆续刊载了相关的论文。如《香港湿地生态旅游对广西红树林湿地生态旅游的启示》(陆明，2008)；《自然保护区生态旅游景观规划研究——以目平湖湿地自然保护区为例》(李敏，2002)，通过实例研究，尝试提出自然保护区生态旅游景观规划的理论方法；《香港湿地公园规划理念》介绍了香港米铺湿地的规划理念(林锐芳，2006)；《红树林湿地的生态恢复与景观营造——以海南新盈红树林国家湿地公园总体规划为例》(陈云文等，2008)则从生态旅游景观规划的角度探讨了对红树林进行生态恢复与景观营造，从而将红树林生态旅游景观规划提高至新的高度。但目前仍然缺乏针对红树林自然保护区生态旅游规划的论述，相关研究也依旧有较多值得商榷之处(陈燕，2009)。

旅游资源评价是旅游业发展的基础，是旅游开发过程中不可或缺的环节。自 20 世纪 70 年代末以来，我国的旅游资源评价经过了定性评价、定量评价和综合评价的发展阶段，在旅游资源的分类、美学评价、适宜性技术评价等方面的研究获得丰硕的成果(郭来喜等，2000)。目前，国家标准《旅游资源分类、调查与评价》(GB/T 18972—2003)已经成为旅游资源评价的主要范式，旅游资源评价大多在此基础上进行。然而传统的以国家标准为代表的旅游资源评价存在一定的局限性和盲点，这种评价方式更加侧重静态测度，即资源现状价值、规模、影响力等资源本体禀赋条件，却忽视了旅游资源外部的开发条件和市场价值，欠缺对未来发展的全面思虑，从而可能会导致禀赋较高的旅游资源难以转化成为强竞争力的旅游产品。同时资源禀赋较弱的旅游资源，由于旅游开发政策优惠、区位条件较好、资金的投入充足和广泛的客源市场，旅游产品显示了良好的市场竞争力。传统的旅游资源评价可能对旅游开发产生误导，因此从更深、更广的层面上进行旅游资源开发潜力评价逐渐成为了旅游资源定量研究的热点。旅游资源开发潜力评价，是对旅游资源是否具备发展旅游业的条件并进而获取经济、社会和环境效益的能力的衡量，是旅游资源评价的进一步深化；关注旅游资源开发的后劲和未来定位，以动态、发展的视角，对开发潜力进行全面合理的评价，不仅着眼于旅游资源的本体价值，还兼顾到旅游资源开发不可或缺的外部环境条件，具有前瞻性、动态性和全面系统性，能够合理表征旅游资源未来的发展前景和竞争力，有更大的现实指导意义，可以为区域旅游资源开发时序的科学安排及空间格局的合理构建提供参考依据(汪侠等，2007；翟琴，2013)。

6.2 红树林湿地的生态旅游价值

红树林湿地因其处于隐蔽的港湾因而在所有的海岸景观中独树一帜。红树林湿地有大量海岸线向内凹进的地方，因而增加了多方面、多层次的特色生态旅游价值，蜿蜒曲折的情境更容易激发人们的观赏情趣(黎遗业等，2008)。红树林湿地的生态旅游价值主要表现在以下几个方面(图 6－1)。

6.2.1 生态资源丰富

红树林生态系统是富有高生产力的海洋生态系统，具有丰富的动植物资源，大规模的天然红树林分布为鱼类和甲壳类动物提供了完整的栖息地。应当合理利用资源来吸引游客目光，加强红树林保护宣传教育。

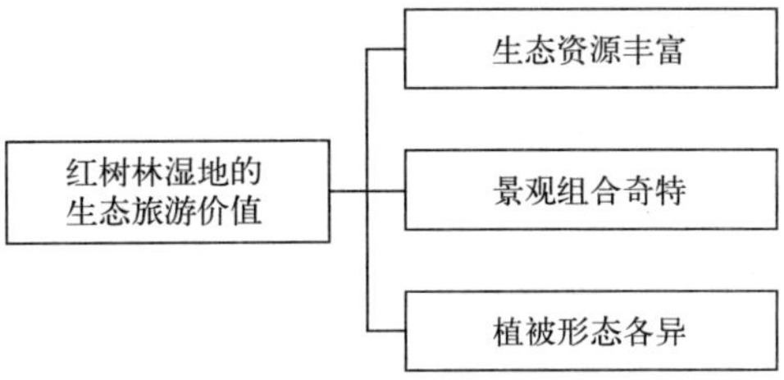

图6－1　红树林湿地生态旅游价值

6.2.2　景观组合奇特

红树林群落坐落于潮起潮落的滩涂上，将陆地景观与海域景观有机组合在一起，景色多变，富有层次，吸引力较强；湿地港湾以外的蓝天之下是波涛起伏的碧海；在港湾之内，则是另一番景色。

6.2.3　植被形态各异

红树植物是唯一能在海里生长的木本植物类群，形态特异。由于对波浪冲击的适应，红树植物形成奇形怪状的起支持作用的根系，包括宽大的板状根、拱形撑托的支柱根、蛇形匍匐的缆状根、垂直上伸的笋状根和指状根以及裸露地表的膝状根等，造型千姿百态，对视觉形成了较大的冲击力。

6.3　层次结构评价模型介绍

6.3.1　评价模型介绍

生态旅游资源开发潜力评价涉及对生态旅游资源的区位条件、经济社会状况、生态环境状况、资源品位、文化背景等的全方位考虑，具有系统性和复杂性，难以全面进行把握，其中的不确定因素广泛存在；而且长期以来，旅游资源的评价以主观打分为基础，评价专家主观上的不确定性和认识上的模糊性制约了评价结果的客观性。因此生态旅游资源开发潜力评价具有不确定性，主要包括指标体系构建中的不确定性、资料获取的不确定性和指标体系量化中权重的不确定性(廉同辉等，2010)。

评价指标体系是建立在某些原则基础上的指标集合，是一个完整的整体，旅游资源开发潜力评价涉及多个方面，但由于对问题认识的局限性以及定量研究方法和数据来源的限制，在指标的遴选上产生某些遗漏和偏差；指标数据、指标权重的来源，主要在专家打分、问卷调查基础上利用数学模型进行处理，专家的不同、认识水平的高低、个人的偏好以及国家政策的导向都可能直接影响到评价结果的优劣，从而产生人为的偏差。可见，开发潜力评价的不确定性主要存在于人的主观性，在评价过程中，应该尽量增加客观因素在旅游资源评价中的作用，从而避免和减少不确定性因素的影响(齐德利等，2005；吕建树，2011)。

指标体系的构建是综合评价的关键，其全面性和合理性直接影响到评价结果的可信度和准确性(吕建树，2011)。以主观定性指标为基础的旅游资源评价指标体系的不确定性较大，但单纯的定量指标又不能完全适用于旅游评价，如涉及资源品位、文化背景的评价只能是在评价者主观感知的基础上进行量化打分。因此应该遵循定量和定性相结合的原则，适当引入定量指标，增加评价结果的客观性和确定性。此外，在选择和设计评价指标时，还要遵循全面性、代表性、动态性、层次性、可操作性的原则。构建生态旅游资源开发潜力指标体系不仅要着眼于湿地资源环境可持续发展，更要综合考虑资源自身的禀赋条件、外部开发条件、地域生态环境特色、客源市场等因素。生态环境条件和资源禀赋条件是影响湿地生态旅游资源开发的内在因素，不仅直接关系到湿地旅游资源品位的高低，还会影响后期旅游产品的质量，也能够反映出旅游资源与环境之间的关系。客源市场条件和旅游开发条件是湿地旅游资源开发的外在驱动，将会决定旅游资源的开发速度、规模和幅度，同时也会起到导向作用(吕建树等，2010；廉同辉等，2010)。

6.3.2 评价方法介绍

层次分析法(AHP)是由美国运筹学家 T. L. Saty 教授在 20 世纪 70 年代提出的，其实质是将决策问题的关键因素划分成几部分，包括标准、战略目标和制定方案等，并以此为基础进行相应的定性和定量分析的一种决策手段(邓雪等，2012)。其具备的主要特点是，通过分析问题的本质和其内部各因素之间的联系，建立一个相应的模型，利用少量的信息，以数学化的思维模式来思考决策问题，完成对于多目标、多原则复杂问题的决策制定。利用该种方法分析问题，首先就是要将复杂的多目标问题看成一个整体系统，该系统由各种因素组成，同时将其中的关键因素按支配属性划为其他若干项指标，同时通过互相比较和判断来确定每层中各因素的相对重要程度(郭金玉等，2008)。然后使用模糊量化的计算法来确定各指标的权数，以确定各个因素对于决策目标的重要程度，并排列顺序。总体来说，层次分析法因其具备多准则的特性，因此能够用来分析定量或者定性的目标。另外它的计算过程包含分解和判断等特征，比较符合人类的思考过程，使得其具备极强的实用性，并且其最大的优点就是简单性层次分析法，该法包括以下四个具体步骤(邓雪等，2012；孙洁婧，2014)。

1)建立分层评价模型

影响生态旅游综合评价的因素较多，首先对各因素做全面的调查分析，明确主要影响因素及主要项目和内容，然后再进行因素分解，按其内在结构关系排列为若干层次，建立起合理的层次结构模型(图 6－2)。

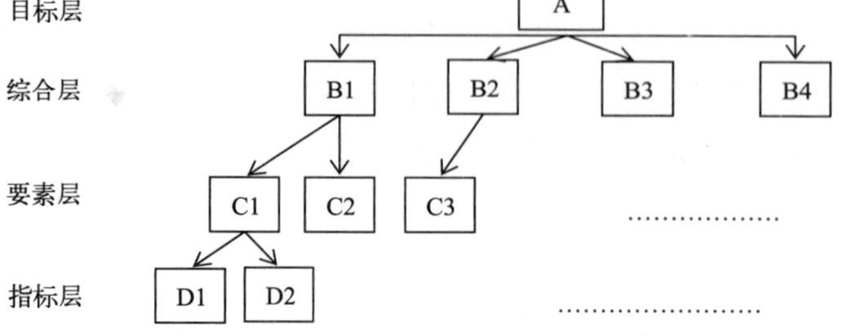

图 6－2 层次结构模型(朴春花，2008)

2）建立判断矩阵群

该步骤是整个分析方法中的关键一步，建立好层次结构群应具有阶梯性，同时内部的各要素的从属和并列关系都必须明确了当（孙洁婧，2014），并对第二层以后的各个并列从属元素进行相互比对，以确定其相对重要性，同时建立相应的判断矩阵。例如某层 A，其隶属要素有 C1、C2、C3 等要素，每个要素都具有独立性，而判断矩阵的作用就是来比较各要素对 A 元素的影响大小，并称之为重要性。最后对这些要素的影响大小进行一个相应的排序。在进行矩阵判断时，需要多名人员共同判断，以此来防止错误发生。并作出表 6－1 的比较判断矩阵。其中 a_{ij} 为 B_i 相对 B_j 对 A 的重要程度表示值。

表 6－1　比较判断矩阵

A_k	B1	B2	……	Bn
B1	b_{11}	b_{12}	……	b_{1n}
B2	b_{21}	b_{22}	……	b_{2n}
⋮			……	
Bn	b_{n1}	b_{n2}	……	b_{nn}

资料来源：朴春花，2008。

同时，各操作人员可以根据其判断矩阵来进行比率标度制定，其范围为 1～9。具体内容见表 6－2。

表 6－2　标度及含义

标　度	含　义
1	两个指标相比，两者同样重要
3	两个指标相比，前者比后者稍微重要
5	两个指标相比，前者比后者明显重要
7	两个指标相比，前者比后者强烈重要
9	两个指标相比，前者比后者极端重要
2，4，6，8	上述倆相邻半段之中值，重要性是判断之间的过渡
倒数	如果第 i 个指标与第 j 个指标比较得到 b_{ij}，那么第 j 个指标与第 i 个指标比较得到 $1/b_{ij}$

资料来源：朴春花，2008。

3）层次排序

层次排序主要包括两类，即层次单排序，层次总排序两类，前者的作用是对某层的要素进行排序（孙洁婧，2014）。矩阵判断通常需要多位专家共同进行，以此来防止产生片面性错误，同时，对各位专家所判断出的指标权重进行相应的计算分析，最后取计算结果的算术平均值或者几何平均值。进一步划分就可以得到最终的指标权重值。另外对各层单排序的计算结果进行分析和计算就可得到层次总排序。以上排序其主要是关于目标的权重来划分的。

4）判断矩阵的一致性检验

据此构造判断矩阵，根据判断矩阵计算与上一层某元素有联系的各元素的重要性次序的权值，它是本层元素对于上层所有元素重要性总排序的基础。计算满足：$BW=\lambda_{max}W$ 特征根与特征向量，式中 λ_{max} 为判断矩阵 B 的最大特征根，W 为对应于 λ_{max} 的正规特征向量，W 的分量 W_i 即为元素 B_i 单排序的权值。经运算，求出各指标的权重值，并进行一致性检验(吴臻霓，2006)。

6.4 评价目的和内容

6.4.1 目的和意义

当前国内外对有关旅游资源潜力评价的研究还处于初步阶段，相关深入而成熟的研究成果尚不多见，对湿地生态旅游资源潜力评价的研究更少(王霄，2007)。我们首先对广西湿地生态旅游资源数量、分布、现状调查并进行分类，再结合前人的研究成果，构建湿地生态旅游资源潜力评价模型，以广西滨海湿地为例，对该保护区的湿地生态旅游资源潜力进行评价，并综合分析评价结果，在此基础上有针对性地构建广西沿海湿地生态旅游资源开发模式与开发格局，可以为广西滨海湿地生态旅游资源潜力开发和旅游资源可持续利用提供理论支持和决策依据(赵洋，2010)。

评价湿地红树林生态旅游资源进行目的，是识别旅游资源的类型特征，并确定资源价值。然而当前对红树林生态旅游资源潜力评价的研究还比较少，尤其是没有对红树林生态旅游资源的进行过较为系统的潜力评价研究。伴随着旅游资源所处环境和开发程度的变化，旅游资源自身质量和价值品质也呈现一个动态的变化过程，而原有旅游资源评价指标体系更侧重于对资源现状价值的评估，对资源发展潜力考虑较少，从而导致生态旅游资源的价值评估不够客观和全面，生态旅游资源的潜力难以得到充分的利用。同时，红树林生态旅游活动本身更强调生态环境价值和资源的可持续利用，要求维持生态系统平衡，促进生态环境良性循环。目前，广西滨海湿地红树林旅游资源还处于开发初级阶段，因此，探索性地对广西滨海湿地红树林旅游资源潜力进行评价具有十分重要的意义。只有对生态旅游资源有了深入的认识，将景观资源、自然生态环境、游客行为等各种相关因素进行综合考虑，才能更为合理和科学地评价红树林湿地生态旅游资源潜在的价值。在资料搜集和现场调查相关研究的基础上，提出湿地红树林生态旅游资源开发潜力评价的含义，充分挖掘湿地红树林生态旅游资源潜力，合理进行生态旅游活动的布局和管理等建议。这些不仅有利于广西滨海湿地景观特色旅游经济的发展，而且能够使湿地红树林旅游资源得到合理的保护，对实现保护与利用的协调，人与自然的和谐均具有一定的理论和现实意义(赵洋，2010)。

6.4.2 评价内容

6.4.2.1 广西湿地红树林生态旅游资源调查

通过资料分析和实地调查掌握广西滨海湿地红树林生态旅游资源的类型和分布概况，绘制湿地红树林生态旅游资源图。

6.4.2.2　湿地红树林生态旅游资源开发潜力评价指标体系研究

从旅游资源开发条件和景观资源质量等入手，建立多层次的、明晰的湿地生态旅游资源开发潜力评价体系，并采用“层次分析法”确定指标权重。广西滨海湿地生态旅游资源开发潜力评价研究在实地调查的基础上，详细分析广西滨海湿地生态旅游资源的类型和分布格局，同时采用上述确定的湿地生态旅游潜力评价体系，对广西滨海湿地红树林生态旅游资源进行潜力评价定量研究。

6.4.2.3　广西滨海湿地红树林生态旅游资源优化利用与保护

通过给予潜力评价，从湿地生态旅游资源可持续利用角度入手，根据广西滨海湿地生态旅游资源开发布局、旅游可持续管理、旅游活动方式、生态教育等多方面对广西滨海湿地生态旅游资源保护与优化利用构建具有针对性建设性的保护与优化利用模式，提出针对性的区域可持续开发举措。

6.4.3　技术框架

广西滨海湿地生态旅游资源评价体系研究的技术路线图如图6－3所示。

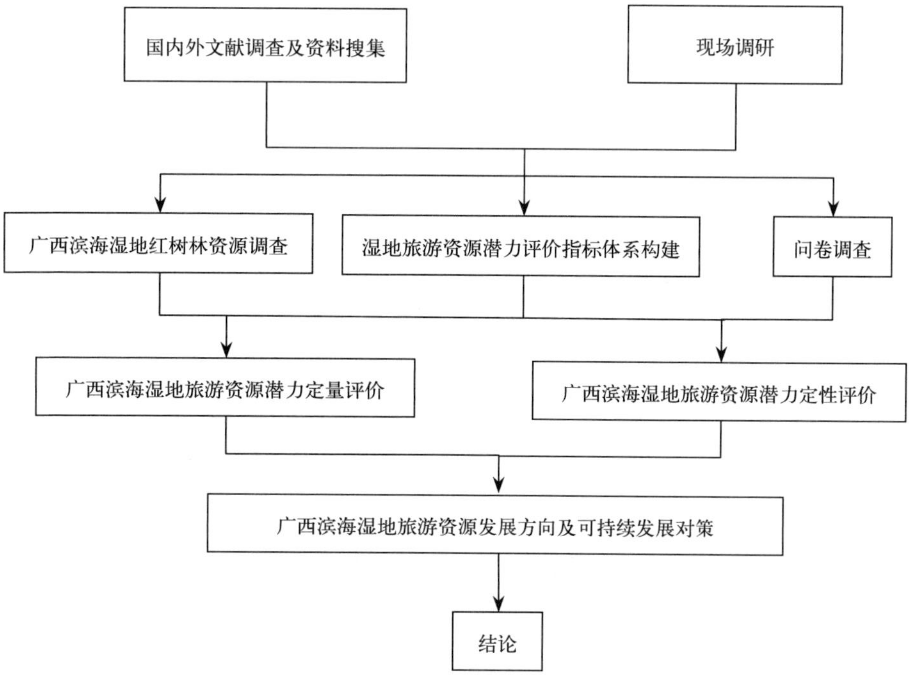

图6－3　研究技术路线图(赵洋，2010)

6.4.4　评价指标体系的构建原则

由于资源评价国家标准侧重于资源要素价值和影响力等评价，属于旅游资源的评价，忽略了与旅游资源开发密切相关的开发区位条件等其他方面的评价，与实际旅游规划和开发的要求有一定差距(赵洋，2010)，因此，有必要深入研究旅游资源开发评价，探讨旅游资源开发潜力评价体系的进一步构设。旅游资源开发潜力评价会直接影响旅游地开发利用的程度，当旅游地建成后，该潜力评价仍会继续对其进行评价，以适应不断变化的旅游市场的需求。旅游资源开发潜力评价是实现旅游资源综合开发利用的重要前提保障条件。由于旅游资源开发程度和所处环境存在差异，旅游资源的价值品质和自身质量也呈现出动态变化过程，原本对游客吸引力不大的资源，随着市场需求和开发条件的变化，对游客的吸引力可能会不断增强，从而具有越来越大的开发市场(赵洋，2010)。因此，仅仅从资源本身属性对生态旅游资源进行评价是远远不够的，更要注重的是对资源未来发展，市场潜在规模、格局变化情况，生态环境潜在条件以及旅游外在条件的支持力等进行潜力评估(赵洋，2010)。

生态旅游地开发潜力评价是一个不仅涵盖旅游业本身，而且涉及交通、餐饮等多方面相关影响因素的复合系统，因此对其潜力的评价应该从多方面、多视角出发，对系统综合能力进行全面考察评价，这就需要建立一个多层次的综合性评价指标体系。湿地生态旅游资源开发潜力评价通过选择具有代表性的指标体系，定量表现影响区域湿地生态旅游资源发展潜力的不同方面，同时比较分析各旅游资源潜力和未来发展方向(赵洋，2010)。通常认为，评价指标体系应该越全面越好，但实际评价工作需要考虑定量研究方法和指标数据本身的限制条件。综合考虑指标的代表性、可比性、通用性和数据可获得性，力求全面、客观、准确地反映湿地生态旅游的资源现状及其开发潜力(赵洋，2010)。在指标体系的构建中，应该遵循以下主要原则(图6-4)。

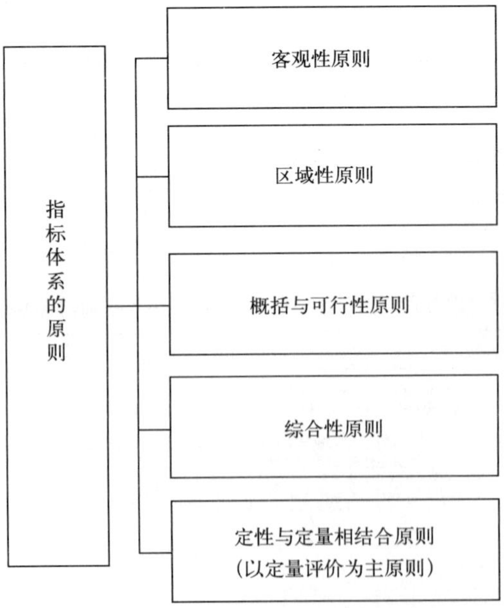

图6-4　构建评价指标体系的原则

1)客观性原则

旅游资源是客观存在的事物，故其特点、内涵、价值和功能也是客观存在，评价时应遵循实事求是的原则，进行如实的科学的评价。对其价值的高低好坏、功能及开发前景，既不能夸大，也不能缩小，要做到客观。设计的湿地生态旅游资源评价指标必须以客观存在的事实为基础来获得数据，作为计量和评价的可靠依据。

2）区域性原则

本项目的研究对象跨越整个广西沿海湿地，针对区域范围这一空间尺度，在选择评价指标时应避免过于微观化的指标，以区域层面上的重要支撑性因素为主。

3）概括与可行性原则

旅游资源评价指标体系的设置要避免过于繁琐，同时指标体系所设计的数据必须是目前我国统计制度中具有的或通过努力容易得到的，这样才能使其运用具有较强的可操作性。

4）综合性原则

旅游资源的多样性决定了旅游资源的价值和功能是多方面的、多层次的、多形式的、多内容的。所以要求在旅游资源评价时，综合衡量、全面完整地进行综合评价，准确全面地反映旅游资源的整体价值。在对旅游资源进行评价研究时，不仅要考虑旅游资源本身的特征，还应考虑将所涉及的旅游资源开发的自然、经济、社会环境、区位、客源、基础建设水平等开发利用条件作为外部系统纳入评价范畴（赵洋，2010）。

5）定性与定量相结合原则（以定量评价为主原则）

旅游资源的评价通常多采用定性和定量两种方法。定性评价运用范围广泛，使用方便，但主观色彩较浓，客观性及可比性不强。定量评价研究方法则主要依据一定的评价标准与评价模型，利用系统的数学方法，量化有关的旅游资源评价因子，结果客观性有可比性。考虑到滨海湿地旅游资源复杂多样，评价时应当采用定性与定量评价相结合，减少主观因素，以定量评价为主的方法取得更加客观的评价结果（庄晨辉等，2007）。

6.5 评价方法

6.5.1 指标体系的构建

遵循以上原则，结合前人已有的研究，从资源禀赋条件、旅游开发条件、生态环境条件、客源市场条件四个方面出发，建立生态旅游资源开发潜力评价的指标体系层次结构模型。该模型共设置4层，分别为目标层、综合层、要素层和指标层（图6－5）（吕建树等，2011）。

6.5.2 权重的确定

层次分析法是旅游资源研究中较为成熟的指标赋权方法，尤其适合于多层次、多因素的复杂指标体系，其可信度和准确度较高，采用此方法来确定各层次评价指标的权重；采用专家咨询法，邀请10位专家和研究人员对各层次指标进行两两重要程度判断比较，这些专家和研究人员分别对旅游地理学、生态学、旅游规划、旅游市场、旅游文化等相关领域有深入研

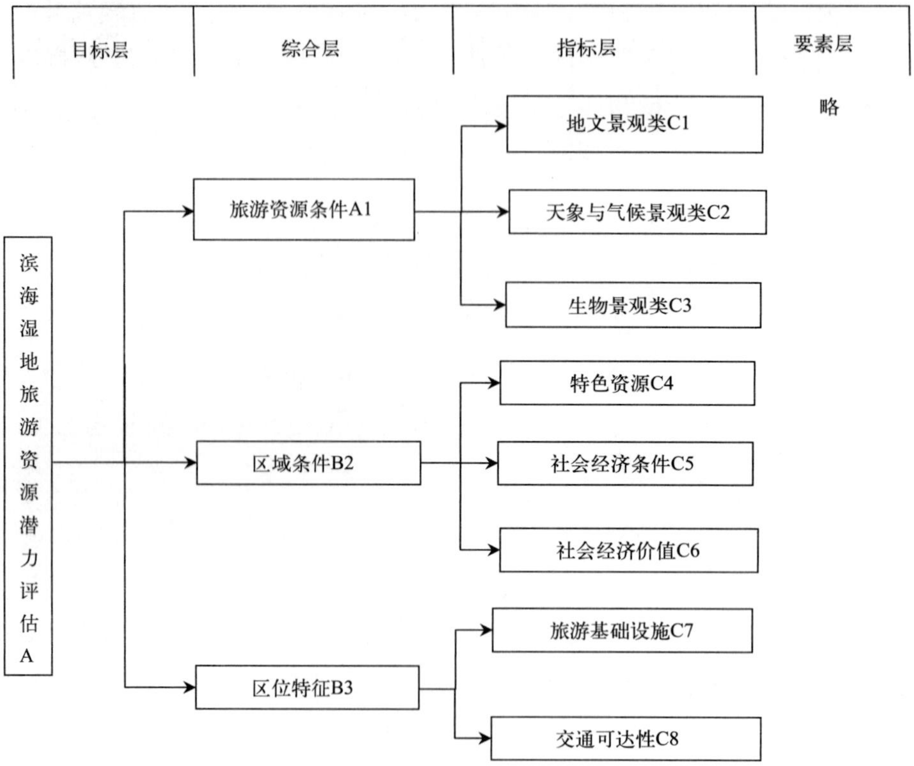

图6-5　生态旅游资源开发潜力评价层次结构模型(吕建树等，2011)

究；利用DPS数学软件对各专家打分得出的各指标之间标度值进行处理，计算出各层次要素的权重值，并通过了一致性检验，以减少权重的不确定性(见表6-3)(吕建树等，2011)。

6.5.3　测算方法

生态旅游资源开发潜力评价指标体系分为四个层次：

一级评价指标为：

$$U = (U_i) = (U_1, U_2, U_3, U_4) \tag{6-1}$$

二级评价为：

$$U_i = (U_{ij}) = (U_{i1}, U_{i2}, \cdots, U_{imi}) \tag{6-2}$$

三级评价指标为：

$$U_{ij} = (U_{ijk}) = (U_{ij1}, U_{ij2}, \cdots, U_{ijmij}) \tag{6-3}$$

式中，U为总目标层；U_i为目标层下的第i个综合层指标，$i=1$，2，3，4；U_{ij}为第i个综合层指标U_i下的第j个要素层指标，$j=1$，2，…，mi，mi为U_i下指标的个数；U_{ijk}为U_{ij}下的第k个指标，$k=1$，2，…，mij，mij为U_{ij}下指标的个数(吕建树等，2010)。

按照各指标层次打分后根据评价得分对评价区进行分级，将评价指标的优劣分为V_1(很好)、V_2(好)、V_3(一般)、V_4(差)、V_5(极差)5个等级，参照国家环境旅游行业相关标准和研究区的实际状况制定了每个等级的赋分标准，5个等级的评价分值分别为8~10分(V_1)、6~8分(V_2)、4~6分(V_3)、2~4分(V_4)和0~2分(V_5)，介于两个等级之间的评分分别为9分、7分、5分、3分和1分(吕建树等，2011；表6-3)。

表6-3 广西生态旅游资源开发潜力评价指标权重及评价标准

目标层	综合层（指标，权重）	要素层（指标，权重）	指标层（指标，权重）	评价标准				
				8~10	6~8	4~6	2~4	0~2
生态旅游潜力A	旅游资源条件（B1,0.531）	地文资源（C1,0.653）	岩礁岛区（D11,0.063）	岛屿规模很大，数量很多	规模较大，数量较多	规模一般，资源种类一般	规模较小，资源种类较少	几乎没有
			滩涂红树林（D12,0.478）	很多	较多	一般	较小	极少
			水色（D13,0.065）	蔚蓝色	浅绿/蓝	浅灰色	暗灰色	黑/褐色
			水透明度（D14,0.138）	>4	3~4	2~3	1~2	0.3~1
			水环境质量（D15,0.256）	很好	较好	一般	差	极差
		天象与气候景观类（C2,0.089）	气候舒适度（D21,0.545）	很高	较高	一般	较低	极低
			台风等自然灾害频率（D22,0.254）	极低	较低	一般	高	很高
			日出、月生观赏价值（D23,0.201）	很高	较高	一般	较低	极低

续表

目标层	综合层（指标，权重）	要素层（指标，权重）	指标层（指标，权重）	评价标准				
				8～10	6～8	4～6	2～4	0～2
生态旅游潜力A	旅游资源条件（B1，0.531）	生物景观类（C3，0.531）	观赏鱼类（D31，0.212）	很多	多	一般	较少	极少
			观赏鸟类（D32，0.108）	很多	多	一般	较少	极少
			特色红树林种（D33，0.358）	很多	多	一般	较少	极少
			红树林覆盖率（D34，0.251）	很高	高	一般	较低	极低
			海钓活动适宜性（D35，0.059）	很适宜	适宜	较适宜	限制较大	限制极大
			渔业养殖观光价值（D36，0.012）	很高	高	一般	较低	极低
		特色资源（C4，0.077）	民俗吸引力（D41，0.317）	很高	高	一般	较低	极低
			科研价值（D42，0.683）	很高	高	一般	较差	极差

续表

目标层	综合层（指标，权重）	要素层（指标，权重）	指标层（指标，权重）	评价标准				
				8~10	6~8	4~6	2~4	0~2
生态旅游潜力A	区域条件（B2,0.138）	社会经济价值（C5,0.639）	人类干扰（D51,0.125）	极少	较少	一般	较多	很多
			旅游投资（D52,0.337）	很多	多	一般	较少	极少
			开发现状（D53,0.265）	很高	较高	一般	较低	极低
			居民态度（D54,0.273）	很赞成	赞成	一般	中立	反对
		旅游基础设施（C6,0.361）	交通条件（D61,0.504）	很高	高	一般	较差	极差
			安全性（D62,0.496）	很高	高	一般	较差	极差
	区位特征（B3,0.331）	交通可达性（C7,0.694）	距离村距离（D71,0.108）	很近	较近	一般	较远	很远
			距离道路距离（D72,0.502）	很近	较近	一般	较远	很远
			城市可达性（D73,0.127）	很高	高	一般	较差	极差
			红树林可达（D74,0.263）	很高	高	一般	较差	极差
		与周边旅游资源的差异性（C8,0.306）	与周边旅游资源的差异性（D81,0.558）	很高	高	一般	较差	极差
			与附近旅游地间的距离（D82,0.442）	极短	短	较短	较长	很长

资料来源：吕建树等，2011。

6.6 评价结果

本研究采用的广西滨海典型区红树林生态旅游资源开发潜力综合评价模型为

$$R = \sum F_i \cdot W_i \tag{6-4}$$

式中，R 为广西滨海典型区红树林生态旅游资源开发潜力综合评价指数；F_i为某景点第 i 项指标的标准值；W_i表示第 i 项指标所占权重。

将评价矩阵输入评价系统，得出各旅游资源开发潜力综合评价值；根据上述各评价指标打分的基本标准和各灰数及白化权函数特点，建立旅游资源开发潜力的等级标准，将生态旅游资源开发潜力分为 4 级：≥6.5 为Ⅰ级潜力旅游资源，5.0～6.5 为Ⅱ级潜力旅游资源，3.5～5.0 为Ⅲ级潜力旅游资源，≤3.5 为Ⅳ级潜力旅游资源；其中Ⅰ级潜力旅游资源具有最佳开发潜力，基本无开发限制因素，最适合生态旅游开发；Ⅱ级潜力旅游资源具有次佳开发潜力，有一定的开发限制因素；Ⅲ级潜力旅游资源具有一般开发潜力，开发限制因素较多；Ⅳ级潜力旅游资源具有较差的开发潜力，基本不适合生态旅游开发。经计算，各湿地生态旅游景点开发潜力综合指数见表 6－4～表 6－6，其红树林生态旅游评价等级见图 6－6～图 6－9。

表 6－4　珍珠湾红树林生态旅游潜力评价

标号	综合得分	开发潜力级别	功能分区	旅游项目细化
1－1	6.84	Ⅰ级	鸟类观赏区	喂食、摄影、科普、设置瞭望台、专业人员讲解
1－2	4.46	Ⅲ级	科研教育区	栈道观赏、组织小学生参观
2	3.19	Ⅳ级	堤岸景观区	观赏、乘船考察
3－1	6.15	Ⅱ级	湿地探险区	漂流、农家乐
3－2	6.62	Ⅰ级	渔家乐体验区	垂钓、农家乐
3－3	6.67	Ⅰ级	游船观光区	亲身接触红树林
4	4.02	Ⅲ级	岛屿观赏区	体验宽阔的视野
5	3.29	Ⅳ级	堤岸景观区	观赏、乘船考察
6－1	6.54	Ⅰ级	堤岸景观区	观赏、乘船考察
6－2	6.87	Ⅰ级	度假旅游区	放松、娱乐、观赏
7－1	5.81	Ⅱ级	堤岸景观区	观赏、乘船考察
7－2	4.48	Ⅲ级	度假旅游区	疗养、娱乐、观赏
平均值	4.64	Ⅲ级	—	

表 6－5　茅尾海红树林生态旅游潜力评价

标号	综合得分	开发潜力级别	功能分区	旅游项目细化
1	3.46	Ⅳ级	鸟类观赏区	喂食、摄影、科普、设置瞭望台、专业人员讲解
2－1	6.22	Ⅱ级	垂钓区	垂钓、观赏

续表

标号	综合得分	开发潜力级别	功能分区	旅游项目细化
2－2	5.97	Ⅱ级	科研教育区	栈道观赏、组织小学生参观
3	4.46	Ⅲ级	栈道观赏区	观赏、乘船考察
4－1	6.03	Ⅱ级	野营区	篝火晚会、探险
4－2	5.75	Ⅱ级	康健疗养区	净化心灵、活化身心
5－1	6.59	Ⅰ级	度假旅游区	放松、娱乐、观赏
5－2	6.51	Ⅰ级	科研教育区	栈道观赏、组织小学生参观
6－1	6.65	Ⅰ级	游船观光区	近距离观赏、科普
6－2	6.17	Ⅱ级	游船观光区	近距离观赏、科普
平均值	5.94	Ⅱ级	—	

表6－6 丹兜海红树林生态旅游潜力评价

标号	综合得分	开发潜力级别	功能分区	旅游项目细化
1	3.32	Ⅳ级	垂钓区	垂钓、观赏
2－1	5.57	Ⅱ级	垂钓区	垂钓、观赏
2－2	4.46	Ⅲ级	野营区	篝火晚会、探险
3	4.97	Ⅲ级	科研教育区	栈道观赏、组织小学生参观
4－1	6.18	Ⅱ级	鸟类观赏区	喂食、摄影、科普、设置瞭望台、专业人员讲解
4－2	5.82	Ⅱ级	康健疗养区	净化心灵、活化身心
5－1	6.50	Ⅰ级	堤岸景观区	观赏、乘船考察
5－2	6.16	Ⅱ级	科研教育区	栈道观赏、组织小学生参观
6－1	3.36	Ⅲ级	度假旅游区	放松、娱乐、观赏
6－2	3.08	Ⅲ级	康健疗养区	净化心灵、活化身心
平均值	4.91	Ⅲ级	—	

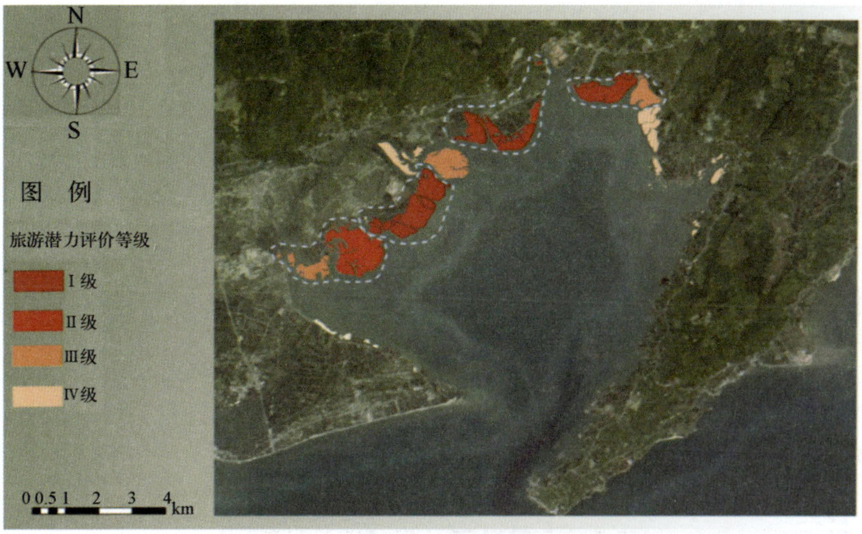

图6－6 珍珠湾红树林旅游潜力等级评价

图 6－7　茅尾海红树林旅游潜力等级评价图

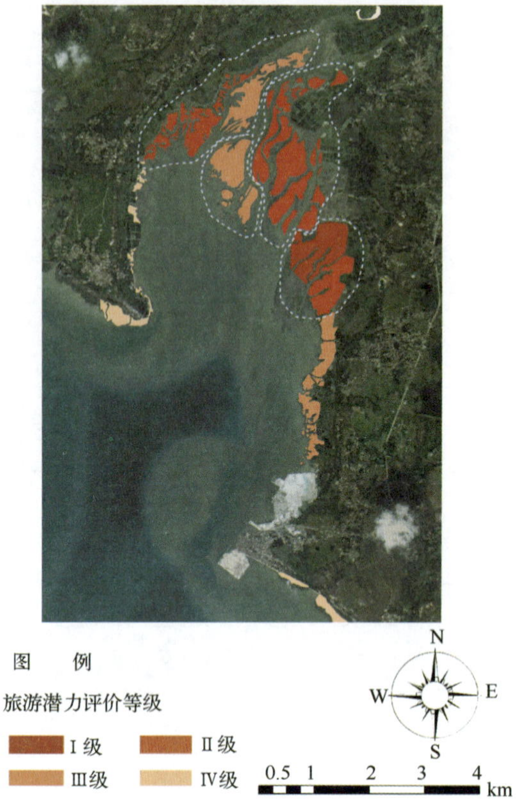

图 6－8　丹兜海红树林旅游潜力等级评价图

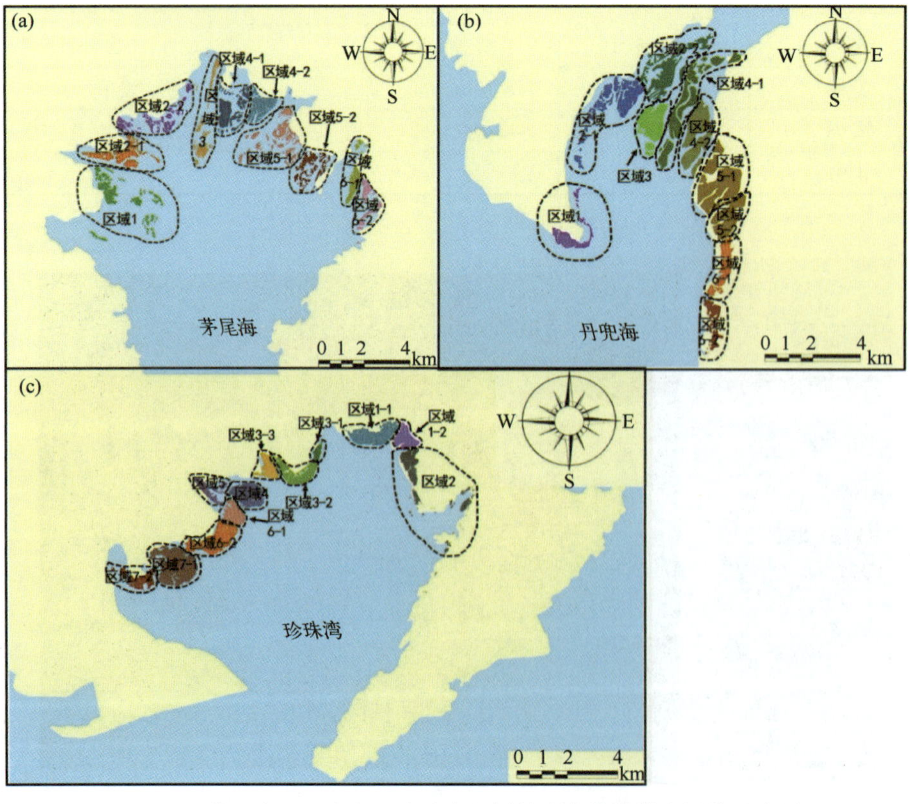

图 6－9　茅尾海、丹兜海、珍珠湾红树林生态旅游潜力评价示意图
（a）茅尾海；（b）丹兜海；（c）珍珠湾

根据评价结果及潜力等级标准，对广西滨海典型区红树林生态旅游潜力进行等级划分，并根据实际情况，提出生态旅游开发的方向及相应策略。

珍珠湾区域可划分为12处生态旅游区，6.5分以上的资源5个，占总数的41.7%，5.0~6.5分的资源2个，占总数的16.65%，3.5~5.0分的资源3个，占总数的25%，3.0~3.5分的资源2个，占总数的16.65%［表6－4，图6－9(C)］。

珍珠湾地区具备生态旅游Ⅰ级潜力的有区域1－1、区域3－2、区域3－2、区域6－1和区域6－2。这些地区红树林资源丰富，环境优美，气候宜人，四季景色各异。其中区域1－1位于广西北仑河口国家级保护区内，景观资源质量得分较高，资源赋存及禀赋好，生态保育过程和环境保护能够提供较好的环境教育功能。该地区地理位置优越，红树林资源丰富，长势良好，并且距离防城港市车程较近。目前，该地域已规划为4A级生态旅游风景区并在积极筹建中，生态旅游开发以自然观光和环境教育为主。区域6－1和区域6－2附近住宿条件优越，拥有优越的度假资源，七彩贝丘湾酒店在建中，周边城镇经济发展较快，具有大面积天然红树林资源，可见，该区域整体红树林生态旅游旅游潜力与旅游开发具有较高的一致性。通过调查，区域1－2属于Ⅲ级潜力旅游资源，该地区存在最大的问题是红树林普遍受灾，自然资源先天条件较为有限，但值得一提的是，该地区的生态养殖业发展扎实，具有先进技术支撑，为后续发展旅游业提供了特色资源，在现有的养殖业基础上对湖泊景观及环境进行恢复后再开展生态旅游。区域4和区域7－2属于Ⅲ级潜力旅游资源，限制发展旅游的主要因素在于区位和道路交通可达性。从这些红树林区域的因素层得分可以看出，区域4和区域7－2整体景观资源质量较高，同时有特殊的人文吸引力，生态旅游活动必然以已有的景观资源为依托，并不断挖掘其他特色资源。

茅尾海区域可划分为10处生态旅游区，6.5分以上的资源3个，占总数的30%，5.0~6.5分的资源5个，占总数的50%，3.5~5.0分的资源1个，占总数的10%，3.0~3.5分的资源1个，占总数的10%［表6－5，图6－9(a)］。

区域5－1、区域5－2和区域6－1同属于Ⅱ级潜力旅游资源，旅游区位条件、旅游市场及旅游开发条件较好，也拥有相当的旅游资源条件，具备较高的美学价值、科学价值、文化价值及休闲度假价值，水体质量、水深、自然环境氛围和湖区地貌也有较高的观赏价值，在区域6－1已有在建的公园一座，距离港口较近，该区域的旅游开发潜力很大，但它目前只是一个较适宜游乐和观览红树林的旅游地，生态旅游开发需要在已开发景区的基础上，利用区位优势，合理调节各种用地类型的矛盾，争取对环境影响最小的情况下进行生态旅游开发，在开发规划中首先要突出旅游地的景观资源特色。

区域4－1和区域4－2拥有大面积的红树林资源，景观资源得分较高，自然资源丰富多样，鸟岛是木兰湖独特的生态景观，形成较好的规模效应，是不可多得的城市湿地动物景观，极具自然景观观赏价值，生态旅游价值大，观鸟旅游活动是木兰湖生态旅游开发的重要部分。但是受到水体质量、水深、自然环境氛围和区位交通条件等因素的限制，发展旅游的同时，也要注意发展交通。

区域1属于Ⅳ级潜力旅游资源，主要是该地区的旅游资源较为单一，红树林物种主要以人工种植的无瓣海桑为主，视野不开阔并且受到采沙、人工养殖等人类活动的干扰较为严重，同时水环境质量较差，生态旅游开发潜力较小。

丹兜海区域可划分为10处生态旅游区，6.5分以上的资源1个，占总数的10%，5.0～6.5分的资源4个，占总数的40%，3.5～5.0分的资源2个，占总数的20%，3.0～3.5分的资源3个，占总数的30%[表6－6，图6－9(b)]。整体上看，该区域主要的限制因素为交通条件与区位特征，这10处的红树林所处的地理位置均较为偏远，距离城镇主干道远，并且道路多为土路。

区域4－1和区域4－2属于Ⅱ级潜力旅游资源，景观资源保存状况良好，位于自然保护区内，科研教育价值较高，植被景观、动物景观特色较不明显，可作为科研教育基地。

区域6－1和区域6－2，景观资源质量得分一般，并且有外来物种互花米草入侵。首先应对红树林环境进行恢复，保证环境稳定和安全，对景观资源在恢复的基础上挖掘其有特色的方面，并可结合周边景区对景观资源进行合理组织，安排湖泊可以作为生态旅游后备发展。大部分的资源未开发利用，景观的多样性和环境保证生态旅游的可持续发展，可依托现有旅游区作为生态旅游重点，开发湖泊，将湿地资源作为重点开发，受区位条件的限制及地区条件限制，度假的旅游模式较为适合。

总体上，丹兜海红树林距离城市以及道路都比较远，总体环境较为安静惬意，在设计湿地旅游目标时，主要将该地区规划为度假、疗养区，这既体现了保护与开发并重的原则，也考虑了该地区荒野平原、湿地生态、鸟类系统和以秋茄、海芒果组成的植被景观的资源特点，应该坚持走生态旅游经济的道路，坚持开发与保护并重的原则，协调区域生态旅游经济与石油经济和农业经济之间的关系，转变传统的农业经济观念，确立本区湿地生态旅游开发的区域经济地位，这样既达到资源利用的目的，又对环境进行了保护并体现了红树林的美学价值。游客行为也应该严格规范，旅游活动产生的生活垃圾要带到指定地点或自行带出，避免随地乱扔。

6.7 基于景观指数的红树林旅游开发潜力评价

如何评价旅游开发潜力水平，是当前我国生态旅游潜力评价监控工作的一个热点与难点问题。采用科学合理的高性能旅游潜力评价指标是生态旅游状态评价工作的关键。旅游开发部门至今一直沿用传统的指标体系评价模型，具有可靠性的特点，但存在客观性低、比较繁琐的明显缺点。为弥补这一缺陷，本研究开展了兼具可靠性、客观性、简便性和辨识性的高性能旅游潜力指数的构建及应用研究。

构建评价指标体系模型是评价旅游潜力采用的基本方法，其他评价方法探讨较多，很少使用。本研究拟构建的红树林旅游潜力评价指数旨在满足红树林监管部门和旅游开发部门的需要，能够被红树林监管部门和旅游开发部门采用，为红树林监管部门和旅游开发部门提供简便、快捷和客观性的评价方法。在结合评价指标体系模型等评价工作实际调研的基础上，将红树林监管部门和旅游开发部门对生态旅游开发潜力信息的需求归纳总结。本研究认为，满足红树林监管部门和旅游开发部门需要的旅游开发潜力指数要兼备数据可靠、评价客观、运算简便和信息辨识度高四个特性，本研究简称为“可靠性”“客观性”“简便性”和“辨识性”兼备。

为了满足识别需求，保证“可靠性”“客观性”“简便性”，本研究采用较为客观准确的景观指数作为指标构建的基础，深化旅游开发潜力的意义。为了满足监管部门对清晰的评价信息的需求，需要在旅游潜力指数评价方法的研究中针对两个方面开展工作。

(1)引入两个既独立又相关联的变量，一个变量能够表征影响范围，一个变量能够表征影响程度。

(2)尽量减少权重的设置。在实际工作中，面对的分析对象往往是随机的，而且是不断变化的，譬如今天分析的可能是海岛的旅游开发潜力，而明天分析的可能是湖泊湿地或红树林湿地的旅游开发潜力。因此，在变量数据的采集和计算过程中，不应过多地设置权重，减少人为因素对评价结果的干扰。很多研究在利用各种集结模型构建的旅游潜力指数时，由于考虑了旅游潜力多种属性的因素，既有旅游潜力中的可达性，也有旅游潜力外的各种影响因素；既有物质性因素，也有管理性因素等，这使得旅游潜力评价指标与指数的含义不清，揭示的旅游开发信息不明，难以满足监管部门开展针对性监管的需要。

6.7.1　评价内容

6.7.1.1　文献调研及查阅总结

对国内外旅游潜力评价相关文献进行了综述，并对旅游潜力指数构建相关的系统综合评价数据挖掘、指数理论等相关理论及方法等进行梳理，分析实现旅游潜力指数的可靠性、客观性、简便性、辨识性的理论方法基础，为高性能的旅游潜力指数构建提供了科学依据。

6.7.1.2　旅游潜力及其影响因素

基于评价对象和监管对象角度，分析旅游潜力评价的含义，探讨旅游潜力影响因素与旅游开发中危害的关系，对旅游潜力中利害与旅游潜力影响因素的不同性质进行区分性研究，为旅游潜力对象的选择提供依据。

6.7.1.3　旅游潜力指数及评价模型

以系统综合评价、数据挖掘和指数理论等相关理论为指导，以斑块重要性和道路距离为关键指标，开展满足可靠性、客观性、简便性、辨识性要求的旅游潜力指数构建研究。

6.7.1.4　旅游潜力指数的实证分析

使用调查指标体系数据的基础上，对旅游潜力指数进行多种实现和多种性能的验证分析。

6.7.2　红树林生态旅游潜力指数

由于指标体系法在应用时，步骤较为复杂，资料获取较为困难，因此，根据广西省滨海红树林特有的斑块形状、数量特征及区位特征，构建适用于广西红树林生态旅游潜力评估的指数：

$$P = (\mathrm{dPC} \times S)/(C \times d) \quad (6-5)$$

式中，P 为生态旅游潜力；dPC 为斑块重要性指标(考虑了红树林斑块之间的距离及面积大小等因素)；S 为斑块外观指数；d 为斑块中心与道路的距离；C 为斑块邻近指数。斑块外观指数 S 和斑块邻近指数 C 均可由软件 Fragstats 计算在斑块水平上的指数得出，而斑块重要性指数(dPC)可由软件 Conefor 计算得出，距离 d 可根据每个斑块的重心与道路的距离代替，可在 GIS 中计算得出。一个地区的红树林生态旅游潜力指数越大，表明该地区的生态旅游潜力及价值越高。

根据上述提出的旅游潜力指数应用于三个典型区的各个红树林斑块，经过计算得出，斑块得分排序和指标评价体系所得出的排序基本相同(图 6－10)。

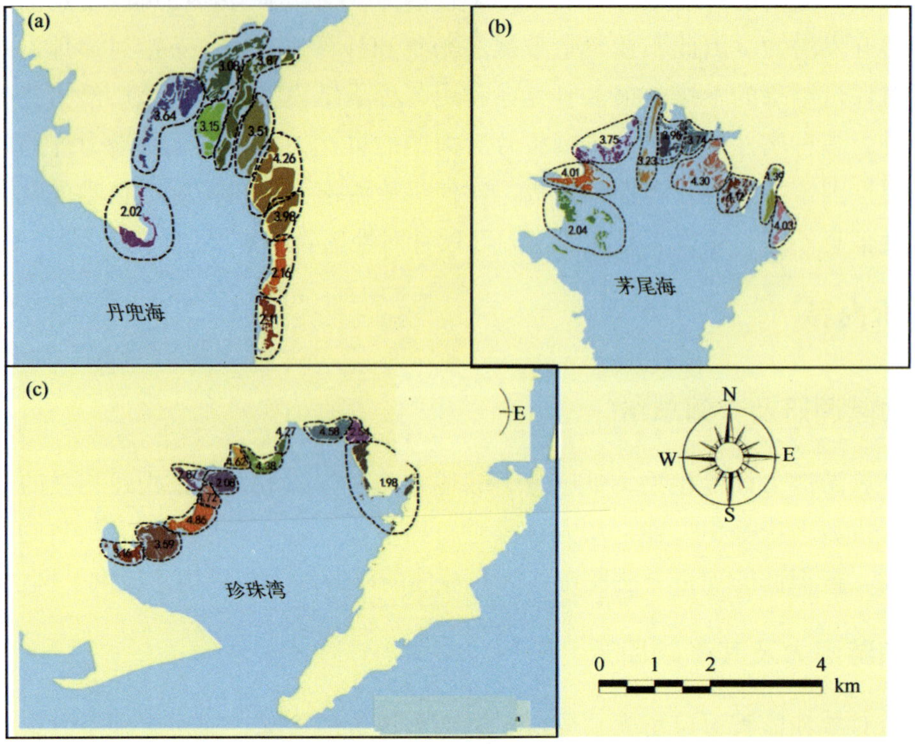

图 6－10　典型区构建指数得分示意图

(a)丹兜海；(b)茅尾海；(c)珍珠湾

现有的构建指标体系评价方法，虽然较单一属性评价方法能够提供更为全面、详细的评价信息，但往往计算繁琐，权重主观，导致使用不简便，信息不可靠，评价不客观，含义不清晰。因此，也不能有效支撑监管决策以及权威信息发布。

旅游潜力评价方法应当兼备可靠性、客观性、简便性和辨识性的高性能特性。红树林斑块重要性、和道路之间距离是刻画旅游开发潜力的关键属性，坚持提出的原则构建的旅游潜力指数才能具备对应的“可靠性”“客观性”和“简便性”。

本研究所构建的“旅游潜力指数”，即(由“红树林斑块重要性”和“和道路之间距离”构成的无权重指数)，是“四性”兼备的高性能综合评价指数。该旅游潜力指数的构成指标精炼，并且含义清晰、计算简便，因此指数具有“简便性”；该旅游潜力指数以斑块重要性为根本依据，因而具有“可靠性”；该旅游潜力指数由反映斑块在其属性上是否具有旅游潜力以及可达性构成，因此比单一的不合格率指标更具“辨识性”；比较常用的方法，该指标对斑块重要性和可达性以放大的倍数刻画，但不会反应过度，因此还具有良好的相对灵敏性。

本研究提出的旅游潜力评价指数仅在本研究对象中有较好的应用，在其他地区的适用性尚未可知，不过本研究构建的旅游潜力评价指数可为广西红树林旅游开发提供一定的理论依据。

6.8　广西滨海湿地红树林旅游目的地关注度分析

6.8.1　数据来源与分析工具

百度指数是基于百度网民行为数据的数据分享平台，是当前互联网最重要的统计分析工具之一，自其发布以来就为众多领域的决策提供了重要依据。百度指数能够告诉使用者某个关键词在百度的搜索量，在一段时间内的涨跌态势以及相关的新闻舆论变化，关注这些词的是什么样的人，又分布在哪里。此外，百度指数还能添加对比词进行对比研究。

百度指数的功能模块有趋势研究、需求图谱、舆情洞察、人群画像等。

6.8.1.1　趋势研究

在趋势研究模块可以看到指数概况和指数趋势，其中指数概况可以查看近 7 天和近 30 天某关键词的搜索指数(包括整体搜索指数和移动搜索指数)以及同比增长率；而指数趋势则能看到该关键词在一段时间内的搜索量变化趋势(包括整体趋势、PC 趋势和移动趋势)，时间可自定义。同时，在此模块还可以按地域搜索以研究不同地域的人对同一个关键词的关注度。

6.8.1.2　需求图谱

需求图谱是通过对特定关键词的相关检索词进行聚类分而得的词云分布，显示了用户在搜索某词前后的搜索行为变化中变现出来的相关检索词需求，是由关键词与相关词的相关程度以及相关词自身的搜索需求大小得出的，计算周期为 7 d(图 6 – 11)。

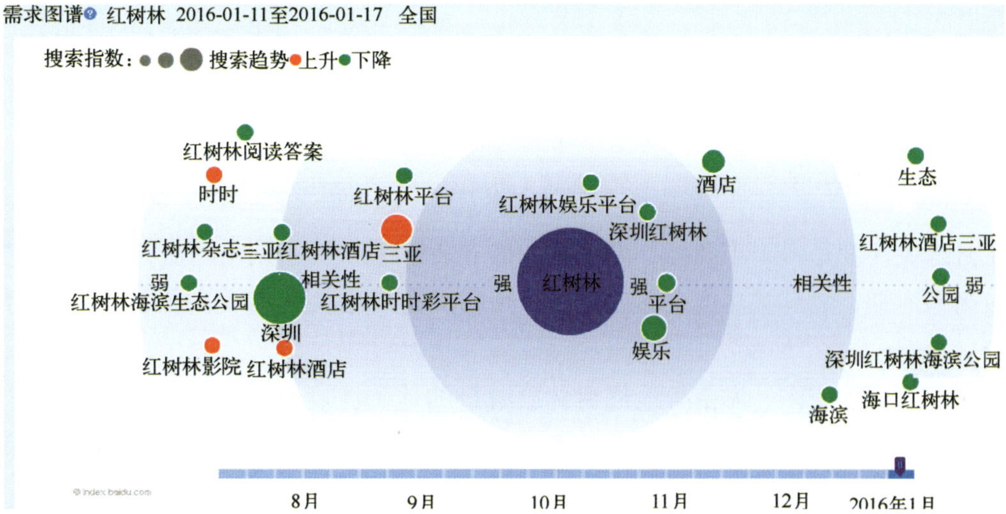

图 6 – 11　红树林需求图谱

6.8.1.3 舆情洞察

舆情洞察反映了媒体在互联网上对特定关键词的关注及报道程度及持续变化情况，同时还能呈现该关键词最热门的相关新闻、微博、问题和帖子。

6.8.1.4 人群画像

人群画像反映了关注某个关键词的人群地域分布以及人物属性(年龄、性别等)。通过此模块可以方便用户研究某关键词的关注人群的空间分布特征。

6.8.2 网络关注度时间分布特征

红树林作为一种生态旅游资源，其关注度日益增加。我国红树林主要分布在广东、广西、福建、海南、台湾等地。此处以广东、海南的红树林网络关注度与广西红树林关注度对比。

网络关注度采用百度指数进行分析，广西红树林旅游目的地关注度分析以“北海旅游 + 东兴旅游 + 防城港旅游”作为关键词进行搜索，其网络关注度曲线如图 6 – 12 所示。

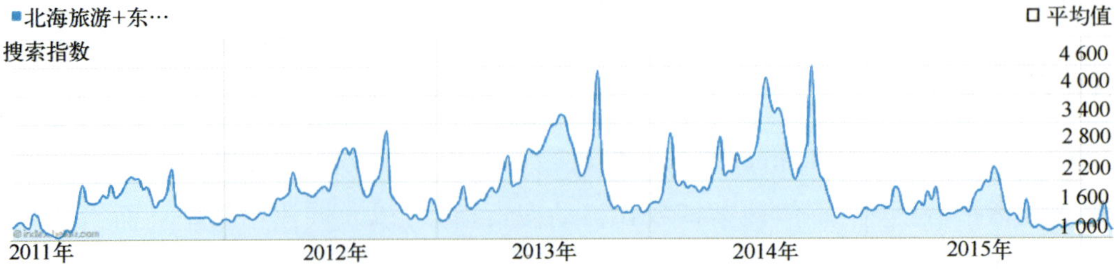

图 6 – 12 “北海旅游 + 东兴旅游 + 防城港旅游”2011 年至 2016 年 1 月网络关注指数趋势

由该曲线可以看出广西红树林旅游目的地网络关注度从 2011 年开始逐年上升，但 2015 年有所下降，单看每年曲线的趋势，可知每年大约在同一时期关注度处于高峰，以 2013 年为例，进行年度分析，如图 6 – 13 所示。

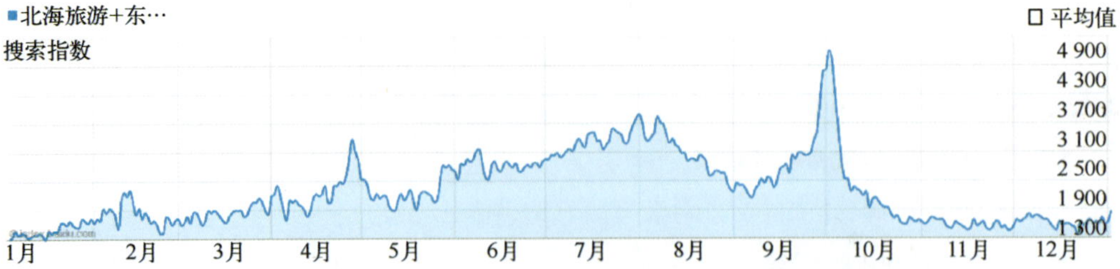

图 6 – 13 “北海旅游 + 东兴旅游 + 防城港旅游”2013 年关注度指数趋势

在 4 月末关注度是一个小高峰，应该是为接下来的“五一”假期出门旅行做准备。7—8 月是各学校暑假时期，故其关注度也不低。在 9 月底又有一个关注度大高峰，与随后的国庆节假期符合。

接下来是广西、广东、海南等地红树林旅游目的地关注度对比分析，其中广东省较为有名的有深圳红树林、湛江红树林以及大亚湾红树林，广东省的关注度以“湛江旅游 + 深圳红树林海滨公园 + 大亚湾旅游”作为关键词进行分析；海南省红树林主要分布在东赛港(海口市)、清澜港(文昌市)、亚龙湾等地，由于数据限制，以“海口旅游 + 文昌旅游 + 亚龙湾红树林度假酒店”作为关键词进行分析，对比图如图 6－14 至图 6－19 所示。

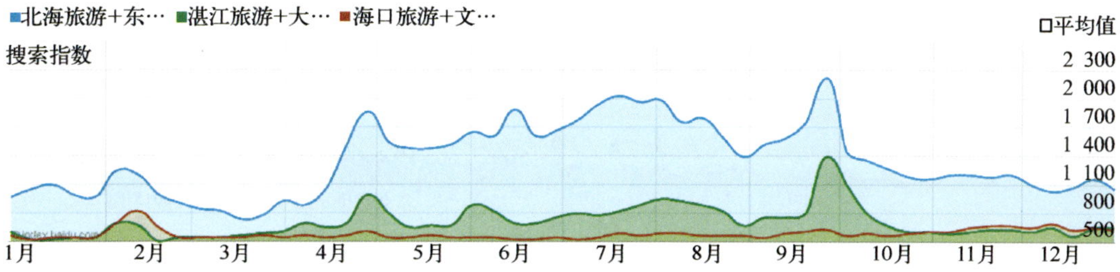

图 6－14　广西、广东、海南 2011 年红树林旅游目的地关注指数

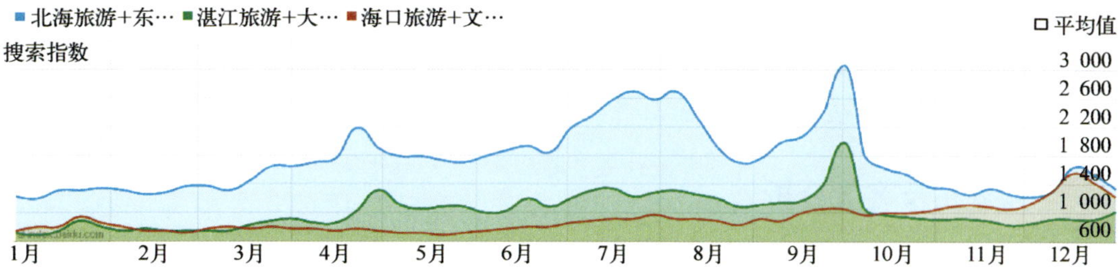

图 6－15　广西、广东、海南 2012 年红树林旅游目的地关注指数

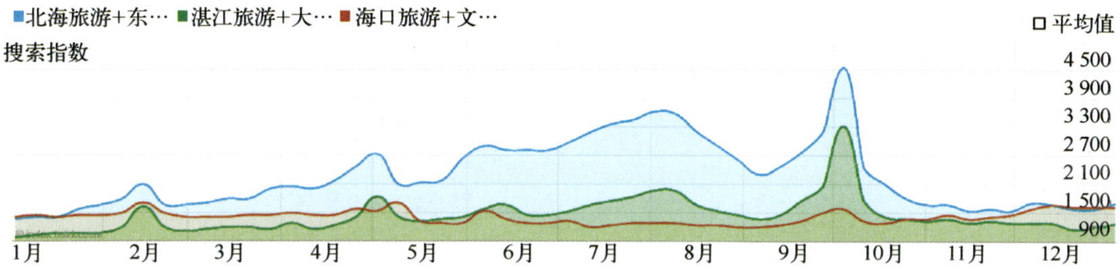

图 6－16　广西、广东、海南 2013 年红树林旅游目的地关注指数

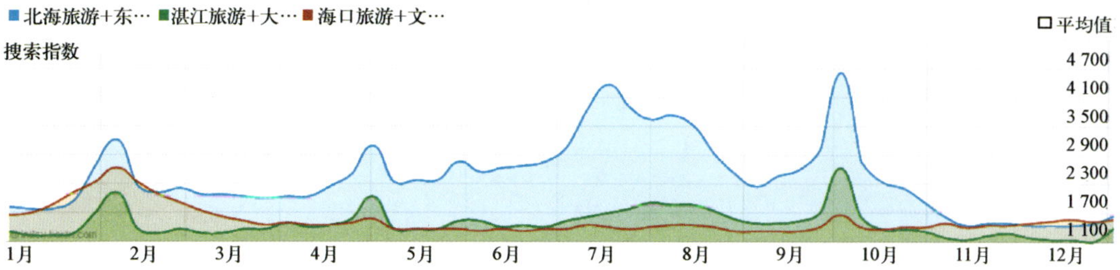

图 6－17　广西、广东、海南 2014 年红树林旅游目的地关注指数

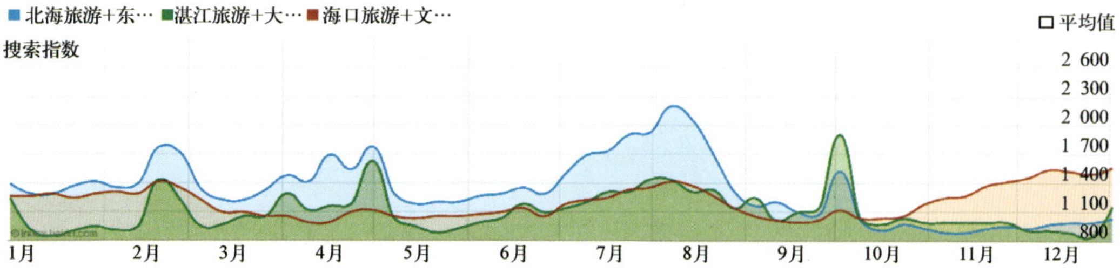

图 6－18　广西、广东、海南 2015 年红树林旅游目的地关注指数

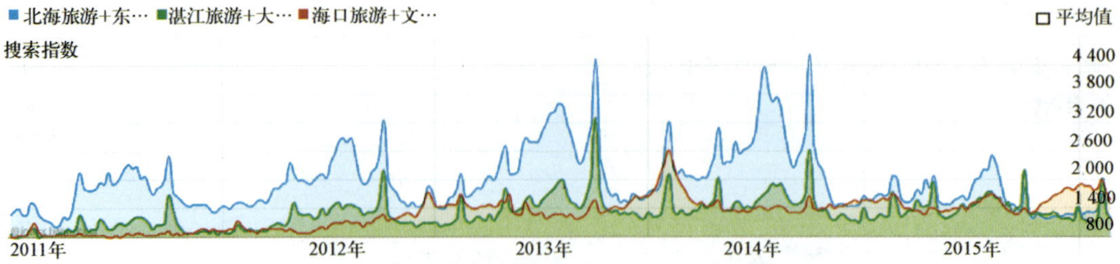

图 6-19　广西、广东、海南 2011 年至 2016 年 1 月年红树林旅游目的地关注指数

由上述图可以发现各地关注度指数趋势大体相同，其中又以广西红树林旅游目的地关注指数最高。从 2011 年开始，各地红树林旅游目的地关注度都有增加，广西增加最多，但 2015 年各地红树林旅游目的地关注度都在下降，又以广西下降最多，可见此年红树林旅游不如往年吸引人。三者关注度峰值都集中在 4 月底、7—8 月、9 月底，与节假日相吻合。

6.8.3　空间分布及客源分析

百度指数有一个功能为人群画像，以此功能进行广西红树林旅游目的地关注度空间分布特征。

根据图 6-20，可以把全国地区分为五类，第一类为本地市场，即广西本地，由图可看出本地市场关注度最高；第二类为周边地区，指地理范围较近，关注度较高的地区，如广东、重庆、四川、贵州等地；第三类为经济发达地区，关注度较高，但地理距离较远，如北京、上海等地区；第四类为地理范围较近，但关注度不高的地区，如江西、云南、海南等地；第五类指距离较远，关注度也不高的地区，如内蒙古、新疆、宁夏等（邓爱民等，2014）。将全国地区分为这五类，其关注度空间分布特征显而易见，接下来是客源分析。

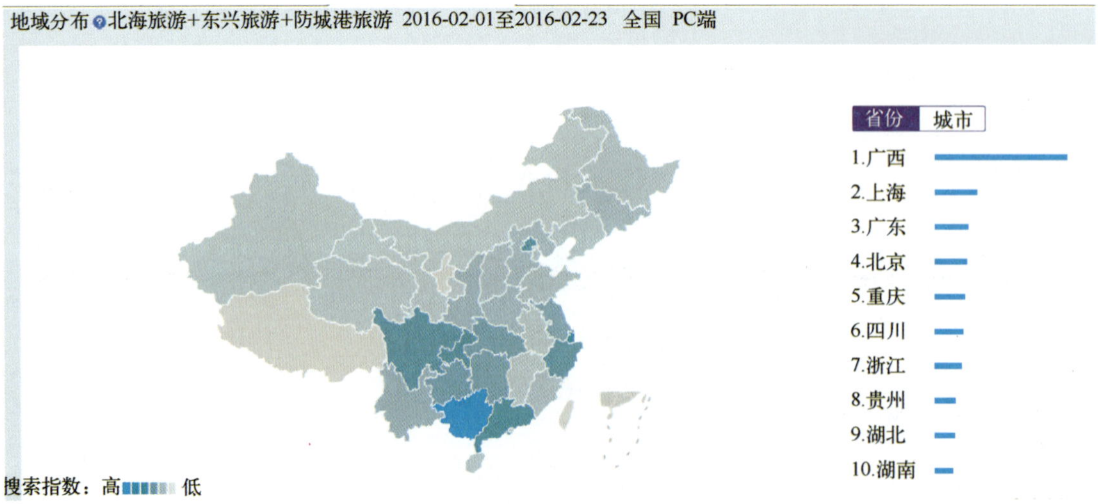

图 6-20　广西红树林旅游目的地关注度空间分布

第一类地区是本地市场，据图 6-20 可知本地客源最大，说明广西没有浪费本地市场，在本地红树林旅游目的地还是比较受人关注，这是必然的，毕竟短期旅游一般选在本地。

第二类是周边地区，由图6－20可以发现广西红树林旅游周边地区的市场还未得到充分开发，与本地市场相比，周边客源相去甚远，具有一定的提升空间。

第三类是经济发达地区，此类地区市民生活水平较高，有条件进行长距离旅行，故其关注度较高，根据图6－20可以发现此类地区关注度比周边地区关注度更高，但与本地市场相比，关注度还是不高，也有一定的提升空间。

第四类是距离较近但关注度较低的地区，这一类地区提升空间较大，比如江西。江西是一个内陆地区，像红树林这种海滨植物群落是一种较为吸引人的旅游资源。

第五类是距离较远且关注度不高的地区，从空间上来说，这类地区只适应长期旅行，不适合发展短期旅行，空间距离是一大问题。

综上所述，本地市场要继续发展红树林旅游，周边地区及经济发达地区要全力发展，第四类地区要大力发展，第五类地区尽力发展。

参考文献

陈燕. 2009. 红树林自然保护区生态旅游规划研究进展[J]. 热带农业科学, 29(9): 34－36.

陈云文，李晓文. 2008. 红树林湿地的生态恢复与景观营造——以海南新盈红树林国家湿地公园总体规划为例[J]. 景观规划与管理, 3: 73－76.

邓爱民，王瑞娟. 2014. 基于百度指数的旅游目的地关注度研究——以武汉市为例[J]. 珞珈管理评论, 2: 143－152.

邓雪，李家铭，曾浩健，等. 2012. 层次分析法权重计算方法分析及其应用研究[J]. 数学的实践与认识, 42(7): 93－100.

丁季华. 1998. 旅游资源学[M]. 上海：三联书店.

郭金玉，张忠彬，孙庆云. 2008. 层次分析法的研究与应用[J]. 中国安全科学学报, 18(5): 148－153.

郭来喜，吴必虎，刘锋，等. 2000. 中国旅游资源分类系统与类型评价[J]. 地理学报, 55(3): 294－301.

李敏. 2002. 自然保护区生态旅游景观规划研究——以目平湖湿地自然保护区为例[J]. 旅游学刊, 17(5): 62－65.

黎遗业，黄新颖，陈冬梅. 2008. 广西红树林湿地生态保护与生态旅游开发研究[J]. 农业研究与应用, 2: 34－37.

廉同辉，王金叶，程道品. 2010. 自然保护区生态旅游开发潜力评价指标体系及评价模型——以广西猫儿山国家级自然保护区为例[J]. 地理科学进展, 29(12): 1613－1619.

梁修存，丁登山. 2002. 国外旅游资源评价研究进展[J]. 自然资源学报, 17(2): 253－260.

林锐芳. 2006. 香港湿地公园规划理念[J]. 湿地科学与管理, 2(1): 51－54.

陆明. 2008. 香港湿地生态旅游对广西红树林湿地生态旅游的启示[J]. 市场论坛, 2: 93－95.

吕建树. 2011. 济宁市土地利用生态安全研究[D]. 山东师范大学.

吕建树，刘洋. 2010. 黄河三角洲湿地生态旅游资源开发潜力评价[J]. 湿地科学, 08(4): 339－346.

吕建树，刘洋，张祖陆，等. 2011. 北滨海湿地生态旅游资源开发潜力评价及开发策略[J]. 资源科学, 33(9): 1788－1799.

彭辉武，郑松发，李玫. 2009. 试议珠海淇澳岛红树林自然保护区生态旅游[J]. 防护林科技, 5: 63－64.

朴春花. 2008. 层次分析的研究与应用[D]. 华北电力大学.

齐德利，李加林，葛云健，等. 2005. 沿海生态旅游资源评价的核心问题探讨——以江苏沿海为例[J]. 人文地理，3：88－93.

沈永明. 2004. 盐城沿海地区生态旅游资源及其开发[J]. 地域研究与开发，23(1)：52－55.

汪侠，顾朝林，刘晋媛，等. 2007. 旅游资源开发潜力评价的多层次灰色方法——以老子山风景区为例[J]. 地理研究，26(3)：625－635.

王霄，黄震方，袁林旺. 2007. 生态旅游资源潜力评价——以江苏盐城海滨湿地为例[J]. 经济地理，27(5)：830－834.

吴臻霓. 2006. 旅游资源开发潜力评价体系的构建及其在宁德市的应用[D]. 福建师范大学.

孙洁婧. 2014. 基于 AHP 的浙江滨海生态旅游咨源评价研究[D]. 浙江海洋学院.

于洪贤，姚允龙. 2011. 湿地概论[M]. 北京：中国农业出版社.

翟琴. 2013. 双流县乡村生态旅游资源评价与开发研究[D]. 湖南农业大学.

张君. 2007. 基于 GIS 的陕西区域旅游资源群开发潜力研究[J]. 旅游学刊，22(4)：24－25.

赵洋. 2010. 长白山湿地生态旅游资源开发潜力评价研究[D]. 延边大学.

周晓丽. 2009. 鸭绿江口滨海湿地自然保护区生态旅游资源评价与环境承载力分析[D]. 西南大学.

庄晨辉，李闽丽，张惠光，等. 2007. 滨海湿地生态旅游资源评价研究[J]. 亚热带资源与环境学报，2(1)：81－87.

Sheryl R, Geoffrey W. 1999. Evaluating ecotourism: The case of North Sulawesi, Indonesia[J]. Tourism Management, 20: 673－682.

Deborah C. 2006. Developing ecotourism in First World, resource dependent areas[J]. Geoforum, 37: 212－226.

Kontogeorgopoulos N. 2005. Ecotourism and mass tourism in southern Thailand: spatial interdependence, structural connections, and staged authenticity[J]. Geojournal, 61(1): 1－11.

第 7 章　广西涠洲岛珊瑚礁旅游潜力评价

7.1　涠洲岛基本情况

涠洲岛是广西沿岸海域中最大的岛屿，旅游资源丰富(图 7－1，图 7－2)，也是南海北部湾中最大的岛屿，是我国最大最年轻的古火山岛；其位于广西北海市沿岸南面滨外浅海，离大陆海岸直线距离 48km。该岛地势呈南高北低，海拔 10～40m；自南向北缓缓倾斜，微有起伏。据国家海洋局“908 专项”的最新岸线资料计算，涠洲岛南北长约 7km，东西宽约 5.86km，全岛岸线长 26.43km，陆域面积 24.71km^2(梁文等，2011)。

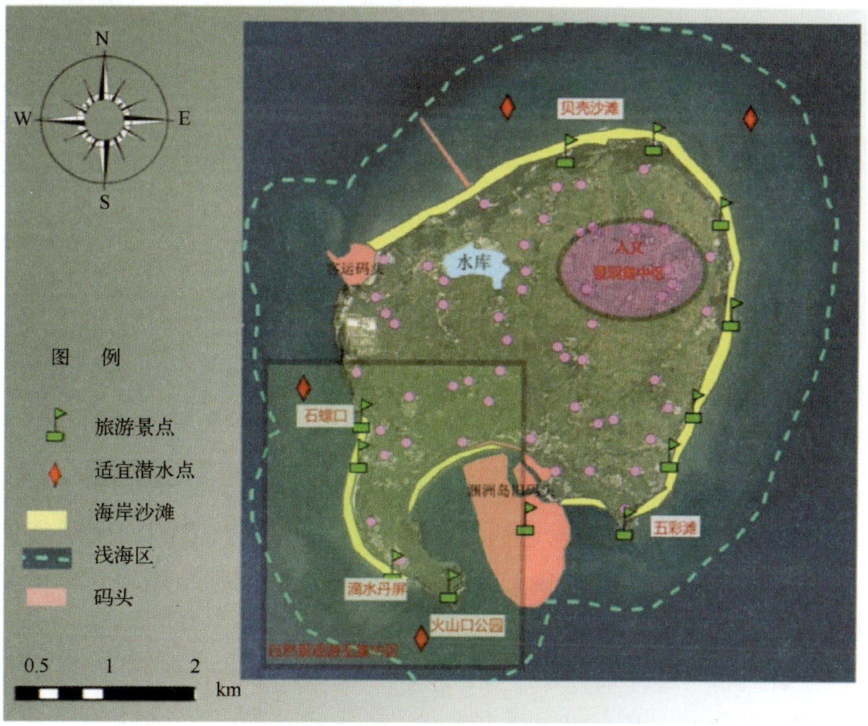

图 7－1　涠洲岛旅游资源分区图

根据涠洲岛海洋环境监测站气象观测资料(1995—2004 年)，涠洲岛多年平均气温为 23.0℃；最冷月为 1 月，其平均气温为 15.3℃；最热月为 7 月，其平均气温为 28.9℃；多年平均海水温度为 24.55℃(梁文等，2011)。该岛由第四纪玄武岩浆喷发时在水下堆积而形成，经过长期的地质作用和演变过程，形成了各种各样的地貌类型；据资料与调查显示，该岛地貌可分为火山地貌、流水地貌、海蚀地貌、海积地貌、珊瑚岸礁地貌、海积－冲积地貌、重力地貌、人工地貌八大类型；其中，海蚀地貌、海积地貌、珊瑚礁岸礁地貌，火山地貌较为明显(亓发庆等，2003；鲍安，2014)。

涠洲岛具有丰富的沿岸珊瑚岸礁景观，极有科学研究价值和生态价值。珊瑚礁指造礁石珊瑚群体死后其遗骸构成的岩体，是由珊瑚等生物作用产生碳酸钙积累和生物骨壳及其碎屑沉积而成，其形成的珊瑚礁海岸是涠洲岛一种主要的海岸类型；当地分布不均匀，各向岸礁发育程度极不相同。丰富的珊瑚资源，为涠洲岛的珊瑚旅游开发提供了良好的自然基础。

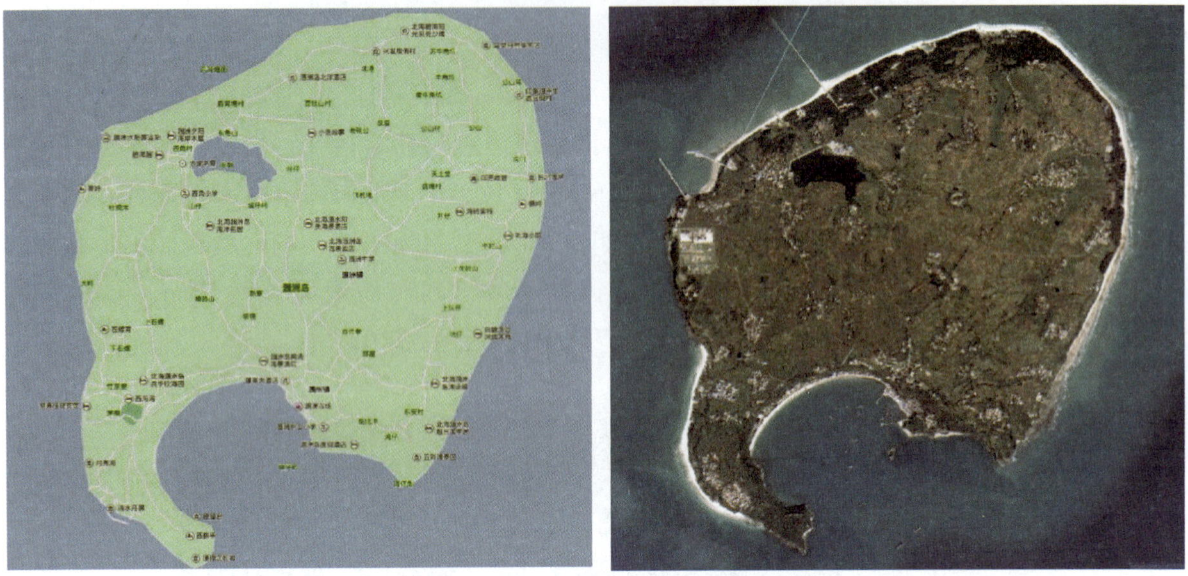

图7－2　涠洲岛行政图与遥感影像图

7.2　涠洲岛珊瑚礁生长情况

涠洲岛的现代活珊瑚主要分布于涠洲岛西南和东北部的水深1～10 m的珊瑚礁坪(图7－3)，其覆盖度在比较大面积的区域达到了30%以上，高覆盖度的现代珊瑚礁主要分布在1～5 m的水深范围内。根据地形和珊瑚发育程度，涠洲岛的岸礁珊瑚生长带可分为上下两部分。上部宽50～360 m，水深4～8 m不等，坡度一般小于10。其优势珊瑚种属为块状的蜂巢珊瑚属(*Favites*)、扁脑珊瑚属(*Platygyra*)等，仅在东部以叶状的牡丹珊瑚属(*Pavona*)占优势。下部坡度较陡，大部分为1°～3°，宽30～300 m，水深8～13.4 m，其优势属种为匍匐状和枝状鹿角珊瑚属(*Acropora*)，其次为块状蜂巢珊瑚属、菊花珊瑚属(*Goniastrea*)和双星珊瑚属(*Diploastrea*)等，东部同样以直径1～3 m的叶状牡丹珊瑚占绝对优势(亓发庆等，2003；梁文和黎广钊，2010)。已有研究成果表明，该岛的造礁珊瑚共有21属45种。在科级的组成上，蜂巢珊瑚科(Faviidae)、滨珊瑚科(Poritidae)、鹿角珊瑚科(Acroporidae)为优势类群；在属级组成中，整个岛区角蜂巢珊瑚属(*Favites*)、滨珊瑚属(*Porites*)、蔷薇珊瑚属(*Montipora*)为优势类群。根据1986—2006年的涠洲岛珊瑚礁资源调查资料以及实地考察得知岛区的西南部、东北部海域珊瑚属种较多、珊瑚覆盖度较高，其中西南滴水村礁坪以枝状鹿角珊瑚和蔷薇珊瑚密集生长为特征(亓发庆等，2003；梁文等，2010；刘亮等，2015)(表7-1、图7-3)。

表7-1 涠洲岛沿岸浅海珊瑚种类分布情况(梁文等，2011)

分布岸段	礁坪			珊瑚生长带			
	宽(m)	水深(m)	优势种	宽(m)	水深(m)	优势种	活珊瑚覆盖率(%)
北部沿岸	1025	0~5	块状珊瑚零星分布，局部有枝状珊瑚，以匍匐鹿角珊瑚为优势种	660	4~13	佳丽鹿角珊瑚，交替扁脑珊瑚，标准蜂巢珊瑚	20~40
东部沿岸	475	0~4	分布有枝状和匍匐状鹿角珊瑚，普哥滨珊瑚等，优势种不明确	350	4~11	以叶状牡丹珊瑚为优势种，常见标准蜂巢珊瑚，小片菊花珊瑚，中华扁脑珊瑚	10~20
西南部沿岸	215	1~5	以直枝鹿角珊瑚，多枝鹿角珊瑚，叶状蔷薇珊瑚为优势种	215	4~10	标准蜂巢珊瑚，网状菊花珊瑚，十字牡丹珊瑚	30~80
西部沿岸	20	5	零星分布有蜂巢珊瑚	无	无	无	无

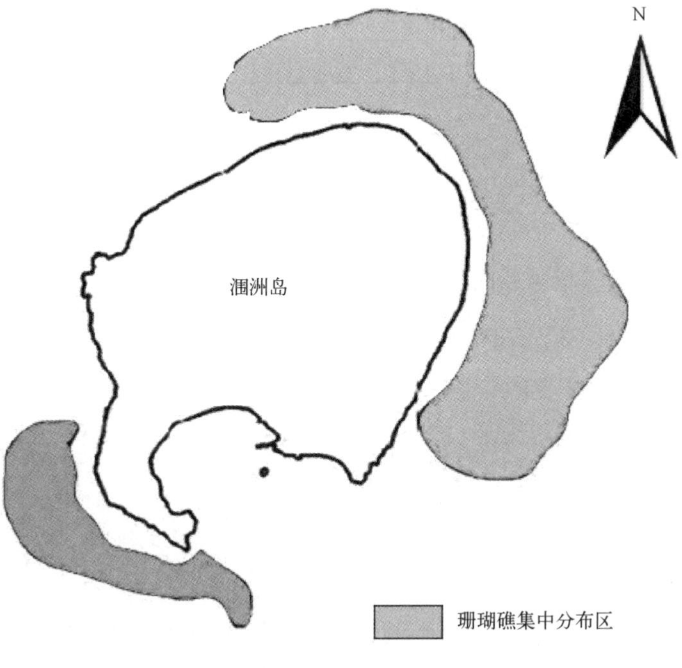

图7-3 涠洲岛珊瑚礁主要分布示意图(刘亮等，2015)

7.3 珊瑚礁生态系统的价值

全球约110个国家拥有珊瑚礁资源，面积约有$2\times10^6\ km^2$，虽然所占海床比例很小，但珊瑚礁生态系统是海洋环境中物种最丰富、多样性程度最高的生态类型。珊瑚礁生态系统由珊瑚礁生物群落及其周围的海洋环境共同组成，该生态系统不仅为人类的生产和生活提供各种生物资源，而且具有巨大的生态功能和生态价值，对保障生物多样性、生物生产力和生态平衡具有重要作用(王丽荣等，2006)。具体生态系统功能价值如图7－4所示。

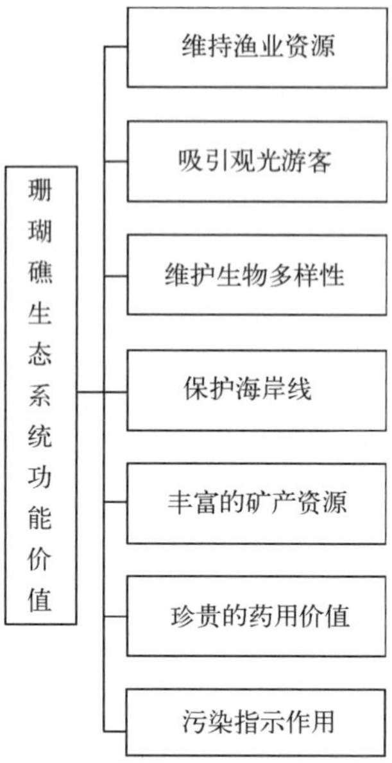

图7－4 珊瑚礁生态系统功能价值

(1)维持渔业资源。珊瑚礁为许多具有商业价值的鱼类提供食物来源及繁殖场所。马来西亚30%的鱼类资源都是从珊瑚礁丛中捕获的。

(2)吸引观光游客。目前原始珊瑚礁观光正是一项兴盛且获利良好的旅游项目，发展观光的同时要确保珊瑚礁的持续发展。提供以珊瑚礁生态系统为主题的文化产品、旅游休憩等产业，为潜水观光游提供更为广阔的发展空间。

(3)维护生物多样性。在所有的海洋生态系统中，珊瑚礁的生物多样性是最丰富的，它被誉为“海洋中的热带雨林”“蓝色沙漠中的绿洲”，珊瑚的生长能够为多种生物提供优良的栖息环境，对某些生物的栖息和生长起着决定性的作用。

(4)保护海岸线。健康的珊瑚礁就像自然的防护提一样保护海岸线，使海岸线免受潮汐、波浪和风暴的侵蚀；而死掉的珊瑚会被海浪分解成细沙，丰富海滩，取代已被海浪冲走的沙粒，能构建陆地；同时还能促进红树林和海草床的生长等。

(5)丰富的矿产资源。珊瑚礁及其潟湖沉积层中，含有煤炭、铝土矿、锰矿、磷矿等矿产资源；并能有效固氮。

(6)珍贵的药用价值。珊瑚礁中生物数量众多，内含一些化学物质对人类非常重要，例如海绵动物就被用来制造一种新药(Ara－c)，用以治疗疱疹及一些癌症。

(7)污染指示作用。利用珊瑚礁能够监测和指示附近海域的污染程度，有利于近海岸的科学化管理(傅秀梅等，2009)。

7.4 涠洲岛潜水旅游现状

现阶段，涠洲岛已经发展了潜水旅游项目，但并非当地主打旅游方式，不为外地游客所熟知，其规模与宣传力度有待加强。

涠洲岛潜水点较多(表7－2)，目前有两处由国家相关部门认可并颁发营业执照的潜水基地，分别是探索海洋、鑫昌隆两家专业潜水旅游企业，均位于石螺口沙滩。探索海洋、鑫昌隆两家潜水旅游企业共拥有500多套进口潜水器材，有多位持有中国国际潜水运动协会国际潜水员证书的潜水教练员。最适宜的潜水时间为9:00—16:00，不同的珊瑚区潜水价格不同，一般近岸潜水价格约200元/人，船潜约380元/人。

表7－2 涠洲岛潜水点情况

潜水点名称	适合潜水方式	近岸水深(m)	珊瑚礁离岸距离	特点
鳄鱼嘴潜点	船潜	4～12	较近	潮差5 m，能见度通常有8 m，水浅礁多，水下景观保存完好
石螺口潜点	岸潜	3～10	较近	潮差约5 m，海底较浅而平缓，近岸处洋流较小
北港潜点	岸潜	3～6	较近	海底较浅，珊瑚分布集中
贝壳海滩潜点	船潜	5～10	较近	多礁石
斜阳岛潜点	船潜	9～30	较远	悬崖景观，无沙滩，珊瑚较少；贝类多，虾蟹鱼较多，常可看到大规模的海狼群以及门扇大的鳐鱼

潜水方式主要有两种：岸潜和船潜。其中，岸潜是水肺潜水中比较初级的方式；而船潜是对潜水者和教练要求较高的潜水方式。除此之外，两者区别在于船潜的时间长，潜水深度较大，看到珊瑚、小鱼的机会大一些。潜水深度视个人情况而定，有教练随程指导陪伴。涠洲岛海水能见度很高，一般均在8 m以上，许多海域1 m以下就有珊瑚和鱼类相伴成群，珊瑚礁潜水旅游发展潜力巨大。

7.5 珊瑚礁潜水旅游潜力评价模型构建

珊瑚礁鉴于其丰富的环境、生态及生物多样性，是理想的海洋生态科研、科普教育基地，并可提供以珊瑚礁生态系统为主题的文化产品。珊瑚礁是海洋中的奇异景观，为发展滨海旅游业提供了条件。珊瑚礁旅游资源，集热带风光、海洋风光、海底风光、珊瑚花园、生物世界于一体，是发展生态旅游、休憩(如潜水等)的绝好景观。此外，由于珊瑚礁生态系统的存在为人类带来了美学和艺术灵感，是人类共同的自然文化遗产。由上可知，珊瑚礁生态系统是一种综合效益很高的海洋生态系统，具有很高的生态价值、经济价值、社会价值、存在价值和保护价值。根据《北海涠洲旅游区发展规划(2010—2020年)》，2015年涠洲岛年接待游客近60万人次，已有研究表明，当涠洲岛珊瑚礁环境质量提升时，将会直接或间接获益约2.4亿元；当环境质量下降时，将会损失3.4亿元。由此可见，涠洲岛珊瑚礁旅游资源开发增值潜力巨大，发展潜水旅游是该地区珊瑚礁旅游发展的主要方向。为了推广涠洲岛珊瑚礁旅游资源开发，对珊瑚礁潜水旅游潜力进行评价十分必要。

旅游潜力评价借鉴生态适宜性分析法，是由麦克哈格最先提出，并作了大量实践。将每个因素的适宜性等级值乘以权重，得到该因素的适宜性值是麦克哈格因素叠置法的核心。线性组合法与因子叠加法相似，不同之处在于：①用定量值代替颜色或符号来表示适宜性等级；②每个因素视其重要性大小而给予不同的权重值。

在涠洲岛珊瑚礁旅游评价方法中，基于对不同因子的分析，采用适宜性分析法进行潜力评价，主要步骤如下：①确定规划的目标与规划范围；②生态调查与区域数据的分析，在规划范围与目标确立之后应广泛收集规划区域内资料，并将其尽可能地落实在地图上，之后，对各因素进行相互间联系的分析；③在进行实地调查之后，结合收集的资料进行旅游潜力的总分析，对各主要因素及各种资源开发利用方式进行适宜性叠加分析。

对于旅游潜力评价标准的制定，主要是依据生态因子对给定的资源利用方式的影响作用规律以及该因子在评价区内时空分布特点。评价等级划分为四级：很适宜、基本适宜、基本不适宜、不适宜。利用生态分析法评价得出的综合适宜性图较为直观，但也存在不足，主要是其景观类型或小区的划分及适宜性的评价需要较高的专业修养和经验，适宜性分析没有一个完整的方法体系，主要取决于规划者的主观判断；在这一过程中，常用的方法有地图叠置法、生态因子组合法等。在各因子的叠加分析时主要采用AHP法确定各评价因子的权重，在地理信息系统(GIS)和遥感(RS)技术支持下，利用适宜性评价模型定量评价珊瑚礁旅游开发适宜性，将适宜性分为五个等级，并结合已有潜水点进行修正分析。

7.6 珊瑚礁潜水旅游潜力评价

7.6.1 旅游潜力因子考虑

主要从珊瑚礁覆盖度、海水深度、沙滩覆盖三个方面对珊瑚礁潜水旅游潜力进行考虑，并将当地居民活动点位标注出来以利于下一步分析(图7－5)，同时，这四个方面也是潜水者或游客主要考虑因素。将各因子按照是否有利于旅游开发进行赋值(0～100)，得分越高越利于旅游资源开发。

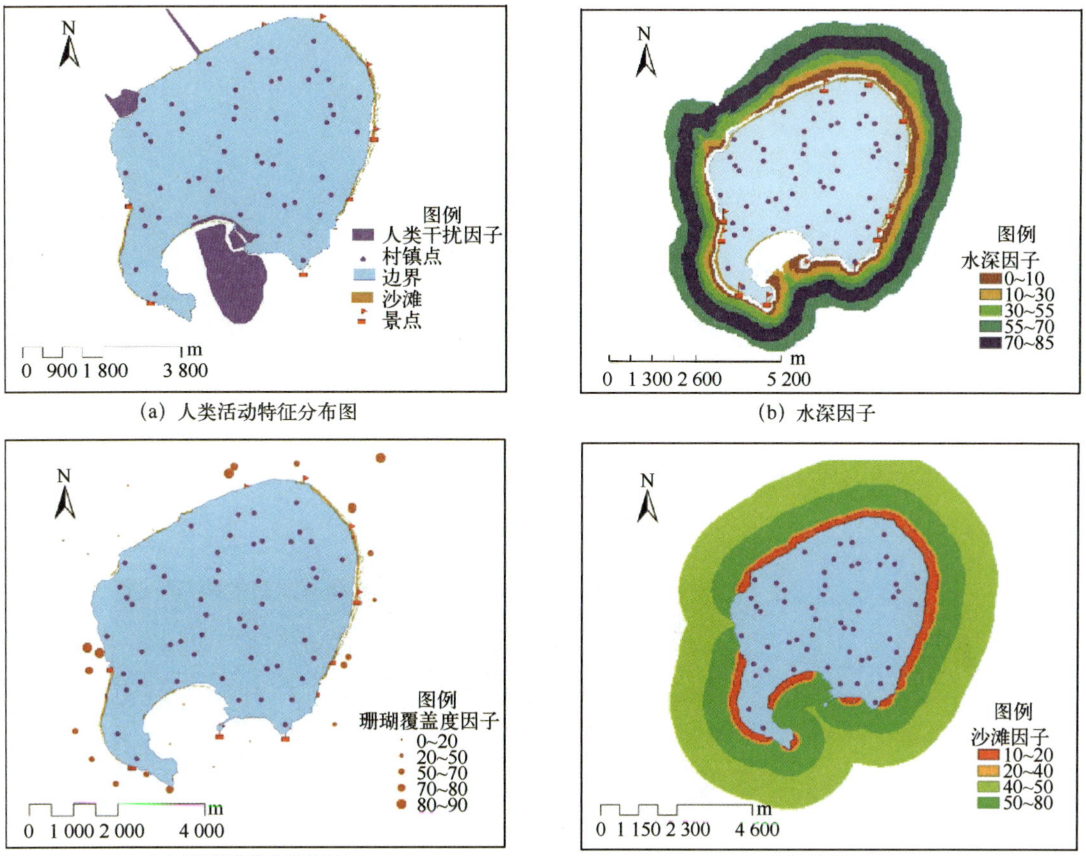

(a) 人类活动特征分布图 (b) 水深因子

(c) 珊瑚礁覆盖度因子 (d) 沙滩因子

图7－5 评价因子量化图

7.6.2 旅游潜力评价得分

综合已有研究成果和专家意见，各评价因子的权重情况为：珊瑚覆盖度因子权重0.5，沙滩因子与水深度因子各0.25；在此基础上对图层进行栅格叠加分析，得到旅游潜力得分图(图7－6)。评价结果表明，较适宜的旅游点分布于涠洲岛西南部和东北部地区；东部地区由于珊瑚密度低、海水深度大，得分整体在48～65分之间；西北部与南部地区由于人为干扰因子强烈，无珊瑚礁分布，得分在40分以下。受沙滩分布影响，适宜旅游点均距海岸有一定距离。

7.6.3 旅游资源分区

根据实际调查及已有图件，得到涠洲岛旅游资源分区图(图7－7)，明确适宜潜水点即珊瑚礁潜在旅游开发位点与周围旅游资源的空间位置关系。西南部石螺口潜水点以及鳄鱼嘴潜水点周围景观异质性高，旅游资源组合优越，地处涠洲岛自然风景游览集中区，游客数量较多，开发潜力最大。

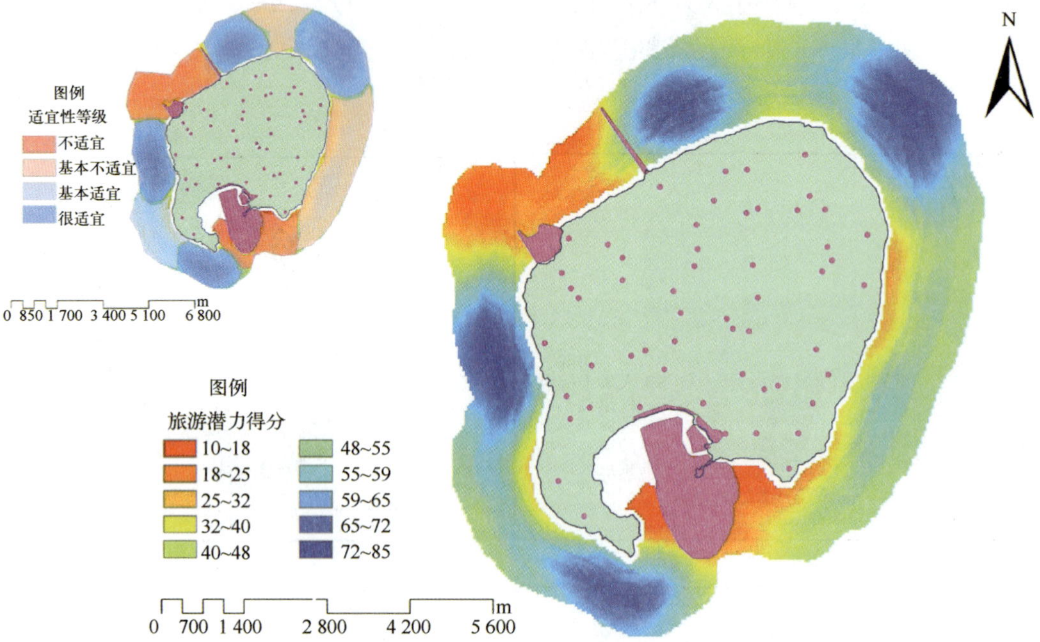

图7－6 涠洲岛珊瑚礁旅游潜力得分情况

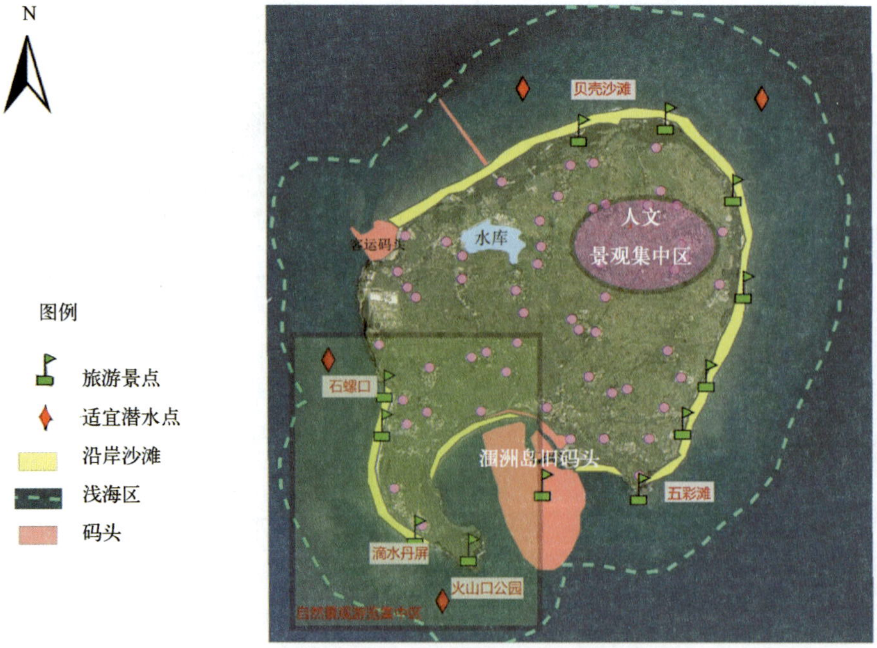

图7－7 涠洲岛旅游资源组合分区图

7.7　广西涠洲岛旅游关注度分析

7.7.1　数据来源与分析工具

运用第6章中百度指数中的用户关注度来分析涠洲岛旅游关注度变化的影响因子，观察变化趋势和时空变化特征，为旅游业开发和更好的发展提供依据。除了网络关注度之外，数据来源还有中国天气网(http：//www. weather com. cn)。

研究涠洲岛旅游关注度，采用三个相关性较高的检索词“涠洲岛住宿”“涠洲岛旅游攻略”“涠洲岛天气”，累加检索获取涠洲岛旅游关注度变化曲线。

7.7.2　网络关注度分析

7.7.2.1　时间分布特征

从百度指数获取2011年1月至2015年12月的用户关注度的数据如图7－8所示。

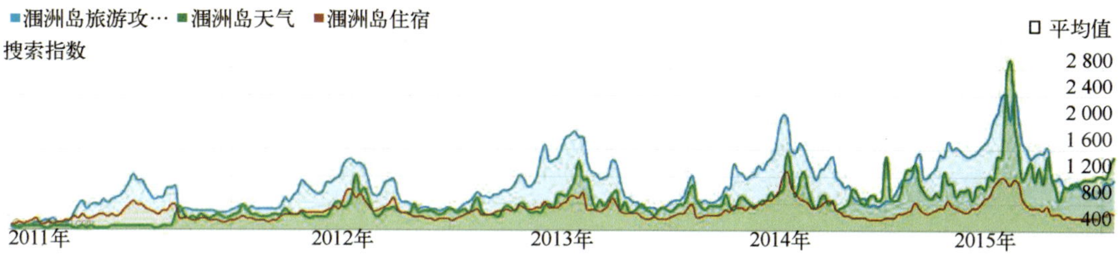

图7－8　2011年1月至2015年12月网络关注度的整体变化趋势

由图7－8可得，公民对涠洲岛的关注度呈逐年递增趋势。随着网络信息的普及和当地的旅游宣传，越来越多的人注意到涠洲岛，同时，网络的发展也为人们提供了便捷的搜索工具。

另外，截取每年的数据变化情况，其普遍存在4个主要的高峰期：1月末到2月、4月、6—8月、9月末到10月初。其中1月末到2月，以2015年为例，根据中国天气网，涠洲岛最低气温为10℃，较为温暖，且该时期在寒假期间，特别是现在有越来越多人选择去南方温暖的地区全家过春节，人们到涠洲岛避寒度假可能会造成一个旅游高峰；4月份的小高峰，根据“前兆效应”，可能是由5月节日假期引起的；6—8月是高考结束和暑假时期，9月末到10月初为国庆期间，也会吸引更多的游客。

每年在7、8月份的关注度峰值越来越明显，远远高出其他时间段。暑假的游客成为主力。

7.7.2.2　空间分布特征

从百度指数上搜索2013年12月至2015年12月各地区关注情况(表7－3，图7－9)。

表 7-3　全国各地区旅游景点关注度排名

	1	2	3	4	5	6	7	8	9
省份	广西	四川	广东	北京	云南	湖南	上海	浙江	重庆
城市	北京	南宁	成都	上海	重庆	昆明	广州	北海	武汉

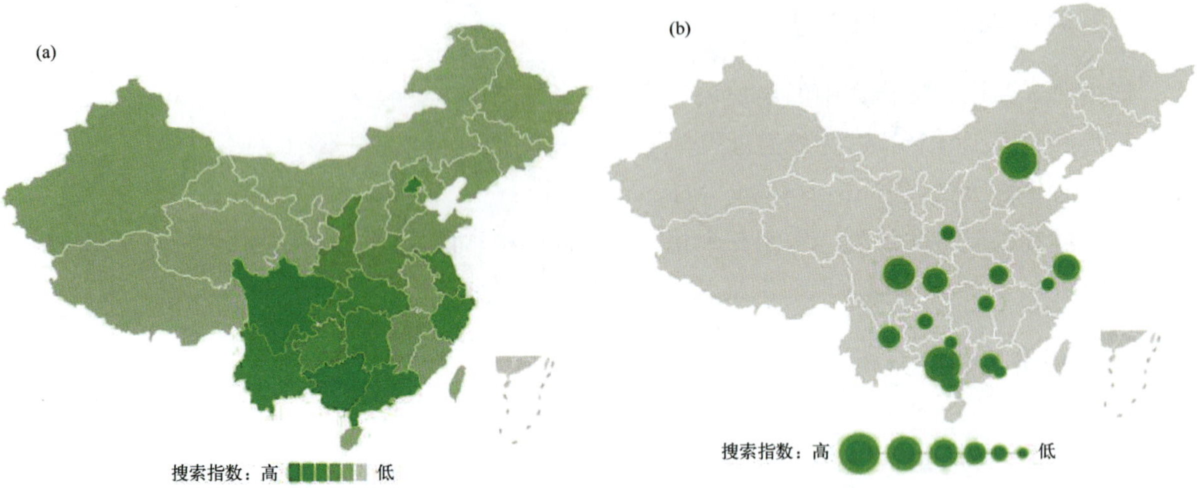

图 7-9　关注度地区分布情况
(a)省份；(b)城市

由图 7-9，根据网络关注度大小和距离远近可发现，本地和临近地区，如广东、广西等以及经济发达地区，如北京、上海，对涠洲岛旅游关注较高。前者主要影响因素可能是距离近，行动较为方便，时间也会比较充裕，后者所处区位交通发达，网络信息普及率高，居民出游率高。除此之外，四川省的信息关注度也很高。

7.7.2.3　客源分析

根据以上时空分布图，网民对涠洲岛的网络关注度每年都有所增长，同时其关注强度与距离有一定关联。从图 7-9(a)中可以看出，除了北京、上海以外，基本为距离越近，关注度越高，图中展现为以广西为中心的扩散分布。从图 7-9(b)中可以看出，经济较为发达、人口较为集中的地方关注强度较强，其中主要是省会。通过百度指数可以得到，2013—2015 年，广西本区除了涠洲岛隶属的北海以外，南宁关注强度排名第一；广东省内广州、深圳分别排名第一、第二；其他省份如云南、贵州、四川等都是省会关注度最高。

7.7.3　涠洲岛网络关注度与其他地区的比较

7.7.3.1　与省内旅游景区比较

广西本地自然资源丰富，千百秀美的河流、嶙峋的山峰以及大量动植物资源都使得广西拥有旅游发展的巨大潜力，同时其灿烂的文化、众多的古迹、浓郁的民俗风情也给广西增添了无穷的魅力。通过网络旅游攻略对广西景点的推荐，选择较为热门的“涠洲岛”“青秀山”“漓江”“遇龙河”“北海银滩”作为比较对象。

从图7－10可以发现，“涠洲岛”与其他4项比较，整体变化趋势基本一致，即网络关注度逐年有不同程度的增加，且每年都有相对固定的节假日高峰。另外，“涠洲岛”的关注度在2011—2015年间都基本高于其他4项。在2011年，“涠洲岛”的网络关注度与“漓江”大体持平，但在2012年初时，二者开始有所差异，随年份递增，这种差异越来越明显，“涠洲岛”的网络关注度越来越高，而“漓江”的变化却不大。而且，在暑假期间，“涠洲岛”网络关注度强度与其他项的差异要比冬季时明显，在2015年7、8月间达到一周内检索平均值的峰值：“涠洲岛”为5786，而“漓江”“北海银滩”各仅为1829、1626，其余两项均未过千。

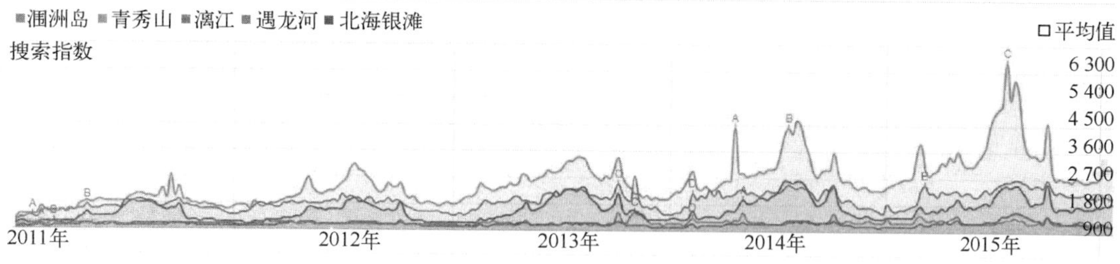

图7－10　2011年1月至2015年12月各热门检索对象网络关注度整体变化趋势

在空间分布上，2013年12月至2015年12月关注度地区分布情况（省份）如图7－11所示。

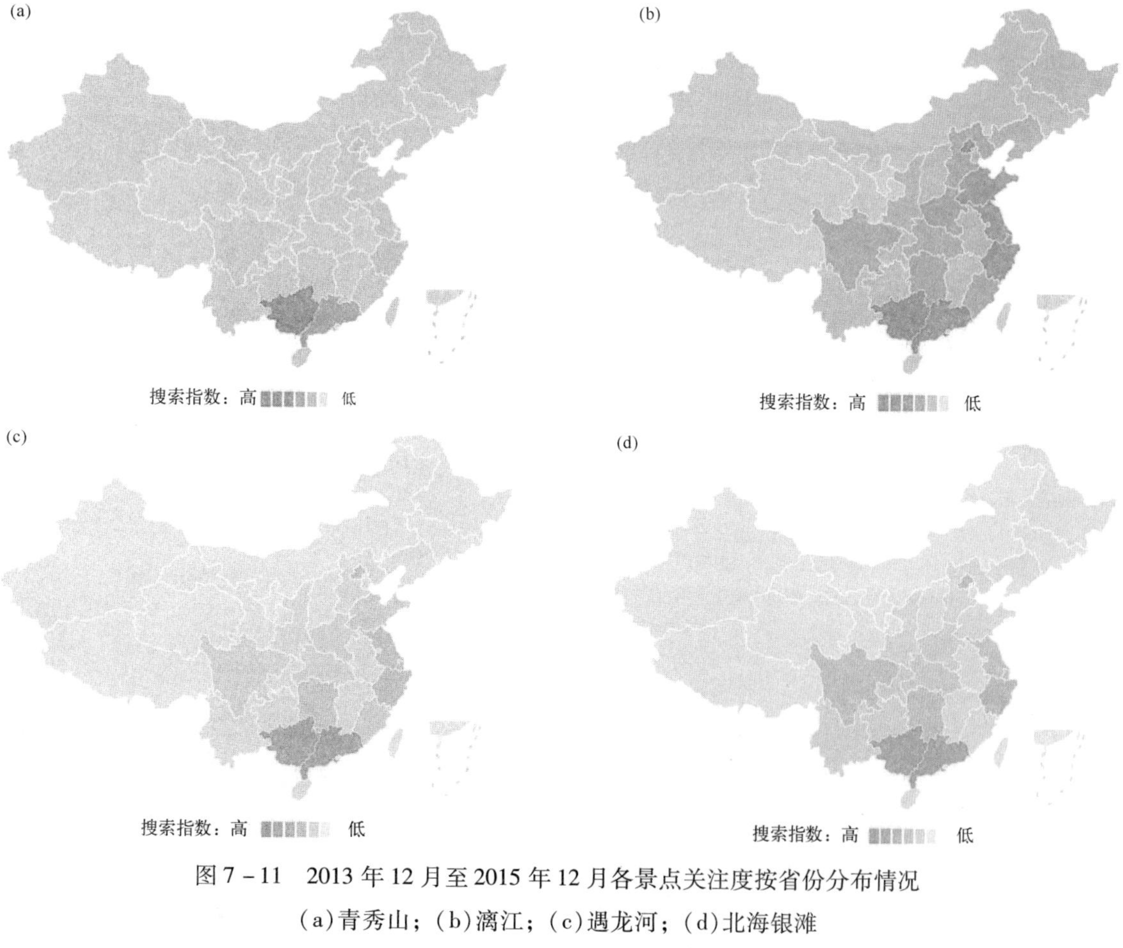

图7－11　2013年12月至2015年12月各景点关注度按省份分布情况
（a）青秀山；（b）漓江；（c）遇龙河；（d）北海银滩

将图 7 - 9 与图 7 - 11 作比较，涠洲岛旅游网络关注度空间分布与“北海银滩”极为相似，但“北海银滩”各地的网络关注度强度不及涠洲岛，特别是除广西、广东以外的其他省市。与“青秀山”和“遇龙河”相比，涠洲岛的关注范围要更广，而前两者只是集中于本省区和临近的小范围。另外，取“漓江”2013 年 12 月至 2015 年 12 月各地区关注情况见表 7 - 4。

表 7 - 4　“漓江”各地区关注度排名

	1	2	3	4	5	6	7	8	9
省份	广东	广西	北京	浙江	江苏	山东	上海	河南	湖南
城市	北京	上海	桂林	广州	深圳	南宁	天津	杭州	郑州

结合图 7 - 11(b) 和表 7 - 4，“漓江”的主要关注范围除了广西、广东以外，较向东部沿海地区扩散，如浙江、江苏、山东等对“漓江”的关注度都比较靠前，而对于涠洲岛的旅游关注则是中西部和西南部较多，如四川、云南等。

总的来说，在近年，涠洲岛旅游关注度与本省其他旅游景区相比，关注强度较高，范围较广，但东部沿海地区对它关注还有待提高。另外发现，广东省作为广西邻省，对广西的地区关注普遍很高；对于涠洲岛旅游关注，省内比较强的竞争对手之一是桂林漓江。

7.7.3.2　与全国其他类似景区比较

涠洲岛是由火山喷发堆凝成的岛屿，植被丰茂，尤以奇特的海蚀、海积地貌、火山熔岩和活珊瑚为最。其主要包括珊瑚礁、潜水、海岸带旅游等。

海南三亚的蜈支洲岛，四周的海中拥有五彩斑斓的鱼以及迷人珊瑚礁，而且被誉为三亚甚至全国的“最佳潜水基地”；广东湛江的东海岛，拥有中国第一长滩和各式各样海上游乐项目。下面以“蜈支洲岛”“东海岛”和“涠洲岛”为检索对象，用百度指数进行网络关注度分析，如图 7 - 12 所示。

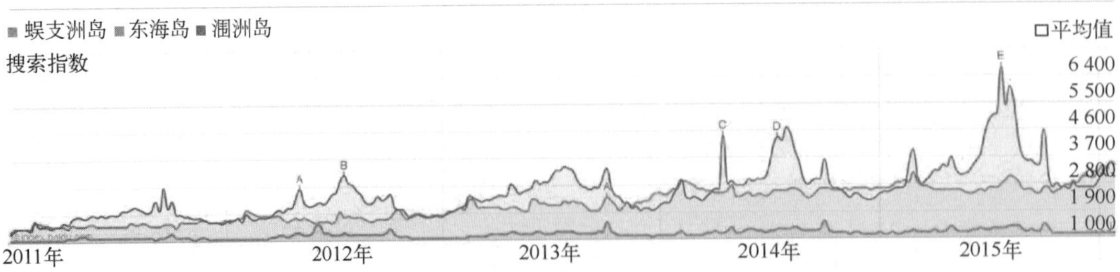

图 7 - 12　2011 年 1 月至 2015 年 12 月各检索对象网络关注度整体变化趋势

2011—2015 年，东海岛的关注变化不大，而蜈支洲岛和涠洲岛都呈上升趋势；东海岛的关注度相对另外两者比较少，且年份越大与另外两者差距越大；蜈支洲岛和涠洲岛的关注强弱差距不大，但是每年中涠洲岛变化的波动较大，有明显旅游旺淡季，而蜈支洲岛波动小；涠洲岛在淡季的关注度与蜈支洲岛的关注有所重复，涠洲岛旺季的关注度明显高出蜈支洲岛的，涠洲岛旅游发展潜力比较强。

在空间分布上，2013 年 12 月至 2015 年 12 月关注度地区分布情况(省份)如图 7 - 11(a)

和图 7－13、图 7－14 所示。

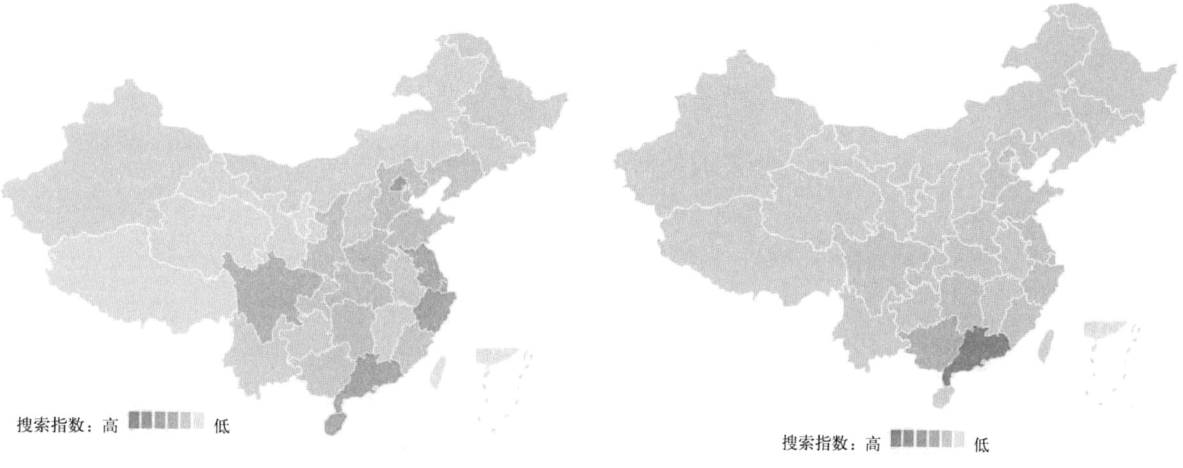

（a）蜈支洲岛　　（b）东海岛

图 7－13　2013 年 12 月至 2015 年 12 月比较景点关注度按省份分布情况

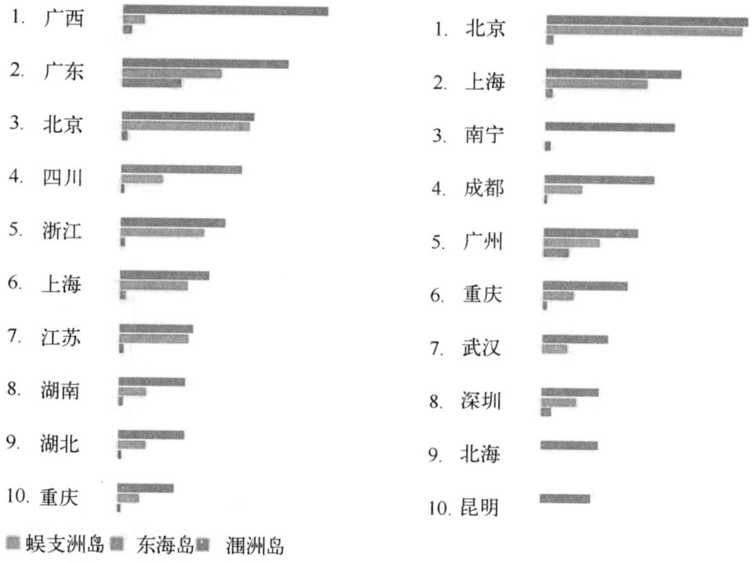

图 7－14　蜈支洲岛、东海岛、涠洲岛地区关注度比较

对比图 7－11（a）、图 7－13，这三个地区的本地关注度都是最高的，其次是相邻省，距离对于关注度有很大的影响；对于每一个地区，东海岛的关注强度都明显低于另外二者；北京和长三角地区对蜈支洲岛和涠洲岛关注相差不大，其余除海南以外，蜈支洲岛的关注都明显低于涠洲岛，另外，蜈支洲岛的关注范围并没有涠洲岛的广，特别是在中部和西部地区，关注度低。

海南岛的海岸旅游、潜水娱乐等发展繁荣，是涠洲岛旅游关注较强的一个对手。但同时，二者的地理位置十分接近，从另一方面来说，可以相互促进，共同繁荣，提升中国西南地区的海岛旅游发展。

7.7.4 “一带一路”对广西旅游的提升作用

“一带一路”，指“丝绸之路经济带”和“21 世纪海上丝绸之路”。它秉持开发包容的精神，强调区域合作，不断拓展同世界各国特别是周边国家的合作双赢、互利互惠。在 2013 年由习近平主席首次提出，在 2015 年的《推动共建丝绸之路经济带和 21 世纪海上丝绸之路的愿景与行动》中勾勒出了“一带一路”路线图。其南线为泉州—福州—广州—海口—北海—河内—吉隆坡—雅加达—科伦坡—加尔各答—内罗毕—雅典—威尼斯。其中，广西的北海是中国境内的最后一站，是连通国内与国外的大门，这必将给广西带来极大的机遇。

7.7.4.1 “一带一路”倡议与中国旅游的关系

“一带一路”倡议与中国旅游的发展相辅相成。一方面，旅游业因为其发展潜力大，带动效果明显，起步易、见效快，成为“一带一路”倡议最先实施的领域也是最早收效的领域；旅游业担负起跨国政治、经济、文化、交通的认同、合作、交流、互通，利于各国民众的友好往来。另一方面，“一带一路”倡议将旅游业上升到国际合作，它为打造世界级旅游热点和路线提供更多可能；“一带一路”倡议提升了旅游的可达性，促进入境出境旅游，利于边境旅游的发展(付业勤等，2015)。

7.7.4.2 广西旅游发展情况

广西自然景观丰富多样，山体雄伟，气势磅礴，林木葱茏，河流娟秀，山水相依。同时，广西历史悠久，古人类、古文化遗址、石刻、墓碑和革命纪念遗址众多；广西园林自然景观和古建筑相互融合，各具特色。经 2015 年 1—9 月累计测算，广西全区接待国内游客达 2.48 亿人次，同比增长 16%，国内旅游收入 2 325 亿元，同比增长 24%(广西壮族自治区旅游发展委员会，2015，http：//www.gxta.gov.cn/home/detail/3967)。目前，全区已评定国家 A 级旅游景区 238 家，其中有 4 家 5A、112 家 4A。

广西近年注重对外的旅游宣传和推广。2015 年，广西与香港、韩国进行旅游交流会；广西旅游也在西北三省、厦门开展宣传活动；2015 年 7 月，广西参加了由国家旅游局主办的“2015 美丽中国——海上丝绸之路旅游带联合推广活动”，广西的海丝旅游产品及文化展示活动都受到当地业界和公众的高度关注。

7.7.4.3 “一带一路”倡议对广西旅游的提升作用

(1)“一带一路”倡议突出政策优势，提高广西旅游关注和发展步伐。广西作为壮族自治区，有自主灵活的发展规划，且西部大开发战略也让广西有了更充分的政策优势。而如今的“一带一路”倡议，更是又一次将广西的发展放在显著位置，广西的旅游业受到的关注同样会大大增加。

(2)“一带一路”倡议强化了广西的区位优势，扩大了广西旅客来源。对国内广西与 4 省相邻，对国际广西面向东南亚，有较为便利的海上通道，有利于各地区的交流、沟通、合作；同时，广西坐落于中国首个国际区域经济合作区，也是中国与东盟合作的重要通道(崔茂俊，

2015）。随着“一带一路”倡议的深化，广西在外的地位和影响不断提高、对外的交通建设更加便利完善，从而使得广西的地理优势不断放大，扩大了客源。

参考文献

鲍安. 2014. 涠洲岛可持续发展综合评价研究[D]. 广西师范学院.

崔茂俊. 2015. “一带一路”背景下广西发展的优劣势分析和发展路径探究[J]. 南宁职业技术学院学报, 20(6): 97 -100.

付业勤, 李勇. 2015. “一带一路”战略与海南“中国旅游特区”发展[J]. 热带地理, 5: 646 -654.

傅秀梅, 王长云, 邵长伦, 等. 2009. 中国珊瑚礁资源状况及其药用研究调查Ⅰ. 珊瑚礁资源与生态功能[J]. 中国海洋大学学报, 39(4): 676 -684.

广西壮族自治区旅游发展委员会. 2015年第三季度旅游主要指标数据通报. http: //www. gxta. gov. cn/home/detail/3967.

梁文, 黎广钊, 范航清, 等. 2010. 广西涠洲岛珊瑚礁物种生物多样性研究[J]. 海洋通报, 29(4): 412 -420.

梁文, 张春华, 叶祖超, 等. 2011. 广西涠洲岛造礁珊瑚种群结构的空间分布[J]. 生态学报, 31(1): 39 -46.

刘亮, 吴珊珊, 等. 2015. 珊瑚礁环境质量变化的价值评估——以涠洲岛为例[J]. 海洋通报, 34(2): 215 -221.

亓发庆, 黎广钊, 孙永福, 等. 2003. 北部湾涠洲岛地貌的基本特征[J]. 海洋科学进展, 21(1): 41 -50.

王丽荣, 赵焕庭. 2006. 珊瑚礁生态系统服务及其价值评估[J]. 生态学杂志, 25(11): 1384 -1389.

第8章　广西滨海湿地生态旅游可持续发展

8.1　三大生态系统旅游开发评价

8.1.1　滨海红树林生态旅游开发评价

通过广西滨海湿地红树林生态旅游开发条件和生态旅游资源的评价，可以看出3个典型区自然资源丰富，有些资源和景观十分独特，开发潜力大，发展前景广阔。由于湿地生态旅游处于发展初级阶段，兴起时间较短，开发经营处于探索阶段，开发技术还不够成熟，因此，在开发利用上主要以观光型旅游活动为主，集中技术力量开发高水平和参与性强的旅游产品是今后的发展重点。同时，将社区参与和环境保护作为旅游开发的组成部分，使广西滨海湿地红树林生态旅游开发形成自己的特色(黎遗业等，2008；王健，2010)。

广西滨海湿地3个典型区红树林得分情况(图6－10)表明，生态旅游潜力大的红树林湿地景观资源得分较高，资源赋存及禀赋好，或自然资源丰富多样，或人文景观闻名遐迩，形成吸引力和影响力的重要原因是红树林生态旅游景观资源的质量，在开发规划中必须着重突出旅游地自身的景观资源特色(国先翠，2010)。如珍珠湾，其景观资源特色并不显著，但区位较佳，交通优势可以协助其发展生态旅游，是近郊生态旅游的典型。

目前，广西共有红树及半红树植物14种(包括引进种)，红树林面积大，现共建有多个国家级自然保护区、50个省级自然保护区、3个设区市级自然保护区和多个县级保护区，红树林资源丰富。区域红树林景区的建设要迎合现代游客，满足游客们寓学于游、寓教于乐的心理需求，更要考虑滨海红树林湿地的长远保护和持续发展，将红树林这种独特的自然资源与科普教育相结合，策划具有特色的滨海红树林科普旅游产品，在保护红树林自然生境的同时，为游客提供一处增长科学知识、人与自然和谐相处的天然乐园，将其建设为广西乃至全国闻名的滨海湿地教育基地和特色生态旅游示范景区(陈星，2007)。游憩类活动、湿地趣味性活动、体验类活动、度假类活动等在滨海典型红树林区均可得到较好的开发实践。

红树林湿地作为旅游载体，要全面考虑湿地生物多样性和湿地生态系统等功能的保护(黎遗业等，2008)。要根据动植物资源和濒危动植物的分布情况进行科学规划，划定核心区、缓冲区和外围区。不同的功能区在开发上实施不同的方式，核心区实行封闭管理，除依照法律、法规的规定经批准可进行科研观测外，任何单位和个人不得擅自进入。缓冲区实行半封闭管理，允许进行非破坏性的科研观测活动和改善生态环境的活动。外围区可进行旅游开发、科学实验和教学实习等活动。红树林湿地的开发绝不能以破坏生态环境为代价来换取旅游效益，必须在绝对保护好核心区的前提下，进行合理开发，促进区域生态环境与经济社会的协调发展(郑耀辉，2009)。

利用生态旅游与经济结合的发展方式，协调红树林生态旅游规划中不同用地类型的矛盾，做好共同利益主体的工作。第一产业的具体活动包括渔业饲养、经营生态农庄和林业及花卉种植，该部分产业规划应该根据红树林原本产业进行调整，尽量将其向观光农业以及体验型旅游产品相结合的方向发展。第二产业中，对红树林有不利影响的部分应该迁出保护区或进行停业整顿，适当保留具有湿地特色且无污染的第二产业，如编织、根雕、草艺等。在保护资源的前提下，发展第三产业，带动整体经济实力的提升，促进生态保护工作的逐步开展，最终达到发展与保护的良性循环(于丹，2007；国先翠，2010)。

8.1.2　珊瑚礁生态旅游开发潜力评价

从全国情况来看，存在两个珊瑚礁主要分布区：海南岛与珠江三角洲地区。研究区涠洲岛的珊瑚礁覆盖度不算高，地理位置也较为孤立，珊瑚礁旅游知名度也不及前两者。针对这些实际情况，对于涠洲岛珊瑚礁的旅游潜力发展情况提出以下建议。

(1)发展方向：当地旅游资源开发应向珊瑚礁潜水游与其他景观游览相结合的发展方向靠拢；

(2)市场定位：本区或邻近省份市场为主，境外市场为辅，主要针对广西的客源进行旅游宣传推广；

(3)产业性质：以发展生态旅游为根本出发点，构建环境友好型旅游产业链以及符合生态景观系统，打造旅游品牌。

通过对涠洲岛资源特点的分析，结合生态系统健康理念的要求，涠洲岛珊瑚礁旅游特点为：①倚靠地质遗迹景观，具有科学考察、山野观光等多种功能；②提供以热带、亚热带自然风光和火山海岛原始风貌为特色，以生态型海岛为依托的短期休闲度假享受；③交通方便，耗时短，且距离内陆较近的生态旅游热点区(疏良仁等，2004)。

8.1.3　海草床保护区划定与生态旅游开发评价

海草是生长于河口和浅岸水域的单子叶植物，全球有海草植物60余种，与红树林、珊瑚礁是热带亚热带地区三大典型海洋生态系统。海草床生态系统能改善海水的透明度，减少富营养质，是浅海水域食物网的重要组成部分，直接食用海草的生物包括国家一级保护动物儒艮(俗称“美人鱼”)、海胆、马蹄蟹、绿海龟、海马、鱼类等。海草床不仅可以为海洋生物提供重要的栖息地和育幼场所，而且在全球碳、氮、磷循环中具有重要作用。

海草在全球范围有着广泛分布，我国从黄渤海一直到南沙都有海草分布，广西和海南是热带－亚热带区域海草床的重要分布区域(图8－1)。据调查，20世纪50年代海草床主要分布在广西北部湾地区的北海东海岸、丹兜海、茅尾海、钦州湾外湾、铁山港、珍珠港等地，原保有面积约770 hm^2，其中面积最大的铁山港海域拥有近600 hm^2(图8－2)，国家濒危保护动物儒艮经常出没在这一海域。

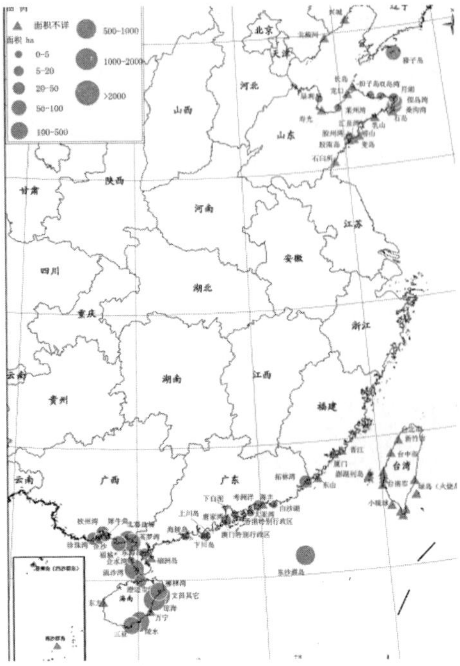

图 8－1　广西、海南海草分布状况图

图 8－2　广西北部湾铁山港海域海草分布图

为加强监测，世界海草协会建立了全球海草监测网，形成了一整套全球标准化的海草监测工具和数据库。1996 年，广西合浦建立了一个约 300 km^2 的国家级儒艮自然保护区，2008 年在北海建立了我国第一个全球海草科学监测站。

广西北部湾的海草属于从热带海区到亚热带－温带海区海草过渡带，准确掌握广西海草分布状况，对于了解海草进化及系统发育具有重要生态旅游开发意义。

近年来，受全球气候变化和人类活动(如猎杀、挖砂虫、挖螺、围网捕鱼等)的影响，海草的分布面积锐减，“大块变小块”，破碎化严重(图 8－3)。2016 年广西海草监测结果显示，目前铁山港海草分布面积下降了 90%，只有约 50 hm^2。保护区工作人员于 2000 年在区内组织 3 次考察，均未观察到儒艮，近年在澳大利亚和东南亚才有发现儒艮的报道，儒艮这一生物已在北部湾消失。如何让海草“小块并大块”，恢复 20 世纪 50 年代连片的规模，使“美人鱼”重现北部湾，成为儒艮观光旅游重要区域，进一步加强海草保护成为关键。因此提出以下建议。

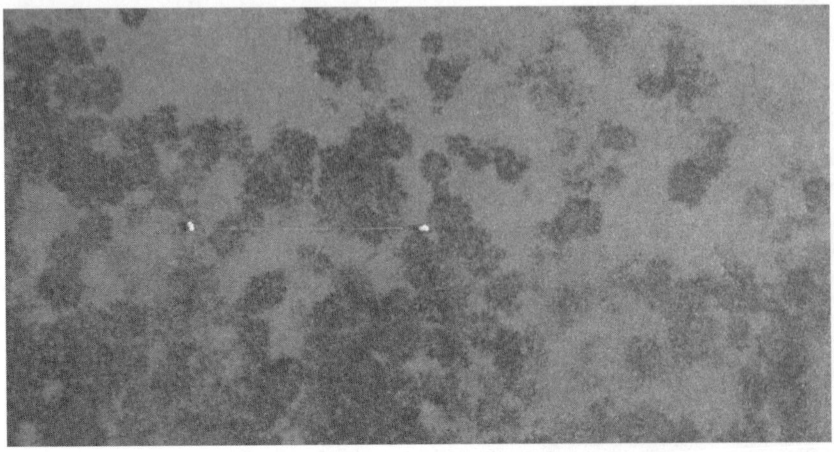

图 8－3　广西北部湾铁山港海草破碎化斑块分布图

(1)协调海草床保护区划分粒度过粗与区域生态保护及经济发展的矛盾。当前保护区划分方法还处于粗粒度、大尺度的阶段，未能做到根据海草床生长环境变化设立适当的保护区范围。粒度过粗、过大的海草床保护区划分，造成了“区域很大、监管不准；该保护的没保护到，不该保护的反而保护”。这不仅给海草床生态系统的保护带来了问题，同时也影响了该部分区域的生态旅游经济发展。

(2)加强海草床保护数据整合融合。在业务管理上，当前海草床保护涉及多个行业、多个业务系统，如环保、国土部门的土地规划系统、海洋部门的海籍核查管理系统和海域动态监视管理系统等多个系统，系统内数据库结构不同、标识不同、定义不同，尚无法实现多源、异构海草床保护数据的整合(赵海燕，2012；李平等，2007)。为此，需进一步加强景观生态健康与儒艮观光旅游可持续评价。

8.2　滨海湿地旅游可持续发展策略及方向

在广西海岸线上，集中分布着集“海、湾、滩、岛、湖、河、山、老、少、边、人文”于一体的滨海资源优势。以贝丘遗迹、伏波、刘永福故居等为代表的历史印记，以疍家为代表的渔民文化，以京族为代表的少数民族风情，以古代港口遗迹和现代港口并存的海洋港口美景，以大清界碑遗址和古炮台为代表的边海防军事文化，以红树林、珊瑚礁为代表的海洋生态系统，这些都是广西滨海旅游资源的展现。涠洲天主教堂、北海疍家人、北海老街、合浦南珠、合浦古港、三娘湾海豚、东兴京族、山口红树林已经成为知名的旅游景区景点，这些都是在海洋活动中产生的特色旅游景点，是打造北部湾国际旅游度假区的重要基础，其中A级以上的景区共有44个，其中4A级景区有18个，3A级景区有24个，2A级景区有2个。2015年，广西滨海旅游业增加值为82亿元，占广西海洋经济比重的14.2%，中国-东盟国际旅游集聚地基本建成，既可出海又可出国。生态旅游是在生态环境和资源保护基础上开展的旅游活动，须在环境可持续的基础上进行，其注重环境安全保障和稳定性，一切旅游项目的开发设计均以湿地保护目标和功能的实现为前提，以促进湿地的生态环境良性发展(国先翠，2010)。

8.2.1　滨海湿地旅游可持续发展策略

通过对旅游资源的评价分析，准确把握资源的质量和价值。了解旅游资源的生命周期，利用系统论，走旅游资源的可持续发展道路。旅游资源的开发要在保护的前提下，科学规划、合理开发，使保护和开发并重，同时，注重旅游资源组合，打响旅游资源品牌，打造特色品牌，不断完善基础设施，扩大市场营销、注重人才培养，完善相关政策(赵海燕，2012)。把旅游业打造成为富民强市的龙头产业。一个良好的旅游开发方案应该结合当地经济发展水平，并综合地考虑现有资源的情况。在上述所有研究的基础上，充分结合实地调查情况以及相关规划资料，提出重点研究区的发展规划方向。滨海旅游潜力规划发展方向可以从以下角度出发：①摄影爱好者；②教育科研爱好者；③大自然爱好者；④景点旅游观光者。将待规划的研究区进行功能区划分，明确各区域的市场定位，以便对旅游地实施科学合理的管理方案。

广西滨海湿地的资源特点是荒野平原、湿地生态、鸟类系统和以芦苇、柽柳组成的植被景观，应该坚持走生态旅游经济的道路，坚持开发与保护并重的原则，协调区域生态旅游经济与石油经济和农业经济之间的关系，转变传统的农业经济观念，确立本区湿地生态旅游开发的区域经济地位(李平等，2004)。应尽快在本区实施退耕还草、退耕还林，人工开挖水塘，种植芦苇和柽柳，这样既达到资源利用的目的，又对环境进行了保护(图 8 -4)。此外，也应该严格规范游客行为，游览过程的生活垃圾带到指定地点或自行带出，杜绝随地乱扔。生态旅游不同于绿色旅游，生态旅游不仅以自然资源为基础，更加注重资源的保护和环境教育，使游客在旅游的过程中获取更多的生态知识，改变他们的价值观、资源观，约束游客行为，使他们对红树林与珊瑚礁从认识到了解，并增强资源生态保护意识(国先翠，2010；王健，2010)。

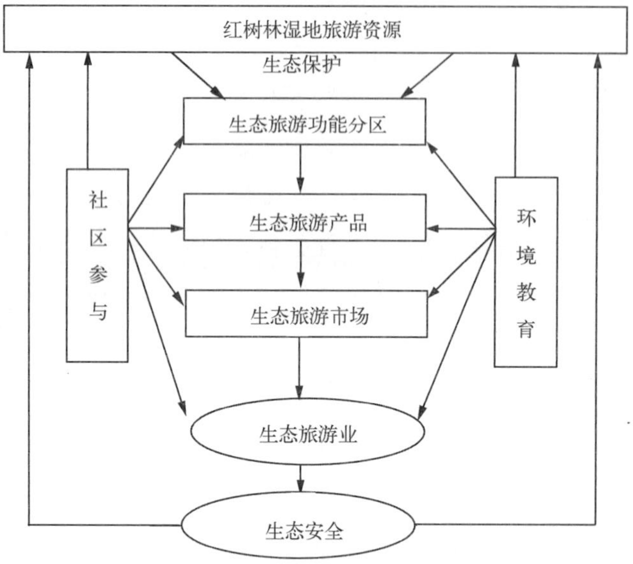

图 8 -4　基于海洋保护区旅游可持续发展方案(文军等，2012)

当前旅游业发展已经进入良性循环、可持续发展的轨道。尽可能建设生命周期短的人造景观，以开发生态旅游项目与趣味性强、参与型强的旅游活动为主，增强整体的环境保护意识，提高旅游资源利用率，用突出的特点、典雅的环境、优质的服务吸引游人，才能立于不败之地(王利华，2007)。

8.2.1.1　培育旅游业可持续发展策略

广西滨海旅游资源的开发应加大环境保护力度，提高全社会对滨海旅游发展规律的认识，培育可持续发展的滨海旅游观念。强化临海区域社区居民环保意识，营造滨海旅游业可持续发展所需的社会环境，有利于旅游业可持续发展战略的实施。培养以可持续发展作为管理理念的新型旅游管理者，树立一套以可持续发展为理念的绿色管理和经营理念。滨海各市旅游管理部门以及相关的政府机构应就滨海旅游业实施可持续发展战略的必要及其性质和范围，对广大旅游企业和从业人员进行集中高质量的教育培训，从景区自身开始提高认识、强化可持续发展的思想和行为(翁钢民等，2004)。

8.2.1.2 推行可持续开发模式策略

推行可持续开发模式是广西滨海旅游资源合理利用的发展方向，从追求规模到追求效益，从粗放式发展到集约型发展阶段。深度开发和利用滨海旅游资源，开发高层次客源市场，提高滨海旅游业的总体效益，适应当前和未来旅游业发展的需要，也是广西旅游业实现可持续发展的必然举措。因此，广西对可再生的滨海旅游资源应加大利用度，对不可再生的滨海旅游资源应加大保护度，根据绿色开发理念，采取集约型旅游资源开发模式和经营方式，实现经济、社会、生态环境的协调发展(翁钢民等，2004；潘小玲，2011)。

8.2.1.3 整合和利用社会旅游资源策略

整合利用各种社会资源，通过发展滨海旅游业来提高它们的附加值(翁钢民等，2004)。如利用互联网帮助游客信息搜寻、决策制定、旅游产品选择、旅游路线选择等(Wu 2014)，搭建智慧旅游平台，积极发展线上线下融合的旅游新模式。提供业内商家、景区景点、旅游者等多种数据的分析和共享，全面提升公共信息服务、景区高效管理、企业精准营销、游客个性服务等旅游业重点范畴的信息化程度，提高滨海旅游效益。如培育文化旅游市场，以“保护文化真实性、完整性，文化引领旅游”为指导思想在滨海旅游区谋划一个以“海洋文化”为依托、“少数民族文化”为主干、其他文化为补充的文化旅游项目(张环宙等，2013)。开发多种滨海生态旅游模式，如滨海自然保护区－生态旅游模式、农业乡村旅游模式、海洋文化－节庆旅游模式、滨海度假休闲－体育旅游模式、滨海国家公园旅游模式及海岛旅游模式，通过合理空间布局，设计合理的游览时序(王芳，2011)，如设计多条精品旅游路线等。

8.2.1.4 统筹制定滨海旅游业可持续发展规划

在旅游业发展中，没有科学的规划必然导致旅游资源的破坏，因此，应当按照可持续发展的理念对滨海旅游业进行科学规划，实现有效利用土地、资金等资源，使滨海旅游业经济利益和环境效益最大化，尽可能降低对环境或文化的损坏。在制定滨海旅游规划时，应当优先考虑环境承受能力，着力实现滨海旅游发展与环境保护的永久和谐。在规划设计新建滨海旅游景点(区)时，应首先考虑污水和废弃物的处理方案，还应当注意保护区域内的地形地貌与自然植被(王利华，2007)。对于滨海旅游资源，要强调适度开发原则，杜绝掠夺性开发。

8.2.2 统筹规划安排，打造生态旅游新名片

基于各类海洋保护区进行统一规划，按照先生态、后生活、再生产的秩序，节约集约利用滨海旅游资源。广西滨海湿地生态旅游的开发，应坚持以可持续发展理论为指导，同时与三大滨海生态系统统一规划生态、生产和生活空间，节约集约利用，在保证生态安全的前提下有步骤、有计划地开展旅游活动(王健，2010)。打造广西北部湾生态、宜游、宜居新名片。

8.2.2.1 基于各类保护区划分生态－生产－生活空间

根据广西近岸海洋环境保护与建设的需求，科学合理安排生态安全格局、宜居生活格局、现代生产格局，在北部湾近岸海域构建可持续的生态空间、生活空间和生产空间，用于建设海洋经济强区的空间保障段。具体主要以《广西壮族自治区海洋功能区划(2011—2020)》为依据，在八大海洋基本功能区空间基础上，将北部湾近岸海域整合划分为生态区、生活区、生产区三大类，其中，海洋保护区、保留区的重点生态区、农渔业区的重要渔业海域划分为生态区，主要包括北仑河自然保护区、茅尾海红树林、山口红树林、涠洲岛珊瑚礁、防城港东湾红树林、三娘湾、大风江东岸红树林、珍珠贝海洋特别保护区、广西近岸南部特别保护区、北部湾二长棘鲷及长毛对虾国家级种质资源保护区、防城港市竹山－巫头－万尾养殖区、红沙养殖区、北海市文蛤种质资源养护区、北海珍珠养殖基地、方格星虫增殖区和钦江、南流江、铁山港顶部保留区；在生态区内，主要实现生物多样性保护的目的，通过生态红线的划定、补偿机制的建立和环境质量的提升，间接增强海洋资源保护与海洋经济发展的和谐共进，实现海洋经济强区的可持续发展。

工业与城镇用海区的城镇用海、旅游休闲娱乐区划分为生活区，主要包括防城港金滩旅游区、江山半岛东岸旅游区、西湾旅游区、大东沙旅游区；钦州沙井岛西侧旅游区、茅尾海东岸旅游区、七十二泾旅游区、三娘湾旅游区；北海廉州湾旅游区、银滩旅游区、涠洲岛旅游区以及符合城镇化建设用海用地的各个海区；在生活区内，主要是利用广西优美的滨海风景、浓郁的民族风情、丰富的历史文化遗存和优良的海洋生态环境，让市民就近享受阳光海浪沙滩，提升精神与文化，满足公众亲海需求，培育新的无烟经济增长点，将北部湾广西沿海打造成为宜游宜居目的地和生态休闲经济带。

农渔业区其他海域、港口航运区、工业区、矿产能源区、特殊利用区和保留区的规划开发区划分为生产区，主要包括广西北部湾港“一港、三域、八区、多港点”的港口布局体系、重点工业区域和农渔业区域。“一港”指广西北部湾港；“三域”指防城港域、钦州港域和北海港域；“八区”区即广西北部湾港八个规划期内重点发展的枢纽港区(渔澫港区、企沙西港区、龙门港区、金谷港区、大榄坪港区、石步岭港区、铁山港西港区、铁山港东港区)；“多港点”即广西沿海分散布局的万吨级以下小港点。工业区即《北部湾经济区发展规划》所布署的钦州港工业区、企沙工业区和铁山港工业区临海三大重工业区；农渔业区主要指自巫头至英罗近海养殖区、捕捞区等渔业生产经营区。在生产区内，重点进行建设海洋经济强区的生产活动，围绕港口发展海洋交通运输业、海洋船舶工业以及海洋工程装备制造业；加强聚集区内港口与物流、金融、理货、航运等服务业态的融合，完善通关口岸等措施，与保税区、主城区等区域形成有效互动。围绕工业区依托沿海城市、深水良港和先进物流，主要发展石化、电子、能源、海工装备、生物制药、化工、钢铁、重型机械、粮油加工、修造船及其他配套或关联产业、集装箱制造、港口机械等海洋产业。围绕农渔业区深耕蓝色土地，建设海上粮仓。打造全国重要的海水养殖中心、北部湾地区海产品精深加工基地、休闲渔业示范基地。发展以水产品养殖和加工为主，集合水产品出口贸易、产供销、游钓休闲于一体的现代渔业聚集区。

8.2.2.2　优先生态安排，打造广西生态北部湾

建设海洋经济区强区既是造福于民、提升当下广西经济实力的一项重大举措，也是福泽后世、持续发展的阳光大道。因此，建设的理念要紧跟国际、国内大形势，不走“破坏再修复”的老路子，而是重视生态文明建设的优先安排，在经济建设的基础上，从环境调查、保护、整治修复、示范基地建设和开展形式多样的国际合作等方面打造出属于广西北部湾自己的“绿色名片”。

1)开展海洋环境综合调查和评价

依托区内外海洋科研企事业的技术力量，开展海洋资源、经济等方面的综合调查，对重点海域、海岛典型生态系统进行生物多样性的本底调查，进行重点海域环境承载力评估，向自治区政府、党委提供依据充分的广西北部湾海洋环境调查报告，并提出完善陆源污染源入海排放污染物总量控制的政策建议。

2)建立海洋生态红线和补偿机制

加快建立和实施广西生态红线制度，以护航北部湾生态安全和经济发展为导向，全面掌握重点海域自然资源条件、海域使用现状、生态灾害情况，建立生态安全问题识别机制和应急中心，健全法律体系，严格执法，从严查处违反管控目标的开发利用活动，有效维护海洋生态健康和生态安全。建立并执行生态补偿机制，明确补偿主体、补偿对象和补偿标准，强制性要求海洋开发利用者履行相应的生态恢复责任，切实弥补海洋生态损失，修复海洋生态功能，促进海洋开发与海洋生态保护的协调发展。

3)开展“蓝色海湾”“南红北柳”“生态岛礁”整治修复工程

结合陆源污染治理，实施海洋环境综合整治修复工程，根据国家海洋局相关任务和专项，开展“蓝色海湾”“南红北柳”“生态岛礁”整治修复工程，实现退堤还海、清淤疏浚、恢复和增加海湾纳潮量，完成沿海城市毗邻重点小海湾的整治修复；完成人工种植红树林，次生林改造、珊瑚礁修复、海藻增种、滨海植被修复等工程，构建海岸带生态屏障，恢复近岸海域污染物消减能力和生物多样性维护能力，提高抵御海洋灾害以及气候变化的能力；开展海岛珍稀濒危动植物栖息地生态调查和保育、修复，恢复海岛及周边海域生态系统的服务功能，实施领海基点海岛保护工程，开展海岛生态保护区建设。

4)建设中国－东盟环境技术和环保产业示范基地

在现有产业合作的基础上，选择中马钦州产业园、马中关丹产业园为建设地点，与东盟国家合作建立环保技术和环保产业示范基地。定期邀请相关技术人员到访，围绕陆源污染防治的技术需求开展近岸海域污染防治总量控制体系研究与示范、行业脱氮除磷处理技术研究，合作建立环境保护示范产业，不断推动生态型、低污染的沿海产业高效、优化发展。

5)开展中国－东盟重要生态系统级珍稀物种保护合作

针对目前广西天然红树林、海草床、本地盐沼湿地面积逐年减少，近海标志性的海洋动物天然种群规模逐年下降等生态问题，与东盟国家开展保护合作。主要合作方向包括：与越

南开展北仑河口跨境红树林的保护合作；与泰国、新加坡在钦州共建中华白海豚繁育中心，交流探讨人工饲养技术；与东盟国家开展涠洲岛珊瑚礁保护示范项目，进行珊瑚礁白化防治研究、珊瑚礁人工修复技术；与泰国开展铁山港海草保护示范项目，探讨儒艮及其生境的保护行动。

6）开展中国－东盟海上灾害和应急救助合作

加强与广东、海南以及东盟国家海事部门的合作，建立海洋灾害应急合作机制。共同开展专业应急队伍和应急设备库建设，制定海洋环境防灾减灾应急预案，定期开展赤潮、风暴潮、海啸、海上溢油、核事故等灾害的应急演练，防范突发性污染事故的发生，降低海洋环境污染风险；完善部门联动应急响应管理机制，开展海上灾害和应急救助合作。

7）制定“海上丝绸之路”环境保护规划

根据广西与国内邻近省份、东盟国家的合作发展计划，协调各自制定的海洋经济发展规划、海洋环境保护规划、海洋功能区划等相关规划，联合合作方共同协商制定“海上丝绸之路”环境保护规划，确定生态保护目标，提出海洋环境开发和保护的要求，保障海洋经济强区的蓝色海洋经济发展的持续发展。

8.2.3 提升旅游品质，打造宜游新名片

利用广西“海、湾、滩、岛、湖、河、山、老、少、边、人文”于一体的滨海资源优势，大力发展海洋旅游业。通过学习－引进－挖掘－创新的发展模式，打造广西海洋旅游新平台，满足民众亲海需求，提升民众旅游体品质体验；加大财政资金投入，撬动民间资本进驻，改变低端旅游模式，建立中国－东盟旅游合作联盟，创新高品质旅游品牌，使广西北部湾成为又一个“海上桂林”，成为国际化的宜游地区，打造北部湾宜游新名片，助推海洋经济强区建设。

8.2.3.1 优化邮轮旅游发展空间布局

遵循科学规划，合理优化，错位发展的原则，在北部湾沿海逐步形成“一路两圈三港两线”的邮轮旅游发展布局，即依托21世纪“海上丝绸之路”，构建北部湾邮轮旅游圈、泛北部湾邮轮旅游圈，建设北海邮轮母港、钦州邮轮始发港、防城港邮轮始发港，建设南宁－梧州内河邮轮旅游线、柳州－梧州内河邮轮旅游线，加快推进北部湾全球一流“国际邮轮城”建设；采用政府投资、企业投资、PPP等多种方式，规划建设北海石步岭邮轮母港、涠洲岛邮轮停靠港、钦州沙井岛和三娘湾邮轮码头、防城港马鞍岭和白龙港邮轮码头。

8.2.3.2 建设中国（广西）—越南风情旅游长廊

沿广西陆地边境线和大陆海岸线的那坡、靖西、大新、宁明、龙州、凭祥、防城港、东兴8个县（区、市）和越南的高平、谅山、下龙、海防、河内5个市所共同构成的“带状长廊”，建设融边境观光、滨海风光、民俗风情、跨国旅游、异国情调、休闲、生态、疗养、探险、怀古等特点于一体的中国（广西）—越南风情旅游长廊。积极推进友谊关—河内、防城

港—东兴—芒街—海防—河内、龙州—水口—越南(高平)、靖西—龙邦—越南(高平)、崇左—水口—越南(高平)、宁明—爱店—越南(谅山)等高速公路建设;推进防城港—东兴—芒街—海防—河内、靖西—龙邦等高速铁路建设;开辟或增加广西各主要机场至越南航线航班;打造中国(广西)—越南自驾游旅游线;打造东兴—越南下龙湾—防城港(或凭祥)边境旅游线;打造桂林—南宁—防城港—东兴—芒街—下龙湾山水旅游线,形成陆路出(进)海路进(出)的特色海陆旅游线;打造海口—湛江—北海—钦州—防城港—越南下龙湾—海防—河内的环北部湾国际精品滨海城市旅游线等四大中越旅游精品路线。

8.2.3.3 引进东南亚风情"海上迪斯尼乐园"

将娱乐体育活动的开展与广西当地人文及民族特色相结合,引进国际或国内游乐园大亨参与建设世界各国尤其是东盟国家游客向往的具有东南亚风情的"海上迪斯尼乐园"。在"海上迪斯尼乐园"中规划海洋科普园区、海洋探险园区、滨海运动园区、度假休闲园区、儿童游乐园区五大区域,使"海上迪斯尼乐园"成为集科普、地域风情、探险、极限运动、体育、娱乐、文化、儿童游乐为一体的综合性旅游游乐场所,为游客提供吃住娱购游一体化的高品质服务,使之成为广西北部湾的旅游新名片。

8.2.3.4 建设顶级免税零售购物中心

在南宁、北海、钦州建立规模大、内容丰、价格优、质量好的旅游免税购物中心,集免税购物、有税购物、餐饮娱乐、文化展示多种业态于一体,引进国际知名品牌和时尚单品。在防城港东兴市建立旅游免税购物街,涵盖香水、化妆品、首饰、手表、烟草制品、酒精饮料、食品、电器、电子产品、服装、皮具、箱包、手工艺品、地方特产等。同时在购物中心(街)配套完善的服务体系、舒适的购物环境、便捷的外币兑换处、多语种的服务人员、多语言导购指南等,实行"店内购物提货一体化"的海关监管模式,搭建顶级免税购物天堂。

8.2.3.5 打造环北部湾精品旅游路线

依托泛北部湾区域得天独厚的滨海旅游资源和历史文化资源,打造旅游精品路线,包括中国(防城港、北海)—越南(下龙、岘港、胡志明市)—泰国—马来西亚—新加坡—印度尼西亚—文莱—菲律宾—中国(香港—海口—北海)海上丝绸之路精品旅游环线;中国(广西)—东盟跨国自驾旅游线;成都—乐山—峨眉山—大理—昆明—南宁(上林)—桂平—河内(越南)—万象(老挝)—金边(柬埔寨)—曼谷(泰国)—仰光(缅甸)—大巴窑(新加坡)—爪哇岛(印度尼西亚)佛教文化传承旅游精品路线三大精品旅游精品线路;建设广西防城港—北海—广东湛江—茂名—海南海口—三亚的海上邮轮旅游航线,使北部湾海上邮轮旅游形成环线;打造北海—合浦—玉林的海上丝绸之路历史文化旅游线、南宁—崇左—防城港—北海—海口—昌江—乐东—三亚的民族风情旅游线、南宁—防城港—钦州—北海—湛江—海口—海南西海岸—三亚的自驾旅游线等一系列形象鲜明、特色突出、具有极强市场竞争力的环北部湾海上游等"海上丝绸之路"旅游精品线路,建成环北部湾海上旅游"金三角"。

8.2.3.6 提升滨海旅游景区吸引力

按照国际旅游度假区标准，着重打造北海银滩、冠头岭国家旅游度假区，打造北海涠洲岛国家5A景区，重点提升钦州三娘湾和刘冯故居4A景区建设，防城港金滩4A景区建设，积极培育防城港西湾旅游区和江山半岛旅游度假区建设。提速旅游景区软实力建设，注重服务区工作人员和志愿者的素质提升教育工作；将所有服务区、停车区及收费站等工程设计为东盟各国的建筑与装修风格，并在后期运营阶段引入东盟文化的一些软元素，为广大游客提供东盟特色的体验。

8.2.3.7 打造世界海岛旅游新地标——涠洲岛

以休闲度假为核心，打造集海洋文化、休闲运动、海岛养生、南珠文化、时尚生活、主题娱乐、海岛度假等功能于一体的涠洲岛海岛旅游目的地，将其建造成国内一流、国际知名的休闲度假海岛。具体建设“一湾”(南湾风情度假湾)，强力推进“两翼”(石螺湾休闲度假区、东岸国际休闲社区)，协调发展“三区”(热带农业休闲区、西港物流控制区、北岸高端生态旅游度假区)，做活做亮“一海”(海洋休闲运动区)，标杆打造“一岛”(斜阳岛顶级休闲度假岛)，形成“一湾、两翼、三区、一海、一岛”旅游发展大格局。

8.2.3.8 建立珠江西江生态旅游联盟

建立珠江西江生态旅游联盟，提高区域旅游竞争力。建设南宁、柳州、梧州、百色、广州、肇庆旅游目的地和游客集散地，规范发展巴马长寿养生旅游业，支持设立崇左中越国际旅游合作区和河池生态旅游基地。整合珠江西江流域山水文化资源，挖掘生活气息浓郁、地域特色鲜明的山水文化，重点建设南宁、柳州、梧州等中心城市特色文化街区，打造梧州、贺州岭南文化休闲养生基地。依托岭南文化、禅宗文化和壮族等少数民族文化特色，加快建设百色壮族和河池白裤瑶族、仫佬族、毛南族生态文化保护区，打造地方特色文化品牌。积极保护历史文化遗产和非物质文化遗产，重点实施宁明花山岩画、梧州骑楼城、柳州白莲洞、来宾莫氏土司、南宁顶蛳山遗址、百色敢壮山布罗陀遗址等历史文化遗产保护工程。

8.2.4 提升生活品质，打造宜居新名片

广西北部湾滨海城市群地处华南、西南与东盟经济圈的结合部，拥有广阔但欠发达的腹地，在建设海洋经济强区的过程中，除了必要的生产要素，城镇化的建设，人口要素也必不可少。通过利用自治区民族优惠政策，结合中央扶贫政策，促进政府城乡一体化职能转变，引导农村人口向沿海城市流动，提供优质的公共服务，打造北部湾中心城市群，在沿海建设一批滨海新区，提升民众生活品质，最终形成北部湾滨海新区宜居城市群。

8.2.4.1 联动推进地区扶贫政策

在拟出台的《加快建设海洋经济强区决定》中增加海洋经济强区建设与广西扶贫政策的联动篇章，重点策划海洋产业发展、环境保护等与腹地经济落后地区人口要素结合的相关政策，

引导贫困地区青年劳力参与广西沿海经济社会建设，在拟建设的港口、园区、产业园内增设扶贫对口单位，为贫困地区人口提供就业岗位，促进经济落后地区人口要素向沿海经济带流动，为广西沿海的海洋经济产业带来低成本的劳动力，同时，在沿海实行优惠的农村人口进城政策，在金融、保险、社会服务上提供帮扶，为10年、20年后建成海洋经济强区集聚人气。

8.2.4.2　规划建设滨海城市新区

利用广西得天独厚的沿海滩涂土地资源，建设集“江、海、湖、山、岛”为一体、“住宅、商业、医疗、教育、公共服务、娱乐、休闲”功能齐全的滨海新城。具体建设北海铁山港现代化港口新城，在铁山港城区西侧的滨江居住保留区规划办公、文化体育、医疗卫生、商业商务、娱乐康体等公共服务功能；继续推进《钦州市滨海新城控制性详细规划》，在钦州市钦南区建设中国－东盟的滨海门户钦州滨海新城，加快完善白石湖片区、沙井岛片区、茶山江片区、辣椒槌片区和葵子江片区的功能设施；完善防城港桃花湾滨海新城功能，使之成为集居住、商业、文体、娱乐等多种功能于一体的新区，实现城在海中，海在城中的宜居新城目标。同时，加强粤桂、琼桂合作，建立北部湾省际滨海城市联盟，借鉴珠三角发达地区经验，接纳转嫁过剩产能，引进先进人才，实现区域产业发展与城镇化建设有机结合。

8.2.4.3　打造滨海教育科研新城

积极落实中央在广西建设国家海洋局第四研究所的相关政策，做好四所筹建前期准备工作，采用政府＋开发商共建模式，在四所落户城市规划建设以四所为中心集科研、住宅、商业、医疗、教育、公共服务、休闲娱乐为一体的多功能科研新城，并围绕新城引进建设广西大学、桂林理工大学、广西师范学院等区内高校分校、企事业重点实验室、国家工程中心等，形成蓝色科研集聚效应，打造北部湾蓝色海洋硅谷；继续支持钦州学院申报北部湾大学，重视沿海高校(钦州学院、桂林电子科大分校、广西财经学院分校等)海洋学科建设，探索国内211名校在广西的办学道路，为建设海洋经济强区提供科技支撑力。

8.2.4.4　完善滨海城市基础设施体系

在北海、钦州、防城港市规划形成由快速路、主干路、次干路、支路共同构成的城区路网系统，抓好道路、供电、供水、燃气、通信、排污、汽车加油站等设施建设工作，在滨海城区加快建设面向区域级的旅游服务中心，开辟城区到旅游景区的BRT公交通道，规划中心城区到旅游景区、沿海产业园区、港口的城市轻轨；开辟市民休闲和社区活动相结合的文化场所，建设中等规模的社区医疗服务中心；构建“一带两廊生态屏障、一脊多脉枝状展开、一心多点半岛环布”的点、线、面复合人工环境与自然环境有机结合的绿地景观系统，全力完善中心城区公共服务设施和市政基础设施配套，全面提升市民在安全、交通、防灾减灾等方面的素质教育，尽快培育滨海城市人气。

8.2.4.5　提升滨海新区城市群公共服务质量

明确政府提高公共服务质量的职责，将提高公共服务质量纳入提供公共服务的目标要求，在公共教育服务、公共卫生服务、公共文化服务、社会保障等方面提出明确的质量要求；改革创新公共资源配置方式，在加大投入的同时，合理配置公共资源，既要建立健全城乡公共服务发展一体化体制机制，促进公共资源均衡配置；也要克服区域间财力差异，促进公共资源在不同区域的公平分配和合理使用；改变以政府为主体的单一公共服务供给模式，引入市场化、社会化机制，向社会购买优质服务；积极推进法治化，提高公共服务质量，依法保障人民群众能够获得普遍、公平的公共服务，对政府履行职责设定程序约束，保障公共服务提供的连续性，提升政府软实力，实现北部湾滨海城市群真正建成宜游宜居城市，为建设海洋经济强区“添砖加瓦”。

8.2.5 培育现代滨海旅游服务业集聚区

现代海洋服务业是海洋产业链的高端，是现阶段海洋经济增长的新亮点。在广西加快发展现代海洋服务业，是落实科学发展观、转变海洋经济发展方式、推进海洋产业结构优化升级的必然选择；是加快推进海洋经济强区建设的重要举措。培育广西现代海洋服务业集聚区，将以北部湾经济区为核心，引入以海洋为特色的专业化金融（银行、保险、证券、租赁、信托、基金、投行、要素交易等）、科技和高端海洋专业服务产业（会展、海洋体育服务、咨询、经纪、法律服务、会计、海上仲裁、船舶检验、代理等），着力打造一批以旅游、金融、会展、海洋体育业为服务对象的高端海洋服务企业，为建设海洋经济强区提供有力支撑。

8.2.5.1 提升海洋旅游服务业水平

加快海洋旅游公共服务体系建设，鼓励海洋旅游公共服务主体多元化发展，在北部湾经济区边引进边培育一批有竞争力的大型旅游企业集团，支持民营和中小旅游企业发展；加快沿海地区和西江－珠江生态旅游业联动发展，打造“海上桂林”精品旅游品牌；建立统一的旅游信息公共服务平台，提升旅游业发展的科技化、信息化水平；实施人才兴旅工程，推进实施国民旅游休闲纲要；加快旅游立法和标准化体系建设，加强旅游诚信体系建设，规范旅游市场秩序，提高旅游服务质量。

8.2.5.2 加速海洋专业化金融要素集聚

加快海洋专业化金融要素向北部湾中心城市南宁、北海、钦州、防城港等区域集聚，推动高铁、航运、航空金融创新发展，支持地方政府组建航运联盟、航运基金、航运金融租赁公司、保险机构，加大与国家开发银行合作，多渠道获取资金支持。充分发挥中国－东盟自贸区、粤桂琼合作圈、中国－东盟博览会要素平台的作用，开展高端船舶（邮轮、液化天然气船、集装箱船）交易、维修、评估、租赁、购销服务。支持中国船舶重工集团公司等央企入住港口园区，做大做强海洋金融等高端海洋服务业，促进金融与航运、港口物流、远洋渔业、船舶、化工、油气加工储备等海洋产业的深度融合，打造中国－东盟海洋现代服务业重要保障基地。

8.2.5.3 创新发展海洋会展业

加强会展设施建设，面向东盟促进会展、旅游、商贸互动协同发展。培育特色会展品牌，推动“北海国际海滩旅游文化节”“北海国际珍珠节”“钦州蚝情节”“京族哈节”“中越边境旅游节”等特色海洋会展活动与“中国－东盟博览会”“泛北部湾经济合作论坛”“中国－中南半岛经济走廊发展论坛”有机衔接。加强与发达地区会展企业合作，扶持和培育一批知名会展企业，培育和引进一系列具有国际影响力的品牌展览及各类论坛。

8.2.5.4 扶持发展海洋体育旅游业

充分利用海滩、海水、海岛资源优势，扶持发展帆船帆板、赛艇、海钓、沙滩排球、马拉松等海洋体育运动产品。加大对海洋体育基础设施建设的投入，出台优惠政策，鼓励社会资本投资，建设北部湾海洋体育产业基地和海洋运动休闲生活示范区。培育海洋体育骨干企业，创办北部湾特色海洋体育运动会，承办国内国际体育重大赛事。推进与东盟国家的海洋体育交流与合作，整合开发海洋体育旅游产品，延伸海洋体育赛事旅游产业链。

8.2.5.5 推动中国－东盟海洋旅游科教共同发展

以中国－东盟联合办学为主线，整合中国对东盟国家现有的留学生学历教育及国家各部委和地方政府承担的短期培训，加快筹建中国－东盟联合大学，实行联合出资、联合管理、联合招生（列入中国与东盟国家的高校招生学校目录）、联合培养（师资力量、学分互认、学生交流），培养一批既了解本地区情况又具有专业素养的优秀人才，致力于推动中国－东盟国家交流合作，为共建 21 世纪“海上丝绸之路”和推进中国－东盟命运共同体服务（雷小华，2014）。

8.2.5.6 推动与东盟国家旅游公共服务平台建设

（1）依托广西雄厚的医药基础，选址南宁建设中国－东盟医疗服务中心，充分发挥地缘和丰富的民族医药资源优势，利用中国－东盟博览会、泛北部湾经济合作论坛、中国－东盟自由贸易区论坛、中国－东南亚民间高端对话会等现有平台探索建立合作长效机制，打造面向东盟的海上丝绸之路区域性医疗服务中心，实现优质医疗资源共享，提升医疗服务质量和服务水平。

（2）依托南宁市建设中国－东盟文体中心，采用集中式布局，打造涵盖“海上丝绸之路”博物馆、文化馆、图书馆、电子阅览室、展览馆、艺术展厅、报告厅、体育场、体育馆、游泳馆（含跳水）、多功能会议室、演出厅、全民健身中心以及室外休闲广场等配套设施的综合性文化体育建筑群，成就一个集文化艺术交流、体育竞赛、健身娱乐、学术研究、图书阅览、信息服务等为一体的具有区域特色的标志性文体设施。

参考文献

陈星. 2007. 福建省滨海湿地旅游资源分类评价体系的构建及旅游产品策划[D]. 福建师范大学.

范航清, 彭胜, 石雅君. 2007. 广西北部湾沿海海草与研究状况. 广西科学, 289－295.

国先翠. 2010. 武汉市城市湖泊生态旅游潜力评价研究[D]. 华中农业大学.

韩秋影, 黄小平, 施平, 等. 2007. 广西合浦海草床生态系统服务功能价值评估. 海洋通报, 33－39.

韩秋影, 施平. 2008. 海草生态学研究进展. 生态学报, 5561－5571.

雷小华. 筹建中国－东盟联合大学思路研究[J]. 东南亚纵横, 2014(11): 44－48.

黎遗业, 黄新颖, 陈冬梅, 等. 2008. 广西红树林湿地生态保护与生态旅游开发研究[J]. 广州热带农业, 2: 34－37.

李玫, 章金鸿, 郑松发, 等. 2004. 试论我国的红树林生态旅游[J]. 防护林科技, 4: 33－34.

李平, 李艳, 李万立, 等. 2004. 黄河三角洲湿地资源生态旅游开发利用研究[J]. 海洋科学, 28(11): 33－38.

李颖虹, 黄小平, 许战洲, 等. 2007. 广西合浦海草床面临的威胁与保护对策[J]. 海洋环境科学, 587－591.

梁维平, 黄志平. 2003. 广西红树林资源现状及保护发展对策[J]. 林业调查规划, 28(4): 59－62.

潘小玲. 2011. 广州北部湾滨海旅游可持续发展研究[D]. 广西大学.

邱广龙, 范航清, 周浩郎. 2013. 基于 SeagrassNet 的广西北部湾海草床生态监测[J]. 湿地科学与管理, 59－63.

疏良仁, 林剑. 2004. 生态系统健康理念在旅游规划中的应用——以北海涠洲岛旅游度假区为例[J]. 规划师, 20(11): 67－70.

王健. 2010. 黄河三角洲湿地生态旅游开发研究[D]. 山东师范大学.

王利华. 2007. 滨海旅游地的开发与保护研究[D]. 河北师范大学.

文军, 阳国亮. 2012. 北部湾(广西)滨海旅游区评价与选划研究. 北京: 经济管理出版社.

翁钢民, 吕智. 2004. 秦皇岛旅游业可持续发展对策研究[J]. 燕山大学学报(哲学社会科学版), 5(3): 63－66.

于丹. 2007. 城市自然湿地旅游区生态性评价和规划方法研究[D]. 同济大学.

赵海燕. 2012. 通辽市旅游资源评价与开发[D]. 辽宁师范大学.

郑耀辉. 2009. 滨海红树林湿地生态系统健康评价——以珠江口淇澳岛红树林为例[D]. 中山大学.

张环宙. 2013. 浙江省海洋旅游发展对策研究[J]. 浙江社会科学, 145－150.

Borum J, Duarte C M, Krause－JensenD, et al. 2004. European seagrasses: an introduction to monitoring and management [R]. Copenhagen: The M&MS project Cabaço S, Machas.

第9章 广西滨海湿地生态系统管理与旅游可持续发展对策

9.1 广西滨海湿地红树林管理框架

9.1.1 红树林相关管理部门职责

我国海洋管理体制总体上以渔政、环保、海监、海事、边防和海关等部门为主，为分散型的行业管理体制，涉及海岸带开发与管理的部门多达20余个，各部门根据其职责和分工对海岸带地区进行不同的管理(黄康宁等，2010)。例如，海洋行政管理部门主要负责综合管理国家海洋事务，制定并实施相关的政策方针、区划和规划等；国土资源部职能主要涉及海岸带的滩涂资源、海洋石油勘探开发等；交通部门职能主要涉及海上运输及船舶的安全、秩序等；农业部门则负责海岸带地区渔业资源的开发与保护等；旅游部门负责滨海旅游的开发与管理。而不同部门进行管理，往往造成管理上的"真空"或重叠，导致各利益相关者之间矛盾重重。例如，沿海企业排污造成海域污染与滨海旅游、海水养殖之间的纠纷，海水养殖与港口开发之间的纠纷，港口开发和生态保护之间的纠纷等(范航清等，2015)。

广西红树林生态系统作为一种湿地资源从理论上来说是由林业部门管理，但是从海洋国土上来看，红树林生长在潮间带，属于海洋生态系统资源，由海洋部门管理。海洋渔业的行政管理部门则是农业部门的水产畜牧兽医局。海洋部门管理海洋资源及其保护利用，并实施海洋环境监测，成立了两个国家级红树林保护区(山口国家级红树林自然保护区和北仑河口国家级自然保护区)。两个保护区以外的潮间带红树林资源属于林业部门管理，林业部门是负责红树林造林的专门机构，在钦州市成立了省级茅尾海红树林保护区。水产部门负责红树林区渔业专业的管理与指导。

红树林生态系统保护与利用的多部门管理首先体现了政府对海洋管理特别是红树林生态系统管理的重视，其次专业职能部门可以为红树林生态系统管理提供专业的技术服务，从而使红树林管理更加有效，不足之处是管理部门之间难以沟通协调，各自为政，效率不高。因此，需要成立由相关部门参与的省级海岸综合管理委员会，协调解决海岸带的管理与利用问题，包括海岸带重要资源的红树林生态系统的保护管理、恢复与可持续发展利用问题(范航清等，2015)。

9.1.2 红树林保护的国际合作和宣教

9.1.2.1 红树林保护宣教

红树林保护的宣传教育是一种分享信息、获取知识、平衡诉求、增进了解、科学决策、共同行动的方法和途径。红树林保护的国际合作有利于推动、发展和强化红树林保护宣传教育。

随着经济越来越发达，人类生活水平越来越高，同时人民的环境意识也越来越强，红树林保护方面的宣传教育也有了广泛的市场和机遇。越来越多的社会各阶层人士举办或参与保护环境的相关宣传，特别是在广西沿海地区的保护红树林活动，提高了红树林的公众认知。近几年来，广西红树林保护管理部门、企业、研究机构、媒体等积极开展了多种多样的红树林宣教工作，促进了广西红树林生态系统的保护。

其中，展开红树林保护宣教的主体是红树林保护区，将实施红树林生态恢复和管理与红树林保护宣教工作并举。对中小学生、游客、政府官员等特定人群实施宣传教育，采用多种媒介宣传红树林保护，包括宣传手册、年历、制作大型宣传广告路牌、标语牌、招贴画、幻灯片、光盘、图片、明信片等。比如山口国家级红树林生态自然保护区为向访客介绍红树林知识，专门设立了客访和宣教中心。

广西第一个涉及红树林教育的国际项目就是2001—2002年联合国教科文组织资助的在山口国家级红树林生态自然保护区实施的“山口生态旅游规划研究以及社区参与和公众教育项目”。在项目执行过程中，山口红树林中学成为开展红树林教育的基地，学生们常到保护区学习红树林知识，山口红树林中学的名字由此而来。他们还成立了由乡村的宗族族头组成的红树林社区共管网络，在宗族集体活动时向族人宣传保护红树林的政策法规与意义。另外项目还印制了10 000份红树林生态保护宣传海报，出版了20 000份保护区简介，制作并竖立了2块巨幅红树林保护宣传告示牌，印制红树林保护宣传画1 000份并张贴，印制红树林知识小册子5 000份，每户一册地发放到沿海村民家中。

广西红树林研究中心在2008—2010年承担了联合国发展署与中国政府合作项目“南中国海生物多样性管理”广西示范区子项目，组织专业人员到广西闸口中学、合浦县廉州中学等举办“红树林与海洋环境”专题报告会，还在全国范围内征集了反映环保的歌曲、广告和动画作品，并在北海365网站展示了这些作品，积极开展了红树林宣教工作，提高民众的参与度，并取得了良好的效果。同时还资助成立“北海市红树林童声合唱团”，在重要节日、重要场合通过音乐形式宣传红树林。

在防东公路上有北仑河口自然保护区竖立的一块大型红树林标识宣传牌，而且悬挂了一系列红树林知识宣传牌于石角管理站综合楼展厅内，这些宣传牌配置了多媒体触摸屏，通过点击触摸屏，游客能够观看生动的红树林知识介绍。

在北海金海湾红树林旅游度假区、大冠沙红树林采种基地及冯家江红树林造林滩涂及北背岭等处，也都竖立了宣传牌，其中国营北海防护林场竖立的界碑界桩达332块，大型宣传标牌达10多块。

9.1.2.2 国际交流与合作

广西红树林生态系统研究与保护管理国际合作的主要推动者是广西红树林研究中心，它组织并参与了在广西北仑河口自然保护区和山口国家级生态自然保护区的多个国际性项目。

(1)UNEP/GEF南海项目(SCS)：2002—2008年防城港新地公司、广西红树林研究中心与北仑河口自然保护区共同参与并实施了“扭转南海及泰国湾环境退化趋势”项目的红树林专题，该项目由联合国环境署执行，其中中国、越南、柬埔寨、马来西亚、泰国、印度尼西亚和菲律宾七国都参与在内。该项目在推动多方参与的红树林共管方面进行了尝试并取得了成果。

(2)ASPACO项目：2000—2002年广西壮族自治区海洋局、广西红树林研究中心与中国人与生物圈国家委员会、山口国家级红树林生态自然保护区管理处共同承担了联合国教科文组织/ASPACO基金“生态旅游规划研究 & 社区参与和公众教育”项目。参加项目的国内专家学者到美国和越南进行了考察交流，越南国家MAB专家也到北海进行考察与学术交流。

(3)建立友好合作关系：在1997年，山口国家级红树林生态自然保护区与美国佛罗里达州鲁克利湾河口研究保护区互派管理人员与专业技术人员进行交流与合作，并结成姐妹保护区关系。

(4)UNDP/GEF中国南部沿海生物多样性管理项目(SCCBD)：该项目由GEF和中国政府共同资助，由联合国开发计划署执行，由国家海洋局和浙江省、福建省、海南省、广东省和广西壮族自治区人民政府以及美国国家海洋与大气局共同实施。其实施时期为2005—2012年，共8年。广西红树林研究中心、广西区海洋局和山口国家级红树林生态自然保护区承担了项目部分合同任务。项目借鉴国际经验，积极推进社区参与生物多样性共管实践，尊重本土文化和传统知识，在界定生物多样性所面临的威胁和消除威胁方面，也取得生物多样性可持续管理的发展进步。

(5)海洋污染快速评价(RAMP)计数培训：2009—2010年英国普利茅斯海洋研究院(Plymouth Marine Lab, PML)专家两次来到北海广西红树林研究中心开展技术培训，在英国专家帮助下，根据广西的实际情况，广西红树林研究中心开发了适合本地情况的污染快速评估技术。

(6)日本国际红树林协会资助的红树林造林项目：2005—2007年，该项目在山口国家级红树林生态自然保护区实施，并进行了红树林恢复的科学试验和有益尝试，此外日本专家还两次来到北海考察了项目进展及效果。

(7)中国、德国交流合作：德国不来梅大学热带海洋生态学莱布尼兹中心，在2009年开始，广西红树林研究中心与之共同开展地球化学通量的红树林作用研究，进行交流与合作。

(8)取得国际性成员地位：山口国家级红树林生态自然保护区与北仑河口国家级自然保护区均先后列入国际重要湿地名单，加入人与生物圈保护区网络，成为国际示范区等。

9.1.3 红树林保护多方参与制度

我国的政府部门掌握着绝大多数的公共资源，对资源环境有很大的支配权，当前海洋局和林业局是广西红树林资源的两个主要保护管理机构。

其中有两个国家保护区的红树林由广西海洋局管理，占广西红树林面积的21%，面积约1 888 hm^2。宜林潮滩的红树林造林工作、全区红树林生态系统的海洋生境和海洋生物的保护由保护区负责。广西林业局主要负责管理两个国家级保护区之外的红树林资源，承担在红树林宜林地上恢复造林的任务。2001—2007 年，沿海林业部门利用国债造林资金实施了逾3 600 hm^2 的红树林造林计划。2008 年共青团中央和国家林业局实施“保护母亲河——生态北部湾青年行动”，在广西积极开展红树林造林活动。

参与红树林保护与恢复的企业：北海 365 网常年支持红树林保护宣传活动。此外，在2002 年，防城港新地公司参加了“南海项目”红树林示范区项目。2008 年，芬兰斯道拉恩索公司资助了在山口国家级红树林生态自然保护区实施的红树林恢复造林研究；2008 年和 2009年，两次北海红树林的义务植树活动由安利公司资助。

参加红树林活动的 NGO(非政府组织)：多年来，北海民间志愿者协会和防城港市红树林友好协会等积极为红树林保护摇旗呐喊。

学生参与红树林保护：2002 年“五四”青年节前夕，300 多名共青团员在山口国家级红树林生态自然保护区义务种植了约 17 hm^2 红树林；广西中医学院绿莹环保组织 12 位“环保天使”参加了 WWF(世界自然基金会组织)的 2003 年“走进国际重要湿地”活动，并在山口国家级红树林生态自然保护区开展了游客问卷调查和野外考察活动；防城区江山小学学生在学校的组织下，长期坚持在北仑河口国家级自然保护区义务种植红树林，而且其“珍珠湾红领巾红树林防护林带项目”也获得了 2005 年鄂尔多斯环保志愿服务与生态建设奖。

利益相关者：作为红树林周边的居民，他们了解红树林维持环境和维持生计的作用，也十分关心红树林的保护。一些积极的当地居民被沿海各乡镇林业站选中作为护林员，现在已经成立的 2 个国家级、1 个省级红树林保护区也均在其管辖范围内招聘积极分子做护林员。广西沿海村民，如自 20 世纪 60 年代以来，钦南区沙井村、合浦白沙镇允美村等地村民为保护自己的家园、农田或虾塘，常自发地种植红树林。1999 年闸口镇部分领导纵容不法商人毁林建造虾塘，当地村民四处上访，致 5 名毁林人员被捕，后分别被合浦县人民法院一审判处 1 ~ 4 年有期徒刑(王霄等，2007)。

9.1.4 红树林生态保护立法

红树林保护与管理相关的国家法律法规如下：

《中华人民共和国森林法》(1998 年)；

《中华人民共和国环境保护法》(2002 年)；

《中华人民共和国海洋环境保护法》(1999 年)；

《中华人民共和国防止海岸工程建设项目损害海洋环境管理条例》(2005 年)；

《沿海国家特殊保护林带管理规定》(1996 年)；

《中国湿地保护行动计划》(2000 年)；

《海洋自然保护区管理办法》(1995 年)。

广西各级地方政府在开展湿地立法和红树林湿地管理方面也颁布了一些法规和制度，主要如下：

《广西壮族自治区山口红树林生态自然保护区管理办法》(1994 年)；

《广西壮族自治区北仑河口自然保护区管理办法》(2004 年)；

广西壮族自治区财政厅和物价局：《山口红树林生态自然保护区管理费和资源利用补偿费收费标准》(1998 年)。

为了加强红树林的保护管理，沿海县及各级地方政府还颁布了相关的通知通告，包括：

合浦县人民政府：《关于严禁破坏山口国家级红树林生态自然保护区生态环境的公告》(2001 年)；

合浦县人民政府合政发〔2003〕184 号：《关于进一步加强红树林资源保护管理工作的通知》。

虽然我国目前已经有了很多关于保护红树林的法律法规，但是有些法律法规还需要进一步完善，人们意识还需进一步加强，此外现在更重要的是依法保护好现有的红树林生态系统资源。

9.1.5 红树林生态恢复研究

9.1.5.1 广西红树林生态恢复技术

广西红树林生态恢复技术涉及红树林造林的宜林地、种苗、定植、次生林改造、幼林抚育与管理等方面。

20 世纪 80 年代以来，广西在红树林育苗方面的主要研究进展和发现有林业部门的隐胎生红树植物白骨壤的育苗实验；红树植物胚轴萌根发芽与环境因子之间的关系中的光因子影响秋茄胚轴萌发的光眠现象；红海榄育苗袋幼苗即容器苗的存活率明显高于天然苗的现象，10 以下的低盐度有利于木榄胚轴萌根、20 的盐度最适合红海榄胚轴萌根发芽等。

广西红树林研究中心在 20 世纪 90 年代初成立，先后承担了“广西北部湾红树林生态系统及其快速恢复的研究”(国家科委资助重点攻关项目)、“引种红树植物和米草及其海岸湿地生态工程应用”(国家“八五”攻关项目)、“广西边境海岸红树林的恢复生态学研究”(国家自然科学基金资助)等项目，对红树林生态恢复技术进行了系统研究，推动了红树林恢复技术的进步。

广西潮滩绿化树种可用分布面积最大的 5 种本土红树植物。红树林造林方法根据种苗来源的不同分为天然苗造、插胚轴造林和容器苗造林 3 种，其中插胚轴造林简单易行，成本仅为容器苗造林的 21%，为天然苗造林的 27%，是显胎生种类大规模造林的首选方法，但每种方法各有其适用范围(莫竹承等，2001)。

9.1.5.2 红树林生态恢复实践

广西红树林生态恢复实践即人工造林活动从时间上可以划分为以下三个阶段。

(1)初期造林阶段。自 20 世纪 50—70 年代，沿海村民以及相关部门因生产和生活需要，开展了小规模的人工造林活动，如广西历史上有记载的最早的造林活动，即 1956 年钦州市林科所种植白骨壤饲料林 7 hm^2，钦州市沙井村民在大食堂年代（1958—1961 年）为获得薪材，从簕沟港采回种子种植了数公顷的桐花树林，如今已形成树高 1.5 ~ 2.7 m，盖度 70% ~ 100% 的桐花树群落。但由于 1968 年合浦县林业局的限制，缺乏相应的红树林造林技术支撑，造林随机性和盲目性较大，造林后的管护与抚育工作较薄弱，造林成效不高，因而保存下来的人工林不多。

（2）试验造林阶段。20 世纪 80、90 年代，随着人们对红树林认知与保护意识的增加，广西沿海的红树林保护与造林也相应得到了较快发展，如先后建立了山口国家级红树林生态自然保护区、北仑河口国家级自然保护区和茅尾海红树林保护区等。红树林保护区成立后逐步开展了一些造林试验，以解决某些技术难题为攻关目标的科研造林试验在这一时期比较活跃。1986 年合浦县林业局在山口镇丹兜海进行了红海榄的育苗和造林试验。1994 年广西红树林研究中心在实施国家科技攻关项目中在丹兜海进行了红海榄的育苗和造林试验，1994 年广西红树林研究中心在实施国家科技攻关项目中在丹兜海成功地用红海榄和木榄对次生白骨壤群落进行改造，试验林约 8 hm^2，均已经进入繁殖期。1983 年防城林业局在江平镇贵明村榄潮滩用天然小苗营造秋茄、桐花树林 53 hm^2。1986 年钦州林科所在贵明村用胚轴营造秋茄、白骨壤、桐花树和木榄共 20 hm^2，1997 年补植秋茄、白骨壤、桐花树、木榄和红海榄各 3 hm^2。1997 年防城县林业局在茅岭江鹰岭东北面潮滩大面积种植的桐花树生长良好。1998 年广西红树林研究中心在北仑河口国家级自然保护区石角管理站秋茄、桐花树群落中引种红海榄和木榄 2 hm^2，已经成林。随着 1998 年国务院批准实施沿海防护林体系建设工程的启动，科研部门以及林业管理机构多次开展造林试验以解决一些技术上的问题，取得了红树林造林经验和技术积累（范航清等，2015）。

（3）专业造林阶段。20 世纪以来，在多年的造林研究基础上，红树林造林技术取得了一定的进展。同时，沿海林业部门由于国家对沿海防护林工程积极地财政支持，持续地组织实施了红树林造林计划。由乡镇林业站、市县林业局、林业设计院等单位参与管理和设计，按照相关的技术规范进行造林规划、组织施工和验收，使红树林造林进入了专业化、规范化阶段。专业造林是当前红树林造林的主要形式，也是将来科研成果更好应用于红树林生态恢复的机制保障。

2001 年广西红树林造林保存面积 1 093 hm^2。2002—2007 年全区造林验收合格面积 2 652 hm^2。2008 年对全区人工红树林调查结果表明，2001 年前造林保存的人工林 802 hm^2；2002 年后营造存活的人工林 984 hm^2，造林保存面积占造林作业面积的 37%。全区人工林累计保存面积 11 786 hm^2，占全区红树林总面积的 19.4%（范航清等，2015）。

在此期间，志愿者、学校以及企业越来越多地参与到红树林造林活动当中，同时媒体对各种公益造林活动频繁的报道激发了人们参与红树林保护与恢复的热情。例如，2001 年广西合浦县红树林发展基金会种植红树林 568 hm^2，其中在白沙、闸口、山口、西场等乡镇发动群众种了 234 hm^2。2002 年钦州市直机关、钦南区机关以及沿海近千名干部、群众，在长坡海滩植下红树林约 66 hm^2，并从广东、海南购进 2 000 多株无瓣海桑，营造速生林约 14 hm^2。共青团合浦县委员会负责组织发动 300 多名团员、青少年到山口国家级红树林生态自然保护区的英罗管理站种植红树林 20 多万株秋茄苗，该红树林人工造林项目被列为广西壮族自治区

“保护母亲河建八桂青少年世纪林行动”计划（范航清等，2015）。

9.1.6 红树林湿地旅游发展管理

广西滨海湿地红树林生态旅游发展应围绕自然保护区、红树林生态系统、珍稀动植物资源和人文景观开展，总体目标在于保证旅游者的生态体验效果，同时增加产品种类，提高产品质量，在满足旅游市场的需求前提下，加速推动生态旅游向多层次和高深度发展（王健，2010）。旅游发展管理总体思想如下。

9.1.6.1 保护与开发并重

在保护红树林湿地生物多样性价值的同时，注重提升增加湿地周边的经济价值。红树林景观本身树种较少，但具有很多种类的细菌、底栖动物、无脊椎动物、游泳生物。大量的鸟类和碎屑消耗性生物生活在红树林区域，促使其成为了天然育苗场和鸟类栖息地，是很多珍稀独特野生动植物赖以生存发展的湿地。红树林湿地内的海鲜比裸滩的海产品更加肥美，故在其下进行的海产养殖具有更大的经济效益，同时红树林的枯枝落叶可以作为其食物以节约成本（林河山，2008）。

9.1.6.2 突出生态美学特征

从红树林的美学、科研和生态旅游价值出发，加深对红树林价值的认识。红树林海岸茂密的植被、曲折的地貌、广阔的滩涂、涨落的海潮是神奇美丽的自然景观，使红树林海岸拥有了观赏、教育和科研等多方面层次的功能与价值。加速推进红树林的保护和营造，使其尽快成片成林，形成良好的生态环境，进而将旅游开发与环境教育结合发展，为居民带来明显的经济效益。

旅游开发有两方面的要求：①自然文化属性；②体验参与属性。景区开发建设与生态旅游产品的设计要突出景区的自然美。广西滨海自然景观景色特征突出，需要开发规划者精心设计组合，大力开展相关基础性研究，充分挖掘其自然文化内涵，生产原质原味的旅游产品（王健，2010）。

广西红树林滨海湿地适宜开发的旅游产品应该为休闲度假、科学考察和科普教育基地。

9.2 珍珠湾红树林生态及旅游管理对策

9.2.1 红树林保护区管理

广西北仑河口国家级自然保护区位于我国大陆海岸线最西南端的广西壮族自治区防城港市西南沿海地带，包括东起防城区江山乡白龙半岛，西至东兴市东兴镇罗浮江与北仑河汇集处的滩涂和部分海域（杜寅，2010），跨越防城区和东兴市的13个自然村，地理坐标为21°31′00″—21°37′30″N，108°00′30″—108°16′30″E（李相林，2007）。海岸线总长为105 km，总面积3 000 hm^2，核心区1 406. 7 hm^2，缓冲区1 260 hm^2，实验区333. 3 hm^2。保护区现有红树林面积 1 069.3 hm^2，占广西红树林面积的 11.6%。有红树林植物 15 种(其中真红树 10 种、半红树 5 种)，主要红树植物种类有白骨壤、桐花树、秋茄、木榄、红海榄、海漆、老鼠簕、小花老鼠簕、榄李、卤蕨、水黄皮、黄槿、杨叶肖槿、海芒果、银叶树等。具有其他常见高等植物 19 种，大型底栖动物 84 种，鱼类 27 种，鸟类 187 种，有 30 种属国家重点保护鸟类，有 145 种是候鸟，占鸟类总数的 77.5%(李相林，2007)。

北仑河口自然保护区于 1985 年建立县级红树林保护区，1990 年晋升为省级海洋自然保护区。2000 年 4 月经国务院批准晋升为国家级自然保护区。该保护区以红树林生态系统为保护对象(杜寅，2010)。2001 年 7 月，加入中国人与生物圈组织，2004 年 7 月加入中国生物多样性保护基金自然保护区委员会，2005 年 2 月与广西师范大学合作建立教育科研实习基地，2008 年 2 月加入国际重要湿地(陆娟等，2015)。

广西北仑河口国家级自然保护区管理处办公地点在防城港市，下设办公室、宣教科、资源保护执法科等职能科室以及珍珠湾管理站、鸟类救护站。竹山管理站，核定事业编制 12 名，现有管理人员 14 名，专业巡防队员 3 名，护林员 6 名。主要任务是保护管理红树林生态系统资源，监测海洋环境现状，实施红树林生态恢复与可持续发展利用，开展红树林保护宣教，提供科学研究平台，参与国际合作管理项目。北仑河口自然保护区是“扭转南海和泰国湾环境退化趋势”项目的红树林示范区项目实施地。

9.2.2 红树林旅游管理对策

珍珠湾区域的旅游开发应以自然观光和环境教育为主，现已有 4A 级生态旅游风景区在积极筹建中。总体来说，当地周边城镇经济发展较快，具有大面积天然红树林资源，该地区的生态养殖业发展扎实，具有先进技术支撑，为后续发展旅游业提供了特色资源。同时该区域距离中越边境城市较近，有开发跨境旅游的基础。然而，该区域基础设施较差，特别是进村道路等需要加强规划。另外，可以依托少数民族特色文化与风俗，开发沿海文化旅游。管理上，应注重生态环境与经济发展之间的协调关系，在维持现有良好的生态环境条件下，在现有的养殖业基础上对湖泊景观及环境因地制宜地进行生态恢复，推广和示范生态养殖技术，开展生态旅游。通过科学的管理措施，该区域有望成为红树林生态旅游和生态经济发展的示范区。依据旅游潜力评价结果，结合实地调查，可能的生态旅游的发展策略见表 6－4 与图 9－1。

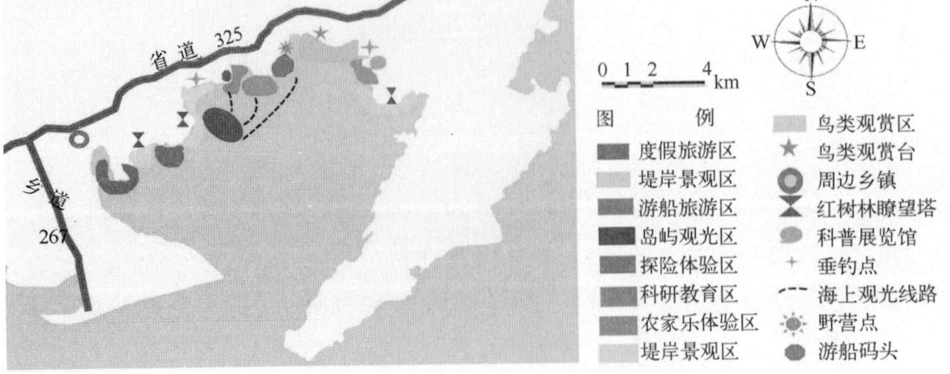

图 9－1 珍珠湾红树林生态旅游规划图

9.3 茅尾海红树林生态及旅游管理对策

9.3.1 红树林保护区管理

广西茅尾海红树林自然保护区是广西壮族自治区人民政府于2005年11月17日批准成立的由林业部门主管的自治区级自然保护区，是全国最大最典型的岛群红树林区。保护区位于广西钦州湾，地理坐标为21°43′47″—21°53′54″N，108°28′55″—108°54′27″E。保护区东部与北海市合浦县的西场镇交界，西与防城港市的茅岭镇接壤，南向北部湾，北依北部湾、钦州湾区(刘永泉等，2009；张文英，2012)。

茅尾海保护区总面积2 784 hm^2，分别由康熙岭片、坚心围片、七十二泾片和大风江片四大片组成。保护区内有红树植物9科、10种，各种动物491种，其中33种鸟是中澳、中日保护候鸟及其栖息环境协定的保护鸟类。红树林面积1 893 hm^2，占广西红树林面积的20.6%。茅尾海保护区设有一个保护区管理处，下设三个保护管理站，具体负责保护区的管理工作，核定事业编制名额14名。保护区主要任务是保护管理茅尾海红树林资源，实施红树林生态恢复任务。

9.3.2 红树林旅游管理对策

茅尾海旅游区位条件、开发条件以及市场前景较好，国家海洋公园的筹备与建设为该地区的旅游发展起到了带头作用；其生态旅游开发需要在已开发景区的基础上，充分利用区位优势，立足于环境资源禀赋和环境容量限度，制定合理的旅游开发策略(张栋等，2014)。该地区已经拥有旅游开发项目，需要提升品牌效应，与既有的湿地公园协同发展，距离港口较近的地方，开发休闲娱乐为主的短期旅游项目，并利用该地区海产品养殖加工的特色，提升海产品的知名度，对红树林的特色产品加以宣传。另外，该地区生态环境较为脆弱，极易受到人类活动和近岸开发造成的陆源污染影响，在管理方面尤其要注意的是严格控制周边污染物对红树林保护区及生态旅游开发区的输入，对重点河流汇入口进行实时监测。依据旅游潜力评价结果，结合实地调查，可能的生态旅游的发展策略见表6-5与图9-2。

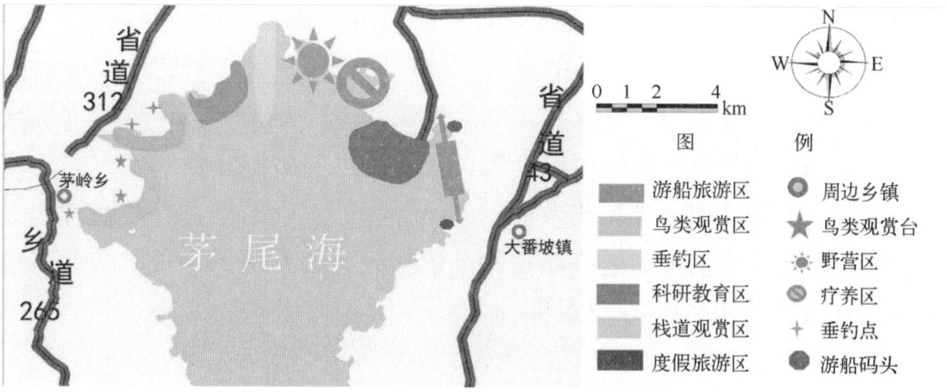

图9-2 茅尾海红树林生态旅游规划图

9.4 丹兜海红树林生态及旅游管理对策

9.4.1 红树林保护区管理

山口红树林生态自然保护区是1990年9月经国务院批准建立的我国首批国家级海洋类型自然保护区，主管部门是国家海洋局。保护区地理坐标范围21°28′—21°36′N，109°43′—109°46′E，由广西合浦县东南部沙田半岛的东西两侧海岸及海域组成，东与广东省湛江红树林保护区接壤，地域跨越山口、沙田和白沙三镇。总海岸线长50 km，总面积8 000 hm^2。核心区面积800 hm^2，缓冲区面积3 600 hm^2。过渡区面积3 600 hm^2。现有红树林面积818.8 hm^2(李安彦，2009)，占广西红树林面积的8.9%。保护区东面有英罗港，有武留江、洗米河和湛江的大坝河3条小河流入，西面的丹兜海仅有那交河流入，是一个典型的淡水流量少和水土流失严重的海岸。山口国家级红树林生态自然保护区生物多样性丰富，有乡土红树植物(包括半红树植物)种类是11科、14属、14种，底栖硅藻158种，浮游植物96种，大型底栖动物170种，鱼类95种，鸟类106种，昆虫273种(李安彦，2009)。

山口国家级红树林生态自然保护区管理处于1993年建立，编制16人，下设办公室、业务科、资源保护科、英罗管理站和沙田管理站等职能部门。在2001年以前，由合浦县人民政府负责其行政管理，2001年以后，由广西壮族自治区国土资源厅负责其行政管理。

山口国家级红树林生态自然保护区的主要任务是负责保护区的管理保护、红树林资源监测、红树林生态旅游、生态恢复等，同时参加了国际合作研究项目。保护区1997年加入中国人与生物圈保护区(CBR)网络，并与美国佛罗里达州鲁克利湾国家河口研究保护区结成姐妹保护区关系；2000年加入联合国教科文组织人与生物圈保护区(MAB)网络；2002年加入《国际湿地公约》，是Ramsar湿地公约成员。

9.4.2 红树林旅游管理对策

丹兜海地区大部分的资源尚未得到有效的开发利用，受区位条件的限制，交通不便利，所以需要加强基础设施建设，休闲度假的旅游模式较适合该地区。丹兜海红树林距离城市以及道路都比较远，总体环境较为安静惬意，自然景观的多样性和生态环境的可持续发展保证了该地区生态旅游的顺利开展。该地区以度假、疗养为主要旅游开发管理方向，体现了保护与开发并重的原则。由于该地区受互花米草入侵比较严重，应注重对当地红树林资源的科学保护与管理工作，防止生物入侵的进一步加剧。依据旅游潜力评价结果，结合实地调查，可能的生态旅游的发展策略见表6-6与图9-3。

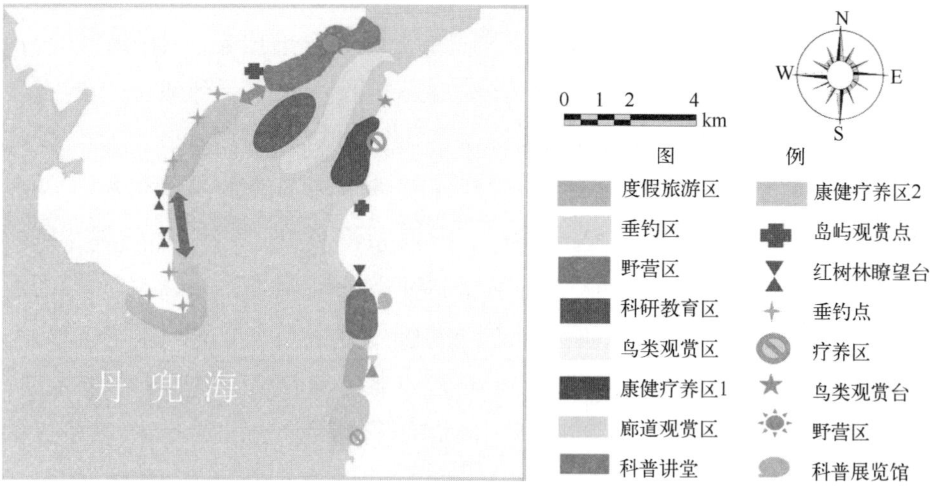

图 9－3　丹兜海红树林生态旅游规划图

9.5　涠洲岛珊瑚礁生态及旅游管理对策

9.5.1　珊瑚礁保护机构管理

到 2010 年为止，涠洲岛、斜阳岛珊瑚礁生态区还没有建立珊瑚礁生态保护区或海洋特别保护区机构。国家海洋局为了保护好北部湾最北部的涠洲岛、斜阳岛珊瑚礁资源，2001 年 4 月，在涠洲岛建立了"涠洲岛海洋生态站"，挂靠国家海洋局北海海洋中心站。目前该站是涠洲岛、斜阳岛珊瑚礁生态区唯一的珊瑚礁生态监测机构，其主要任务是在涠洲岛西南沿岸竹蔗寮和东北沿岸北港/牛角坑海域的各一条断面，对珊瑚礁及其生态环境进行定期（每年一次）的珊瑚礁健康监测（Reef Check），广西红树林研究中心派出专家 1～2 人参加该生态站每年一次的珊瑚礁健康监测工作（范航清等，2015）。

9.5.2　珊瑚礁保护立法与国内、国际合作

20 世纪 90 年代中期以前，涠洲岛沿岸珊瑚礁生态区内因过度捕捞作业，珊瑚礁资源遭到了严重破坏。90 年代后期以来，国家海洋局、广西海洋局及相关政府管理部门为了保护珊瑚礁生态资源，加强了广西北海市涠洲岛、斜阳岛珊瑚礁生态系统的保护和管理，尤其是北海市政府加强了对珊瑚礁资源的保护管理力度。1999 年北海市人大通过了《关于加强涠洲岛珊瑚礁资源保护的决定》，2000 年北海市政府又颁布了《关于加强珊瑚礁资源保护和管理的通告》，并在该通告中明确由北海市渔业部门负责涠洲岛区域珊瑚礁资源保护和管理的工作。因此，目前涠洲岛、斜阳岛珊瑚礁生态系统的执法管理工作主要由北海市渔政部门管理。但据了解，由于职责不明确。能力较弱等原因，目前执法管理工作的效果不大，各种违法破坏珊瑚礁资源的现象时有发生。

关于涠洲岛珊瑚礁生态资源的调查和监测，近年来开展了一些工作。在1983—1986年广西海岸带和海涂资源综合调查期间的1984年，同济大学海洋地质系、中国科学院南海海洋研究所、广西海洋研究所联合对涠洲岛、斜阳岛的珊瑚进行了水下潜水普查，调查了珊瑚礁的分布和种类；1989—1992年广西海岛资源综合调查中，也对涠洲岛、斜阳岛附近海域的珊瑚礁生态资源进行过简单调查，初步了解了该海区珊瑚礁生态资源的基本情况；1998年，香港海洋环境保护协会主席王敏干等在广西海洋局、北海市渔政处、广西海洋研究所协助下对涠洲岛西南和东北及斜阳岛东北局部海区进行了珊瑚种类识别调查；2001年，广西海洋局组织广西海洋环境监测中心、广西红树林研究中心珊瑚礁研究人员、中国科学院南海海洋研究所余克服博士、海南省海洋渔业厅陈刚先生等对涠洲岛、斜阳岛珊瑚属种群落进行了调查；2005—2006年广西红树林研究中心开展了涠洲岛海区珊瑚礁资源调查。由于条件的限制，这些调查未能对该区域的珊瑚礁资源进行系统、全面的综合调查和阐述。2000年，开展了涠洲岛珊瑚礁监测培训。涠洲岛珊瑚礁监测是中美海洋与海岸带合作中长期项目“北部湾海洋生态环境综合管理建设”中涠洲岛珊瑚礁研究与保护子项目的主要内容之一（范航清等，2015）。

9.5.3 珊瑚礁生态系统管理

如果涠洲岛珊瑚礁消失，除了失去生态功能如生物多样性、海底缓冲带，天然的鱼类养育场与天然景观外，对涠洲岛的生态旅游潜力将造成不可估量的影响。

为了维护珊瑚礁的持续利用和良性发展，具体建议如图9－4所示。

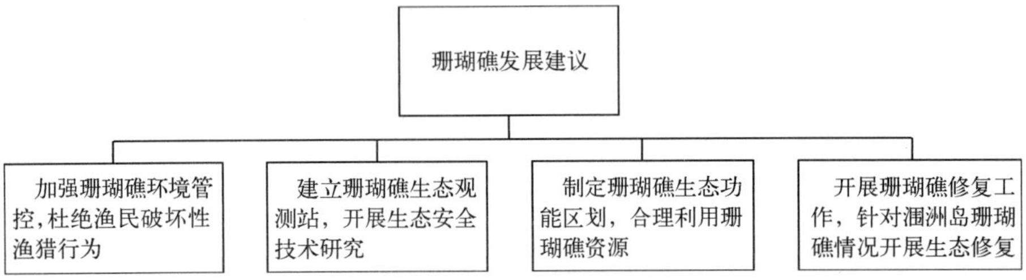

图9－4　珊瑚礁发展建议

（1）加强珊瑚礁环境管控，杜绝渔民破坏性渔猎行为。配合渔政部门加大执法力度，规范渔民的作业和捕捞方式，消除对珊瑚礁的破坏性干扰（冯孝杰等，2011）。同时对输油的环境污染进行监测与监控。加强涠洲岛的景观生态建设，实现垃圾和污染物的减量化。发展生态旅游，开辟旅游路线，管控潜水等对珊瑚礁的影响。

（2）建立珊瑚礁生态观测站，开展生态安全技术研究。为进一步掌控珊瑚礁生态系统演化进程，倡议在重点保护区域建立珊瑚礁生态观测站，长期观测珊瑚礁生态变化。同时，积极开展生态安全技术研究，为区域开发、工程建设、珊瑚礁生态安全预警与生态恢复等奠定坚实的理论和技术基础（冯孝杰等，2011）。

（3）制定珊瑚礁生态功能区划，合理利用珊瑚礁资源。进一步详细调查，编制涠洲岛珊瑚礁图集，摸清珊瑚礁生态系统发育状况，分布情况，分析珊瑚礁人类干扰的情况，据此因地制宜地研究制定珊瑚礁生态功能区划，合理利用珊瑚礁资源，遏制珊瑚礁生态系统退化情势(冯孝杰等，2011)。

(4)开展珊瑚礁修复工作，针对涠洲岛珊瑚礁情况开展生态修复，包括将倾覆的珊瑚礁岩翻转，将破碎的珊瑚体转迁到安全地带暂时保存；清除或者固定疏松碎屑物，防止其覆盖珊瑚或致使水质混浊；重建礁岩三维立体结构，为海洋生物营造生存空间；移植珊瑚和海绵动物等，使其在新的领地固着生长等(赵美霞等，2006)。

9.5.4 珊瑚礁旅游管理对策

鉴于珊瑚礁生态恢复周期长，易受干扰等特点，涠洲岛地区应侧重于珊瑚礁的生态旅游开发管理与资源保育工作相结合的综合管理模式。提升涠洲岛品牌效应，设计针对不同旅游对象的路线产品的同时，突出与提升珊瑚礁的地位与特殊性，特别是岛内的宣传与示范；在旅游开发过程中不仅要保护珊瑚礁，还要对活珊瑚及珊瑚礁鱼类进行保护；对于水下旅游项目，开发针对不同区域的不同潜水项目与类别，针对国内大中城市，对接相关潜水俱乐部，在对旅游项目运营商和旅游人数进行严格管理的同时，加强对潜水教练和游客的培训，增强珊瑚保护意识。

9.6 大尺度红树林滨海湿地管理总结

9.6.1 加大保护力度，实施生态红线管理

针对具有防护功能的红树林滨海湿地，特别是降低风速和防止侵蚀的红树林地区进行严格的保护。对于动植物区系的生境，尤其是对于那些被包括在海洋公园和自然保护区之内的地区，尤其需要注重维护。

国际上公认，保护红树林湿地生态系统最有效的办法是建立自然保护区。整体上，广西红树林分布面积大，物种组成丰富。根据广西红树林资源保护状况，对未建立红树林自然保护区的区域，应按照不同条件，选择面积较大和有一定代表性的红树林地段，有目的地建立红树林自然保护区，开展红树林生态系统研究和科学旅游活动，将保护区作为红树林经营管理和研究的基地，为保护开发利用红树林提供依据，同时也会促进广西沿海经济的建设(林中大等，2003；张忠华等，2007)。同时，对已建立的红树林自然保护区，需要进一步完善保护区的管理机构，充实编制人员，维护和增加基础设施建设，加强保护区管理和建设，特别是对已列入国际重要湿地名录的国家级自然保护区、省级自然保护区，使红树林的保护形成一个自然保护区网络系统。

9.6.2 优化利用模式，建立红树林的功能性分区利用

着重优化与红树林相关的直接或间接的综合利用结构，同时整合现有研究资源，健全红树林经营管理的科技支撑体系。广西林业局有关部门可整合现有红树林研究资源，如以科研院所为依托，将自然保护区作为基地，开展相应的红树林研究(林寿明等，2006)。

着重于红树林合理开发利用和造林技术研究。考虑到红树林造林成活率较低，目前应强调红树林营、造林技术的研究，包括采种、造林、育苗、病虫害防治等方面技术的研究。其次强调现有红树林资源的综合开发利用研究，提高红树林经济效益，以改善当地居民的生活状况（林寿明等，2006）。

建立红树林湿地信息管理系统。采用3S技术（地理信息系统、全球定位系统、卫星遥感技术）、计算机编程技术、计算机数据库技术，建立开发红树林湿地专题地理信息系统，实现对红树林资源监测、造林规划、林地林权等方面的信息化管理（林寿明等，2006）。

9.6.3　加强周边社区管理，提升品牌效应，开展生态旅游

加强红树林周边社区的管理，对在红树林地区生活并依赖于红树林环境的社区需要注重在生物多样性、旅游、研究和教育方面的管理。由于红树林湿地生态系统分布在沿海海岸带，而这些地区人口密集，经济发达，受人为干扰比较大。因此，运用生态系统管理方法经营管理红树林就是要将红树林与当地社会、经济看成是一个复杂的巨系统，按可持续发展原则来保证系统的健康、稳定和完整。①把提高人的素质和恢复与重建红树林生态系统结合起来；②把依靠群众恢复与建设红树林生态系统与服务群众相结合。具体作法是：①在保证红树林的健康持续发展前提之下，允许周边群众在红树林生长得较好的湿地中进行轮流捕捞作业；允许群众采摘红树林的果实，以增加群众收入；②发展生态旅游，增加周边地区的就业岗位；③在不破坏红树林的前提下，探索在红树林湿地内的多种经营活动（林寿明等，2006）。

9.6.4　封闭兼开放式管理，提高机构的行政能力

对红树林的管理采取封闭兼开放的方式。封闭管理是指在红树林内除旅游和钓鱼外的一切活动（如对钓鱼等活动实行许可证制度）都需要审批，即使是采集一片树叶也需要审批，部分地段的红树林则需要经事先申请方可进入；而开放管理是指所有的红树林均对游客开放（保护区核心区红树林除外），许多国家公园都建有方便游客的步行道、宣传和警示牌，平时很少见到管理人员（王瑁，2013）。

采用封闭兼开放的方式可以加强湿地的管理，不仅降低生物入侵等危害发生的概率，也控制了管理人员的数量，减轻景区的经济和管理负担。而当前急需解决的问题仍是如何根据当地情况，控制封闭和开放的程度。

由于政府或政府部门主导的湿地保护管理缺乏必要的监督机制，容易导致滨海湿地管理法律、法规形同虚设，管理不严，因而非政府监督机制应被引入红树林保护与管理。显然，湿地的管理机构理所当然的包括监督机构，才算得上一套完整的湿地管理机构。监督机制意味着管理人员的行为要接受上级主管部门和公众的监督，作为政府的职能机关，湿地监督机关和湿地管理机关有着密切的关系，甚至有共同的上级机关。若缺失了监督机制，作为政府职能机关下属的湿地管理机构，无力阻止以追求经济发展为首要目标的地方政府不断破坏红树林生态系统的行为。

完善公众参与机制，积极保护生态利益。我国在公众参与滨海湿地保护方面，虽然有一定的意识，但是由于种种原因，参与程度还不高，涉及面比较窄，阻碍了红树林湿地保护的

不断发展。当前，人们环保热情高涨，利于公众参与滨海湿地保护的大力推进。同时提高公众对滨海湿地保护的关注程度，可以更有效地监督红树林湿地保护管理部门，所以应通过立法赋予公众环境知情权和参与权，以便滨海湿地保护工作的高效进行。公众不仅是滨海湿地资源的保护者，也是滨海湿地资源的利用者。滨海湿地对于社会公众具有两方面的利益：①生态利益，即滨海湿地生态系统对人的有用性或满足人的环境需要的属性，其作为生态系统提供给所有人的客观利益；②经济利益，即滨海湿地能提供给人们经济上的利益。我国立法应明确规定保护人们的生态利益(张晓娟，2013)。这样，当滨海湿地遭受生态损害时，公众才有可能运用法律手段进行生态损害司法救济。同时，也应对那些依靠滨海湿地资源为生的人们遭受的经济损失进行补偿。另外，滨海湿地的开发和利用应有相关的科学制度，保护滨海湿地上所凝载的生态利益，这些内容都需有一部湿地保护法使其制度化，以便指导下位法。

红树林保护区应制定自己的条例。从立法程序上看，“一区一法”的立法模式有明显的层次性，符合《宪法》和《立法法》的相关精神；其次，对于像中国这样有较广阔地域分布和具有复杂生态特性的湿地生态系统，“一区一法”可以更灵活地、有针对性、因地制宜地管理、保护好不同地域的湿地保护区；最后，从现有法律基础上看，“一区一法”的立法模式是完全可行而且是有益的(张晓娟，2013)。

9.7 大尺度滨海湿地管理总结

9.7.1 建立健全滨海湿地保护的法律法规与管理体系

在我国现在滨海湿地管理基础之上，由宏观至微观，自上而下地对滨海湿地保护立法。即首先由国务院有关部门制定专门的国家滨海湿地保护行政法规，如《滨海湿地保护条例》，宏观上明确我国滨海湿地保护与管理的方针、原则和行为规范、各部门管理职责及滨海湿地自然保护区的管理原则，建立滨海湿地的生态补偿制度以及法律职责制度等；其次，在国家滨海湿地保护行政法规的指导下，地方政府应结合当地湿地保护的特殊管理的法制体系，为各级管理者与开发利用者提供基本的行为准则，使滨海湿地的保护和管理逐步步入法制化、规范化和科学化轨道，逐步与国际滨海湿地保护与管理相接轨(范航清等，2015)。

为进一步增强滨海湿地管理，海洋部门应在主体功能区划和海洋功能区划基础上编制滨海湿地生态区划，确定不同区域滨海湿地的生态主导功能、环境质量目标和生态保护措施，从而实现以海洋功能区环境保护要求实施分区和分类滨海湿地生态调控措施，并作为海洋产业布局、海洋污染防治和海洋生态保护的主要依据，来实现以生态功能和环境容量为基础构建滨海湿地生态安全新格局。为推动海洋保护区加快发展，国家海洋局将修订出台《海洋特别保护区管理办法》及有关标准，成立滨海湿地标准化分技术委员会，加强滨海湿地标准制定工作。积极配合全国人大《湿地保护法》和《自然保护区(域)法》立法工作。为落实国务院赋予海洋部门“承担海洋生态损害的国家索赔”的新职责，国家海洋局将制定出台《海洋生态损害补偿额赔偿办法》及滨海湿地生态补偿相关环境经济政策，条件成熟的沿海地区海洋部门要积极开展滨海湿地生态损害补偿赔偿工作试点(关道明，2012)。

9.7.2 加强与沿海发展规划协调与滨海湿地围填海造地管理

未来相当一段时间内，随着国家发展战略的实施，将导致对更多滨海湿地空间资源的调整和分配，可能引起新的海洋空间资源利用冲突。应对这种新的形势，必须从生态系统的角度客观地评价滨海湿地空间资源的供应能力，进行海洋生态功能区划。建议研究中国滨海湿地的海洋生态区划，从而提出区域发展方向并确定滨海湿地脆弱区和景观生态安全节点(姚海燕等，2014)。同时基于滨海湿地价值和生态服务功能，对滨海湿地空间内的经济活动进行优化部署，对滨海湿地生态环境实行分区管理(许玲，2014)。

在修编的全国海洋功能区划框架下，充分考虑到滨海湿地空间资源的多重用途和生态价值，加强围填海对滨海湿地生态系统影响研究，参照陆地土地利用的18亿亩的“红线”制度，提出填围海总量并进行控制。合理规划和管理围填海，协调不同用海之间的矛盾和冲突，对优先保护的区域禁止围垦，实现滨海湿地资源的可持续利用(梅宏等，2011)。

加大对滨海湿地围填海的总量控制管理(于永海，2011)，积极推进围填海造地工程平面设计方式的转变，即由大面积整体式围填海逐步转变为多区块组团式围填海；由海岸向海延伸式围填海逐步转变为人工岛式和多突堤式围填海。在海洋使用申请审批过程中，加强对围填海工程平面设计方案的审查，最大限度地减少其对滨海湿地造成的损害，全面提升围填海造地工程的社会、经济和环境效益，实现科学合理用海。

9.7.3 建立滨海湿地可持续利用的投入机制

资金严重不足是我国滨海湿地保护与管理工作面临的主要问题之一，已成为制约滨海湿地有效管理的瓶颈。就自然保护区而言，发达国家资金投入2 058美元/km^2，发展中国家也达157美元/km^2，而中国仅为52.7美元/km^2(王金凤等，2006)。为此，政府应充分发挥主导作用，尽快建立滨海湿地保护的融资运行成本，本着国家、地方和社会共同出资，以国家投资为主的方式来多方筹措资金，不断加大滨海湿地保护与管理的资金投入。

由于滨海湿地保护与管理是一个综合性的系统工程，所以其投入也具有多元化、多渠道、多层次的特点。将滨海湿地保护与管理所需资金列入国家与地方财政预算应放于首位，以确保各种保护与管理行动计划的实施。另外，滨海湿地保护与建设的责任主体是沿海地区各级政府，他们承担本辖区滨海湿地环境质量的责任，为此各级政府要把滨海湿地保护与建设任务列入重要议事日程，切实加强领导，落实专门机构和人员，并把滨海湿地保护纳入政绩考核内容。要不断完善滨海湿地保护与建设资金投入长效机制(郭会玲等，2008)，并将滨海湿地保护与建设支出纳入预算。

此外，滨海湿地补偿机制仍需继续探索和发展，引进市场机制，吸纳社会资金，争取社会的投资、捐赠和国际资金的融入，如发行湿地环境治理彩票，形成一种社会公众对滨海湿地环保事业的融资机制；发行生态建设债券，运用国债方式加大对滨海湿地环境治理的资本注入；发行生态环境建设企业股票，鼓励社会对生态行业进行实物入股、资金入股等；按照“谁投资、谁经营、谁受益”的原则，建立全社会参与的投入机制，调动集体和个人投资海洋生态保护的积极性，拓展滨海湿地保护与建设的融资渠道(陈丹红，2007)。

9.7.4　推进滨海湿地保护区与其他保护区的网络化

尽管目前我国滨海湿地自然保护区发展非常迅速，但保护区在管理机构设置、人员配置、基本建设、经费来源、法律政策及保护措施等方面存在很多问题。而新西兰在这些方面有着成功的管理经验，我国能从宏观层面的保护区建设目标，从中观层面的政策措施以及微观层面的操作实施上，获得很多管理经验，以借鉴学习(王金凤等，2006)。今后应采取有效措施，提高滨海湿地自然保护区的管理水平。对我国沿海地区已建的国家级滨海湿地自然保护区，可以结合其保护目标，经专家科学论证后调整批准其需要的核心区位置和保护区面积，且应随滩涂湿地冲淤变化趋势，按国家有关规定向国务院保护区主管部门申请批准后进行。或者也能结合实际，对自然保护区数量做出适当调整。

根据近年来海洋调查和生态监测成果，各级海洋部门应对亟待保护的重要滨海湿地生态系统分布区域，有目标、有计划、有重点地选划建设一批海洋自然保护区和特别保护区，迅速填补海洋生态保护的空白点，并加快构建类型齐全、布局合理、规模适度、管理完善的海洋保护区体系。同时，建设健全规章制度，编制落实总体规划，切实提高已建海洋保护区的管理水平，做好巡护执法，规范开发项目，并开展海洋监测、宣传教育和生态恢复，推进海洋保护区升级。各级海洋部门要加强海洋保护区管理机构和队伍建设，加大资金投入，实施绩效评估。

加快海洋公园建设。借鉴目前美国、韩国、日本、澳大利亚等国现有的国家海滨公园建设模式，建议加快建设我国的滨海湿地海洋公园，即主要是以保护滨海湿地生态系统、生物多样性及其景观为主，在不影响滨海湿地生态系统稳定性的前提下，兼顾滨海休憩娱乐与海洋经济的协调发展，适度开展滨海生态旅游、休闲生态渔业等第三产业，实现经济效益和生态环境效益的共同发展。

海洋保护区是有效保护海洋生态系统和生物多样性的有效途径(劳燕玲，2013)。在海洋生态保护和建设的关键时期，必须进一步加强海洋保护区建设工作，到2020年，各类海洋保护区建成面积要达到管辖海域的5%。在现有保护区基础上，对于典型的、有代表性的生态系统、珍稀和濒危物种建立海洋自然保护区、海洋特别保护区以及海洋公园，形成海洋保护区网络。

9.7.5　加强滨海湿地生态监测恢复、生态旅游与生态公共意识

发展滨海湿地生态环境观测、监测技术，建立滨海湿地观测站。低功耗小型化海洋生物/化学传感器技术，生态环境现场、原位、实时、快速测量技术；生物效应高通量集成监测技术，远程生态监控技术是重点发展对象。对区域示范系统的进一步研发和应用以及优化集成一批具有自主知识产权和核心技术的装备和系统，为中国滨海湿地观测系统的进一步完善提供技术支撑。

各级海洋部门要在滨海湿地生态脆弱区实施一批典型海洋生态修复工程，因地制宜采取人工措施，建立海洋生态建设示范区，并在较短时间内实现生态系统服务功能的初步恢复。

要通过红树林栽培和移种、珊瑚礁移植和恢复、滨海湿地的退养还滩和恢复植被、海草床养护和种植、大型海藻底播增殖、海岸生态防护和生态廊道建设等措施，逐步构建滨海湿地生态屏障，恢复滨海湿地污染物消减能力和生物多样性维护能力，提高自我调节能力，抵御海洋灾害以及气候变化。通过生态养殖、人工鱼礁、增殖放流、人工岛等措施，建设蓝色牧场（厉丞烜等，2014）。通过浴场环境监测预报、海滩垃圾清理、拆除不合理海滩建设等措施，实施生态浴场建设。通过人工沙滩养护、生态景观设计、滨海湿地公园建设，构建公众亲海空间，建设优美滨海社区（范航清等，1993）。

大力发展绿色经济和循环经济，加强滨海湿地生态文明区建设，强化不同类型低碳生态园区、生态产业园区、景观生态廊道建设，构筑国家生态屏障，保障生态安全，推进生态文明建设，达到人与自然生态的和谐共处，人类对海洋空间和各类资源的可持续利用。

加强滨海湿地固碳区建设，建立统一的滨海湿地碳汇监测评估体系和标准，评估我国滨海湿地固碳水平及其潜力。进一步提高滨海碱蓬、芦苇、红树林、海草、大型海藻等湿地的覆盖率，提高滨海湿地固碳能力。

社会公众对滨海湿地保护和资源的合理利用重要性的认识，对其有很大程度的影响。针对目前我国滨海湿地宣传教育工作的广度、力度、深度都不够，保护和合理利用的宣传、教育工作滞后的现状，今后应充分利用广播、电视、报纸、网络等各种媒体，加大对民众进行滨海湿地保护意识的宣传教育，大力宣传保护湿地的必要性、重要性和紧迫性，还可以积极开展如“爱鸟周”“世界湿地日”“野生动物保护宣传月”“禁渔期”等有关活动；还可在滨海湿地自然保护区建立教育基地，在学校建立生态教育网络，培训专门的生态教育师资，进行系统全面的生态环境教育。在对保护好的典型大力宣传的同时，也要曝光肆意毁坏滨海湿地的典型案例，运用强大的社会舆论压力来监督并遏制不利于滨海湿地保护的行为，具体案例有上海崇明东滩的农民因使用“牛舢板”旅游车拖着游客观光，结果东滩硬是被这些“牛舢板”拖出一条数米寸草不生的泥泞大道，经媒体曝光后，在社会引起强烈反响，当地政府立即制止了这种破坏湿地的行为。

9.7.6 加强滨海湿地科学技术研究，扩大国际合作与交流

重点研究滨海湿地保护区生态系统完整性和稳定性，发展索饵场和繁殖场、源种地等具有重要生态价值海域的保护技术与策略；重点进行滨海湿地生态系统能流、物流和信息流的监测与评估技术研究，初步构建起我国滨海湿地生态系统物流－能流网络结构评价体系；开展重要海洋动物生境栖息地适宜性评价，深入研究珍稀濒危物种的保护技术；研究开发适合我国滨海湿地环境的模式生物，发展模式生物在滨海湿地生态保护中的应用技术。

积极开展我国近海生物经济种类、珍稀濒危物种、优势度的遗传多样性调查研究以及我国近海生物物种多样性调查研究，包括滨海湿地微生物、底栖生物、浮游生物、游泳生物、红树林和珊瑚礁等生物的种类组成、丰度、分布区系和生物地理学的调查研究。建立我国滨海湿地生物地理信息系统，深入研究我国滨海湿地生物分类学，分析我国滨海湿地生物形态分类特征、生态特征、栖息环境和地理分布数据等信息；建立健全我国滨海湿地生物多样性样品库、种质资源库和主要生物物种的遗传基因库。